# 101 Dinge, die ein Trailrunner wissen muss

# 101 Dinge die ein Trailrunner wissen muss

Thorsten Kollmeier

BRUCKMANN

# Inhalt

Prolog . . . . . . . . 7

**1 Trailrunning!** | Gekommen, um zu bleiben. . . . . . . . 8
**2 Trailläufer** | Eine eigene Spezies? . . . . . . . . 12
**3 No excuses** | Mit den ersten Schritten die Natur snacken . . . . . . . . 18
**4 Freak out** | Welche Art von Trailrunner bist du? . . . . . . . . 20
**5 Distanzen und Höhenmeter** | Auf beide kommt es an . . . . . . . . 22
**6 Topografie** | Voll im Flow . . . . . . . . 24
**7 Der Weg ist das Ziel** | Was musst du beachten? . . . . . . . . 26
**8 Uphill** | Nicht nur für Bergziegen . . . . . . . . 28
**9 Downhill** | Runter kommen sie alle . . . . . . . . 30
**10 Streckenplanung** | Ja wo laufen Sie denn? . . . . . . . . 34
**11 Back on track** | Wo laufen wir heute? . . . . . . . . 36
**12 Voll abgefahren** | Laufen auf der Mountainbike-Route. . . . . . . . 38
**13 Kein Ponyhof** | Laufen auf dem Reitweg . . . . . . . . 39
**14 Nach dir** | Rücksicht aufeinander . . . . . . . . 40
**15 Wearables** | Training mit und ohne . . . . . . . . 41
**16 Training** | Unvorbereitet wirst du scheitern. . . . . . . . 42
**17 Trainingsgeräte** | Jump! . . . . . . . . 43
**18 Trainingspläne** | Schweiß auf die Ausreden . . . . . . . . 44
**19 Laufband** | In der Not frisst der Teufel Fliegen . . . . . . . . 46
**20 Watt** | Mehr als nasser Sand . . . . . . . . 48
**21 Ausgleichstraining** | Zeit für dich . . . . . . . . 50
**22 Yoga** | Interview mit Christine Guter . . . . . . . . 52
**23 Faszien** | Total auf der Rolle. . . . . . . . 60
**24 Dehnen** | Der Kontorsionist in dir. . . . . . . . 62
**25 Begleiter Tier** | Laufen auf sechs Füßen . . . . . . . . 64
**26 Begleiter Mensch** | Talk to me. . . . . . . . 65
**27 Elektronik** | Worauf kommt es an?. . . . . . . . 66
**28 Datenerfassung** | Big Data . . . . . . . . 68
**29 Pulsmessung am Handgelenk** | Das ist ja die Höhe. . . . . . . . 69
**30 Lauf-Apps** | Geht's noch? . . . . . . . . 70
**31 Bekleidung beim Lauf** | Weniger ist mehr . . . . . . . . 72
**32 Zwiebelprinzip** | Kein Grund zum Heulen. . . . . . . . 74

33 **Unterwäsche** | Go for it . . . . . 75
34 **Socken** | Kaum beachtet . . . . . 76
35 **Schuhe** | Zeigt her eure Füße . . . . . 78
36 **Drop, Sprengung oder neutral?** | Auf den Niveauunterschied kommt es an . . . 82
37 **Darf es etwas größer sein?** | Größe der Trailschuhe . . . . . 83
38 **Schuhpflege** | Sonst riecht's wie nasser Hund . . . . . 84
39 **Belastungsprobe** | Wie lange halten Trailschuhe? . . . . . 85
40 **Old Shoe** | Wohin mit den treuen Begleitern? . . . . . 86
41 **Rucksack, Laufweste oder Laufgürtel** | Ohne geht es nicht . . . . . 87
42 **Ich packe in mein Köfferchen** | Packliste für den Rucksack . . . . . 88
43 **Da geht noch was rein** | Rucksack packen und richtig tragen . . . . . 90
44 **Trailstöcke** | Der Rhythmus, mit dem man mitmuss . . . . . 92
45 **Sportbrille** | Mit Brille wär' das nicht passiert . . . . . 95
46 **Money, Money, Money** | Was kostet die Trailrunning-Ausrüstung? . . . . . 96
47 **Wettbewerbe** | Ich schwöre! Das. Mache. Ich. Nie. Wieder. . . . . . 98
48 **Live-Tracking** | You'll never walk alone . . . . . 100
49 **Ernährungsplan** | Essen wie die Profis . . . . . 101
50 **Das große Fressen** | Essen während des Laufs . . . . . 104
51 **Saufen bis zum Umfallen** | Trinken während des Laufs . . . . . 107
52 **Getränkebehälter** | Flasche oder Blase? . . . . . 109
53 **Trinksysteme** | Füllen und Reinigen . . . . . 110
54 **Abfall** | Verlasse die Natur, wie du sie vorfinden möchtest . . . . . 112
55 **Hungerast** | Voll vor die Wand gelaufen . . . . . 113
56 **Essen danach** | Schmankerl nach dem Lauf . . . . . 114
57 **Muskelkater** | The day after . . . . . 116
58 **Tempo** | Laufen oder gehen? . . . . . 118
59 **Blinded by the light** | Laufen in der Dunkelheit . . . . . 120
60 **Müdigkeit** | Zeit für eine Pause . . . . . 122
61 **Mentale Fitness** | Positiv denken! . . . . . 123
62 **Wetterumschwung** | Sonne und Wolken . . . . . 124
63 **Laufen im Winter** | Eiszeit . . . . . 126
64 **Die Welt der Ultra-Läufer** | Interview mit Holger Lapp . . . . . 128
65 **Ultra-Trails** | Über alle Grenzen hinaus . . . . . 132
66 **Der Zauberlehrling** | Interview mit Philipp Reiter . . . . . 133
67 **Gesundheit** | Achtsamkeit geht vor . . . . . 138
68 **Unfallgefahr** | Vorsicht ist die Mutter der Porzellankiste . . . . . 140
69 **Wolf gelaufen** | Es brennt wie die Hölle . . . . . 141
70 **Blasen** | Auf Eiern laufen . . . . . 142

**71 Blaue Fußnägel** | Ganz ohne Nagellack . . . 143
**72 Fersensporn** | Da hilft nur noch Geduld . . . 144
**73 Krämpfe** | Vorbeugen ist besser! . . . 145
**74 Verletzt, und jetzt?** | Das Bore-out . . . 146
**75 Rettungskit** | Immer dabei . . . 147
**76 Hilfe rufen** | Für den Notfall gerüstet . . . 148
**77 Mobiltelefone** | Stay tuned . . . 149
**78 Trillerpfeife** | Hast du Töne . . . 150
**79 Versicherung** | Vorsorgen für den Notfall . . . 151
**80 DAV** | Deutscher Alpenverein . . . 152
**81 DUV** | Deutsche Ultramarathon-Vereinigung . . . 153
**82 Biwakieren** | Mit Zelt und Schlafsack . . . 154
**83 Schilderwald** | Wo läufst du denn? . . . 155
**84 Tierbegegnungen** | Mit Respekt und Rücksicht . . . 156
**85 Fotografieren und Filmen** | Oscarreif . . . 158
**86 Musik** | The beat goes on . . . 160
**87 Ohrstöpsel** | The sounds of silence . . . 161
**88 Trainingsdestinationen** | In die Ferne schweifen . . . 162
**89 Plattformen für Läufer** | Alles online . . . 164
**90 Inspirationsquellen** | Plattformen für Gleichgesinnte . . . 166
**91 Was ist ein Stage-Run?** | Es geht auch etappenweise . . . 167
**92 ITRA** | International Trail Running Association . . . 168
**93 Alpenüberquerung** | Von Nord nach Süd . . . 169
**94 Begegnungen** | Sie sehe ich doch jetzt schon zum dritten Mal! . . . 170
**95 Single-Trails** | Hier wird es eng . . . 171
**96 Haftungsfragen** | Auf eigenes Risiko . . . 172
**97 Mittelgebirge** | Hoch hinaus . . . 173
**98 Hochgebirge** | Noch höher hinaus . . . 174
**99 Marathon** | Die Klassiker . . . 176
**100 Ultra-Läufe** | Die echten Herausforderungen . . . 180
**101 Stage-Run** | Ultra-Läufe häppchenweise . . . 184

Danksagung . . . 188
Linksammlung . . . 189
Bildnachweis . . . 190
Impressum . . . 192

# Prolog

*Und am Ende des Tages sollen deine Füße schmutzig sein, dein Haar chaotisch und deine Augen funkeln.*

Als wir kürzlich auf dem Single-Trail unterwegs waren, sagte eine Läuferin voraus, mehr zu sich selbst: »Traillaufen ist irgendwie ganzheitlich. Du musst permanent wach sein. Du bist total konzentriert, fokussiert und du musst immer auf das Unvorhergesehene vorbereitet sein. Entweder stellt die Strecke besondere Herausforderungen an dich oder das Wetter. Manchmal auch beides. Dazu kommt auch deine persönliche Verfassung. Jeder Tag ist, wie auch jede Strecke, anders. Ich bin diese Strecke hier schon so oft gelaufen und kenne sie gut und trotzdem ist sie immer wieder anders.« Während wir philosophierend weiterliefen, stellten wir beide zeitgleich fest: »Das ist es! Das ist Traillaufen. Trailrunning ist ehrlich. Trailrunning ist ursprünglich. Trailrunning ist die Reduzierung auf das Wesentliche und immer wieder anders. Du wirst mit dieser Sportart zum Teil der Natur. Du verschmilzt mindestens äußerlich mit ihr. Verschwitzt. Verschmutzt. Authentisch.« Ich erzählte die Geschichte bei einem anderen Lauf und sah in den Gesichtern, ich wurde verstanden. Alle nickten wissend und lächelten. Wir klatschten ab und liefen nach kurzer Pause wieder los. Weiter geht's! Über Stock und Stein. Wir passen unseren Laufstil dem vor uns liegenden Wurzelpfad an und laufen durch Bäche hindurch, wenn wir sie nicht überspringen können, um auf der anderen Seite einen steilen Anstieg hinaufzurennen. Ab und zu erklingt aus der kleinen Läufergruppe ein Jauchzen, das übliche Gemurmel oder lautes Lachen. Das Rascheln des Laubs und das Poltern loser Steine begleiten uns, während es flott den nächsten technischen Downhill runtergeht. Wenn du einen anstrengenden Abschnitt hinter dir gelassen hast, dir kurz Zeit nimmst, um stolz zurückzublicken, dann läufst du den vor dir liegenden Anstieg noch motivierter hoch. Ja, das Laufen im Gelände ist anstrengend und kann sehr herausfordernd für die Psyche und die Physis sein. Der große Vorteil auf dem Trail ist: Du kannst abschalten, deine Gedanken neu ordnen und dich frei machen von negativen Einflüssen. Das Gurgeln des Baches neben dir und das Vogelgezwitscher über dir entschädigen für manche körperliche Anstrengung. Sobald du merkst, du fühlst dich wohl, du denkst nicht mehr über das Laufen an sich nach und genießt den »Flow« durch Wälder und über Wiesen, bist du angekommen. Angekommen in deiner Welt und in der Natur, die dich umgibt.
Willkommen beim Trailrunning!

# Trailrunning!

1

## Gekommen, um zu bleiben

Wie musst du dir Trailrunning vorstellen? Und wie unterscheidet sich diese Sportart vom Straßenlauf? Während die Laufstrecke auf der Straße weitestgehend gleichmäßig asphaltiert ist und abgesehen von anderen Verkehrsteilnehmern kaum Überraschungen bereithält, kann es beim Landschaftslauf deutlich anders aussehen. Der Traillauf fokussiert auf natürliche Hindernisse und ist nicht nur für Freaks geeignet. Im Gegenteil, du triffst bei Trailrunnern auf Menschen, die gerne in der Natur sind und jeden Schritt genießen. Bei dieser Sportart geht es neben anspruchsvollen Strecken auch um das Naturerlebnis. Hier treffen Läufer auf Wege in zum Teil extrem profiliertem oder ausgesetztem Gelände.

### Kaum ein Meter gleicht dem anderen

In der sehr ursprünglichen Natur können die Untergründe innerhalb kürzester Zeit von trocken zu matschig, zu Schotter oder steinigen und wurzeligen Abschnitten wechseln und/oder stetig auf- wie abwärtsführen. Nicht selten ist die Strecke eine gesunde Mischung aus allem und wird durch Treppen oder überproportional treppenartige Abschnitte aufgelockert, bevor der Weg im weiteren Verlauf vielleicht über matschige Wiesen führt. Ebenso häufig wechseln die Wege in der Breite erheblich, von sehr großzügig, mit Platz für mehrere Läufer nebeneinander, bis zum Single-Trail, auf dem ausschließlich hintereinander gelaufen werden kann. Die Anforderungen an die Läufer sind mitunter sehr hoch und deine Aufmerksamkeit ist konstant gefordert, da sonst die Unfallgefahr exponentiell steigen würde. Dem Extremhindernislauf mit speziell für den Event aufgebauten Hindernissen aus Reifen, Netzen und vielem mehr ist der Lauf durch die Natur nur bedingt vergleichbar.

### Die Natur, das verbindende Element

Vielen Vereinssportlern und Leichtathleten ist der Trailrun als Crosslauf bekannt. Dabei geht es um das rasche Laufen in natürlich verlaufender Topografie. Konditionell und vor allem koordinativ sind Trail-, Cross- und Landschaftsläufe miteinander vergleichbar, nur die Ausprägung der Strecke kann variieren. In England spricht man auch von »Fell Running«. Der Name Fell Running beschreibt das Laufen in stark hügeligem,

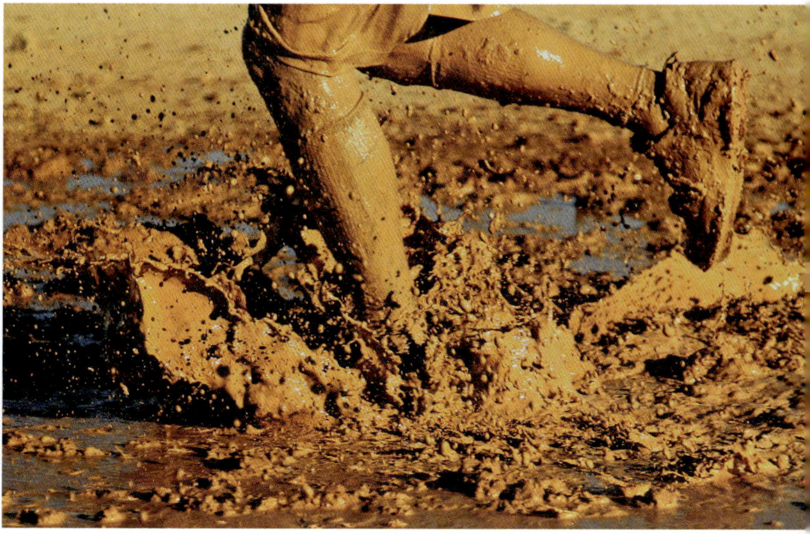

Laufen ohne Matsch ist Quatsch!

meist baumfreiem und nassem Gelände mit kaum sichtbaren Wegen. Daher ist hier der Vergleich zum Orientierungslauf zulässig, denn ein gewisses Navigationstalent ist beim Fell Running wichtig und nötig, um ins Ziel zu kommen.

## Stage-Run – die Mehrtagesreise für Läufer

Stellvertretend für diese Art von Lauf möchte ich in dem Zusammenhang den Etappenlauf (Stage-Run) Dragon's Back Race in Wales (s. a. Kapitel 98) nennen. Die sonst üblichen Streckenmarkierungen sind bei diesen Läufen weitestgehend auf den Anfang und das Ende der Strecke beschränkt. Damit unterscheidet sich das Fell Running deutlich vom Trailrunning kontinentaler Ausprägung, das sich insbesondere durch die meist gut markierten (Wander-)Strecken im Mittelgebirge und im alpinen Raum, die von ehrenamtlichen Vereinsmitgliedern gepflegt und instandgehalten werden, auszeichnet. Bei einem Stage-Run oder Etappenlauf läufst du über mehrere Tage von Punkt zu Punkt. Das Terrain kann variieren und führt über flache Ebenen, durch Mittelgebirgslandschaften oder anspruchsvolle alpine Abschnitte. Dieser Event dauert in der Regel mehrere Tage und Nächte, an denen du permanent unterwegs bist. Entweder du nächtigst im Camp wie beim Marathon des Sables oder läufst wie beim Tor des Géants durch, lediglich durch kurze Schlafeinheiten unterbrochen. Beim Sky- oder

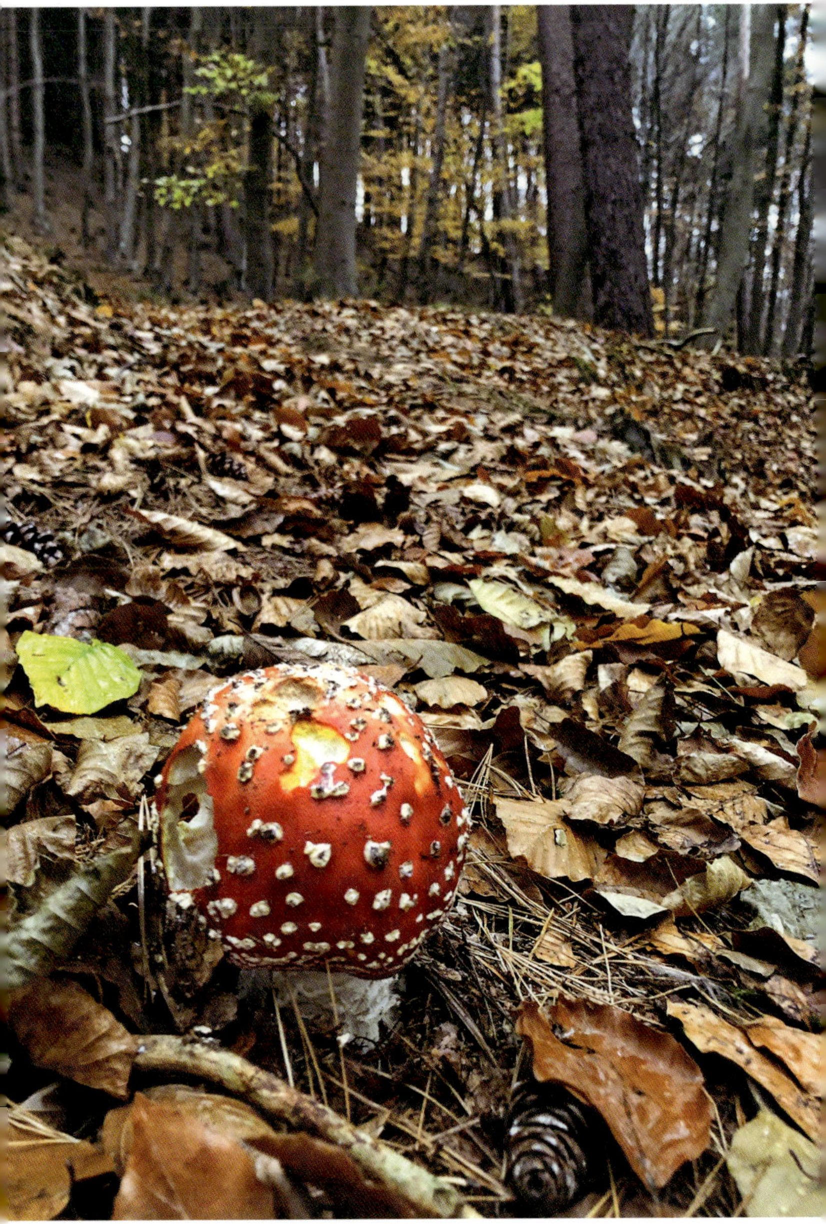

Nimm dir auch mal Zeit für die Natur.

Vertical-Running wiederum, einer Sonderform des Berglaufs, ist das Ziel, möglichst schnell eine vordefinierte Strecke in der Vertikalen zurückzulegen, als Beispiel fünf Kilometer bei 20 % Steigung und mehr. (s. a. Kapitel 86, Streif Vertical-Up-Race). Dabei ist es einerlei, ob es den Hügel zu einer Skisprungschanze, die Streif mit Mausefalle oder andere extreme Steigungen zu bewältigen gilt. Hauptsache: extrem und steil! Trailrunning ist im direkten Vergleich zum Skyrunning eher gemäßigt, das Vertical-Running kann aber ebenso abwechslungsreich sein.

## Dabei sein ist alles – wo die Elite läuft

Legendäre Trailrunning-Strecken sind sicherlich der Ultra Trail du Mont Blanc, der Zugspitz Ultra oder der Transalpine Run. Aber auch der Hardrock 100 und der Western States 100 zählen dazu. Nach oben gibt es keine Grenzen, wobei der Marathon du Sables und der Yukon Arctic Ultra oder MYAU in Kanada mit 160, 300 und 430 Meilen außergewöhnlich sind. Der schnellste Läufer auf dem 692,018 Kilometer langen MYAU war 2013 Caspar Wakefield mit 186,5 Stunden. Der MYAU gehört sicherlich zu den herausforderndsten Wettbewerben dieser Sportart. Back to Basic! Aufgrund seines Profils kann man den Great Wall Marathon in China auch zu den anspruchsvolleren Läufen der besonderen Art zählen. Immerhin folgt der Marathon dem topografischen Verlauf der Chinesischen Mauer. Wer die Mauer kennt, der weiß, dass sie durch teilweise sehr steile Treppen gekennzeichnet ist. Andere Läufer nehmen sich die Fernwanderwege Pacific Crest Trail oder den Appalachian Trail, jeweils Ost- und Westküste der USA, mit mehreren Tausend Meilen in einem Stück vor. Sie bewältigen die Strecke entweder supported (also mithilfe externer Unterstützer), oder unsupported.

Du merkst, es gibt keine Grenzen und jede Lauf- oder Fernwanderstrecke ist – mit der nötigen Erfahrung! – zulässig. Aber uns allen, egal welche Distanz wir zurücklegen, ist eins gemeinsam: die Liebe zur Natur. Sie lässt uns die kleinen und größeren Herausforderungen annehmen und individuell bewältigen. Keine Fragen, nur Antworten. Du und dein Trailabenteuer – egal wo.

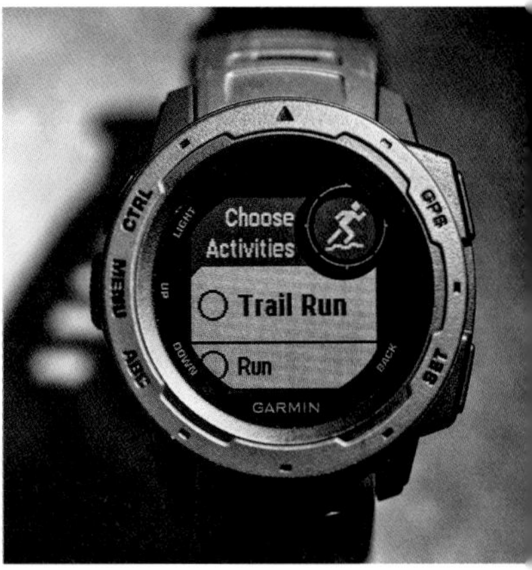

Time to play

# Trailläufer

2

## Eine eigene Spezies?

Wer kennt die Bilder nicht? Leuchtende Augen in erschöpften Gesichtern von Läufern und Läuferinnen. Dünne Körper mit muskulösen Beinen. Männer und Frauen schenken sich hier nichts. Dürr und ausgepowert, nach vorn übergebeugt. Das sind doch Freaks, wirst du denken. Ist es so? Nicht wirklich. Wir alle sind Ausdauersportler, egal ob auf der Straße, im Stadion, im Wald oder in den Bergen. Die Anforderungen unterscheiden sich allerdings deutlich und die Läuferschar ist weniger homogen, als es zunächst wirkt. Obwohl jeder nach einem mehr oder weniger langen oder anstrengenden Lauf mitgenommen aussieht, wirkt die Gemeinschaft der Trailrunner immer ein wenig verwegener und mitgenommener. Ich kann nicht bestreiten, dass das Image der »Naturburschen (m/w/d)« gerne gepflegt wird.

### Laufen ohne zu reden ist möglich, aber selten

Und eins kann ich sagen: Alle Trailläufer, die ich kenne, sind außerordentlich liebenswürdige, fröhliche und herzliche Menschen, denen beim Laufen im Rudel ein netter Plausch immer willkommen ist und die sich in der Gemeinschaft sehr wohl fühlen – so kenne und liebe ich es jedenfalls. Wenn die Läufer, abgesehen vom Training, zusammen unterwegs sind, gibt es immer viel zu quatschen. Und zu lachen! Es gibt keinen Lauf, bei dem wir nicht lachen. Entweder über die letzten Trails oder über einen der letzten Wettbewerbe, an denen wir teilgenommen haben. Natürlich wird immer wieder die ein oder andere Anekdote zum Besten gegeben oder man unterhält sich über die jeweiligen Erfahrungen mit der Ausrüstung, über die Ernährung und tauscht sich zu den gelaufenen Strecken aus. Gespräche zu Missgeschicken, sprichwörtliche »running gags«, sind garantiert, oder zu Stürzen und deren Hintergründe. Aber auch Gespräche zu Tierbegegnungen jeglicher Art sind ebenso normal. Und das Wetter! Wetter geht immer.

### Eine eingeschworene Gemeinschaft

Ein weiterer Aspekt ist beim Traillaufen essenziell – Gemeinschaft und Rücksicht. Egal ob während der Läufe, im Alltag oder bei einem Wettbewerb. Das Miteinander steht sogar in den meisten Wettkampfregularien und wird aktiv von jedem eingefordert. Um es auf den Punkt zu

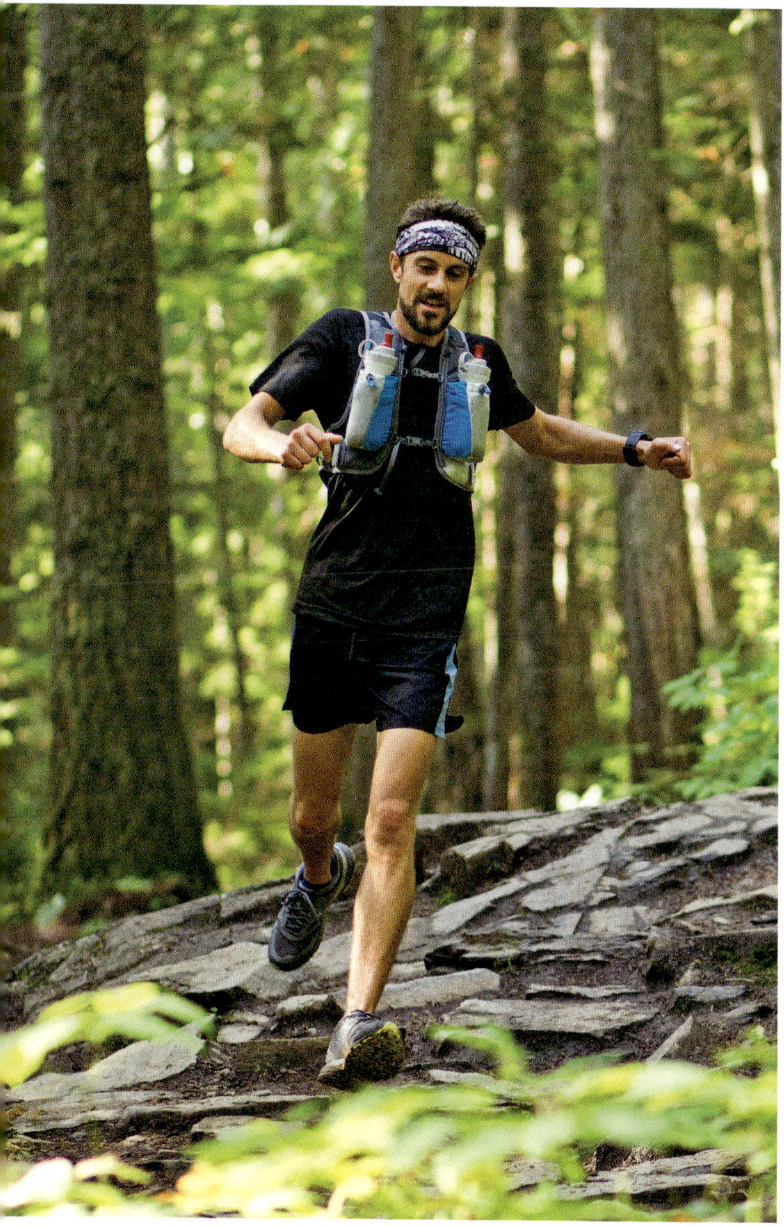

Beim Trailrunning in der Natur läuft der Spaß immer mit.

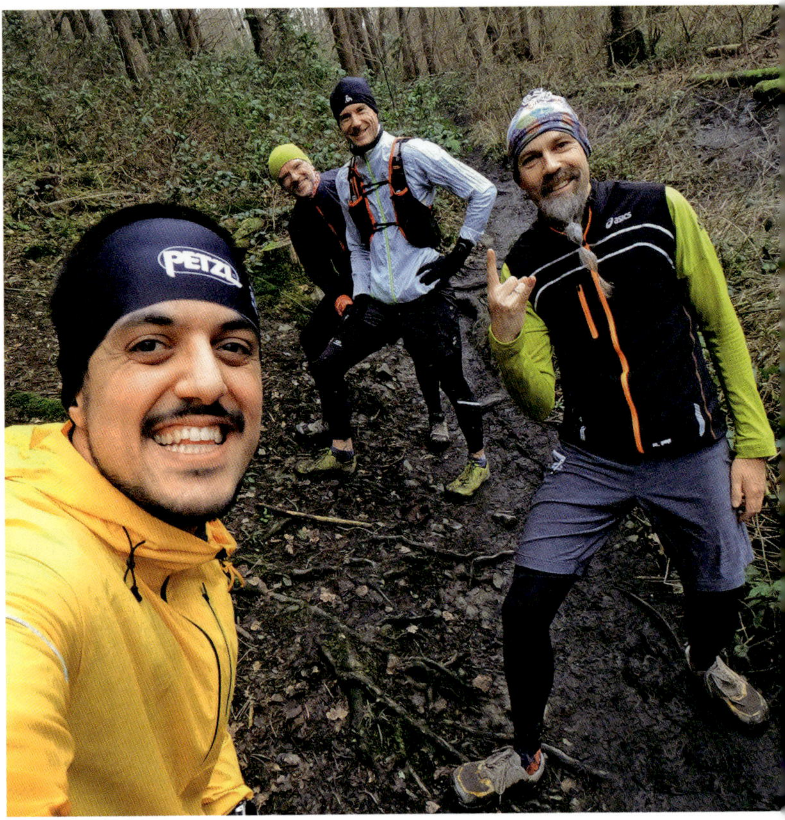


Trailrunner sind keine Freaks. Aber ein bisschen verrückt sind wir schon.

bringen: Es wird im wahrsten Sinne des Wortes keiner »liegen gelassen«. Wenn es dir mies geht oder du nicht mehr weiterkommst, du verunfallt bist. Dir wird jeder helfen wollen – auch wenn du dich nur für ein Power-Napping neben die Strecke unter einen Baum gelegt hast. Es gibt also immer irgendein Thema, über das wir während der Läufe reden – mal unterbrechungsfrei, mal atemlos. Die große Schar der Trailläufer kommt entweder bei Einladungsläufen oder zu den bekannten Wettbewerben zusammen. Ein großes Hallo ist fast immer, insbesondere bei Ultras, die Folge. Irgendwer kennt immer irgendwen. Fremde werden rasend schnell zu Freunden. Entweder bereits vor dem Start oder unterwegs, wenn du merkst, vor dir läuft jemand im gleichen Tempo wie du. Häufig läuft man bis in die Nähe der Ziellinie zusammen und geht erst zum Schluss in den Wettkampfmodus. Überzeugte Trailläufer sind eine eingeschworene Gemeinschaft. Fakt ist: Wenn du dich in deinem Freundeskreis umschaust, dann wird es vielleicht ein paar geben, die ebenfalls laufen. Manche tun das sogar gerne und nicht nur, um die Figur und das Gewicht zu optimieren. Die Luft in der Peergroup wird aber dünner, wenn das Traillaufen zur Sprache kommt. Viele streichen generell bei Langdistanzen die Segel, aber wenn es ergänzend ins Gelände geht und die Höhenmeter dazukommen, dann steigt die Bewunderung, aber auch die Abkehr aus der Laufgruppe. Einerseits zu anstrengend und andererseits zu schmutzig, denn du kommst fast nie sauber nach Hause. Das führt am Anfang zu Diskussionen mit den Lebensgefährten, aber irgendwie arrangiert man sich.

## Training ist überall möglich

Die typischen Destinationen von Trailläufern sind die Mittelgebirge und das Hochgebirge. Wir greifen, wenn es nicht anders geht, auch auf die Urban Trails im Park vor der eigenen Haustüre zurück. Aber auch das nahe Waldgebiet, der Wald vor dem Business-Hotel oder die Gegend rund um den Hafen, an dem man lebt oder in dem man mit dem Kreuzfahrtschiff angelegt hat, werden von uns erschlossen. Alles ist erlaubt und selbst Mountainbike-Strecken, Skipisten oder Reitwege im Wald gehören für mich und andere Läufer zu den wesentlichen Bestandteilen von Trailläufen, um die nötigen Trainingsanreize zu schaffen – immer mit der nötigen Rücksichtnahme und Vorsicht gegenüber den anderen Sporttreibenden. Eine Ergänzung und Bereicherung des Trainings im flachen Land sind die Treppenläufe neben Ski-Hallen, den Deichen am Fluss oder am Meer. Kontinuierlicher kann man den Kniehub und die Anstiege nicht trainieren.

## Die Zeit fließt

Was die gelaufenen Zeiten angeht, sind die Zielzeiten beim Trail sehr oft von unzähligen Unwägbarkeiten abhängig. Anders als auf Asphalt, wo allenfalls der Frost, Hagel, Nässe und andere Verkehrsteilnehmer sowie deine Fitness Einfluss auf dein kalkulierbares Ergebnis haben, kommen beim Traillauf zahlreiche weitere kaum zu kalkulierende Besonderheiten hinzu. Du läufst in der freien Natur und du bist unmittelbar vom Wettergeschehen und dessen Einflüsse auf die Streckenbeschaffenheit abhängig. Darüber hinaus nimmt deine persönliche physische und mentale Verfassung direkten Einfluss auf das Leistungsvermögen. Letzteres ist vergleichbar zum Lauf auf Asphalt. Beim Trailrun jedoch wechseln sich die Herausforderungen permanent ab. Bergauf und bergab, Saumpfad oder Wiese, Wurzelpfad, Gebirge und Geröll, verblocktes Gelände oder Bäche können im Paket bei einem einzigen Lauf, ein wesentlicher Bestandteil des Streckenverlaufs sein. Wenn als Sahnehaube Regen oder Schneefall einsetzen, dann musst du eventuell die ursprünglich kalkulierte Zeit völlig neu bewerten. Aber du weißt, den anderen Teilnehmern, privat oder bei einer Veranstaltung, geht es genauso.

## Der Reiz des Unerwarteten

Aber genau diese Herausforderungen, die Strecke, der Streckenverlauf und das Wetter machen den Reiz des Traillaufens aus. Es gibt keine Standards und es sind diese Unwägbarkeiten, die jedem von uns ein Lächeln ins Gesicht zaubern – immer wieder. Da passt wieder der Satz von Holger während zahlreicher Läufe: »Laufen ohne Matsch ist Quatsch.« Zeit ist eben nicht alles! Oft genügt der Genuss. Daher ist bei manchen Trailläufen die Pace nachrangig (s. a. Kapitel 5). Selbstverständlich laufen wir Trailläufer auch auf Asphalt – wenn es denn unbedingt sein muss – und nutzen auch die Tartan- oder Aschenbahn, um Tempohärte, Intervalle und andere wichtige Trainingseinheiten zu absolvieren. Geht ja manchmal nicht anders.

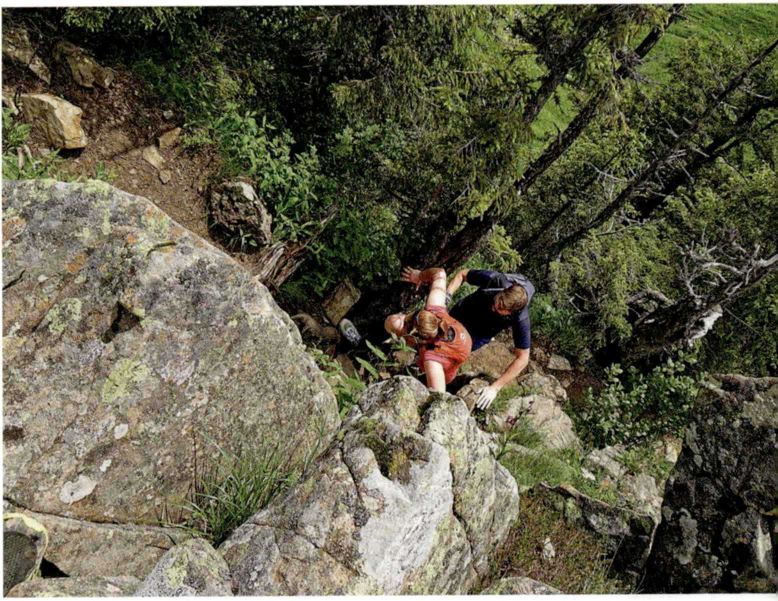

Trailrunner suchen die Herausforderung.

## Kraft mal Weg ist Spaß

Obligatorisch ist für uns das Krafttraining, da der gesamte Körper während der Läufe beansprucht wird. Mit schlapper Muskulatur kämen wir schnell an unsere Grenzen. Für den Erhalt oder den Aufbau unserer Haltemuskulatur ist Yoga ein sehr wirksames Mittel und für viele ein sehr wertvoller Ausgleich. Yoga unterstützt deine Stabilität, dein Selbstbewusstsein und deine Koordination. Diese Aspekte sind während der Läufe enorm wichtig, um die Kontrolle zu behalten und Unfälle zu vermeiden. Die unteren Extremitäten sind insbesondere bei rasanten Downhills großen Belastungen ausgesetzt. Der Geist wie auch die Beine müssen blitzschnell und flexibel reagieren können und der Körper muss die nötige Stabilität gewährleisten, damit du ungefährdet bergablaufen kannst. Kraft ist daher ein elementarer Bestandteil für einen sicheren Verlauf. Ein weiteres »Secret« sind die Übungen auf den passenden Trainingsgeräten (s. a. Kapitel 17). Sie fördern deinen Gleichgewichtssinn und den Aufbau deiner Haltemuskulatur. Kraft und Koordination, Stabilität und Kondition sind, wie die vier Himmelsrichtungen, deine Bezugspunkte beim Trailrunning in der freien Natur. Sie geben dir auf jedem Trail die nötige Sicherheit.

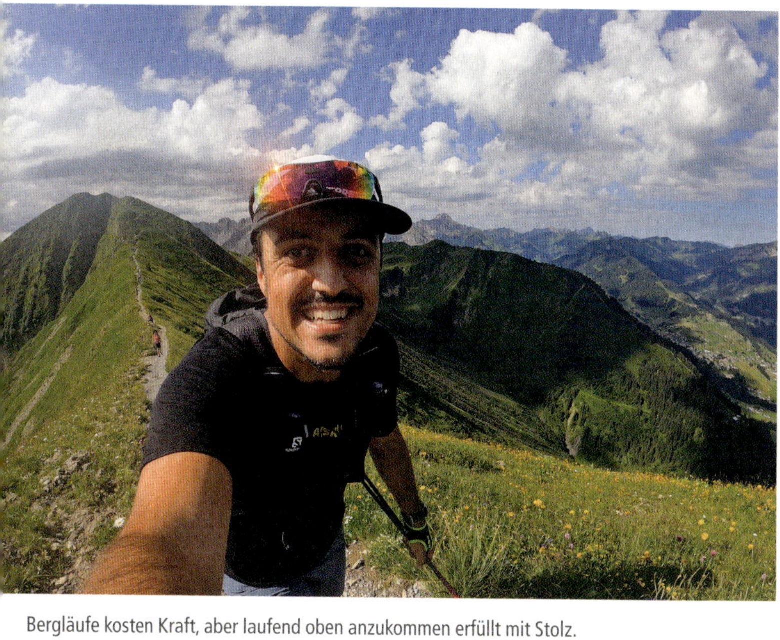

Bergläufe kosten Kraft, aber laufend oben anzukommen erfüllt mit Stolz.

# No excuses

## 3 Mit den ersten Schritten die Natur snacken

Kann Trailrunning dein Sport sein? Wann solltest du mit dem Trailrunning beginnen? Sobald du ahnst, es gibt mehr zu entdecken als nur das schmale Band aus Asphalt, das du jeden Tag unter den Laufsohlen hast. Du musst ja nicht komplett in die Welt der Trailrunner eintauchen. Erst mal reinschnuppern. Der Trainingsanreiz dieses Laufsports ist jedoch Grund genug, einfach mal rechts oder links in den Wald abzubiegen, um loszulassen und durch die Natur zu rennen. Der Spaß ist wirklich groß.

### Fünf Gründe ein Trailrunner zu werden

Um dich neugierig zu machen, habe ich fünf Gründe zusammengestellt, warum du ab und zu durch die Natur laufen solltest:

- Trailrunning ist insbesondere bei schönem Wetter eine echte Bereicherung. Die Düfte der Blumen, der Bäume und des Waldbodens nimmst du mit jedem Atemzug in dich auf. Das Gezwitscher der Vögel klingt in deinen Ohren und die erfrischende Atmosphäre im Wald belebt jede Zelle deines Körpers. Wenn du dazu das Glück hast, in den frühen Morgenstunden oder der abendlichen Dämmerung Rehe zu sehen, dann ist der Tag perfekt. Aber auch an Regentagen oder im Winter ist der Lauf durch die Natur Erholung. Den Regen merkst du nach einer gewissen Zeit ohnehin nicht mehr.
- Manchmal muss man dem Körper neue Trainingsanreize bieten, damit die Belastung nicht einseitig wird. Auf dem Trail erzielst du keine Bestzeiten, aber du brichst deine Routinen mit neuen und inspirierenden Trails auf. Das tut dir und deinem Körper gut. Worauf wartest du noch? Schalte den Autopiloten ab. Erkunde die Natur um dich herum und betrete neue Pfade.
- Limitiere dich nicht nur auf die Straße. Als Läufer kannst du deine Muskulatur und deinen Bewegungsapparat auf alternativen Routen durch die Natur vielfältig und abwechslungsreich anregen und fordern. Probiere es mal aus.
- Als Straßenläufer fokussierst du dich sehr auf die Pace und deine Zeiten. Das ist okay. Dein Blick zur Uhr, während du deine Runden drehst, ist obligatorisch. Das ist beim Trailrunning etwas anders. Es gibt Strecken, die kannst du nur unter großer Anstrengung laufen, oder du musst sie

sogar gehen. Deine gewohnten Zeiten, die gewohnte Geschwindigkeit und dein üblicher Puls werden beim Trailrunning pulverisiert – und das ist gut so. Denn beim Traillaufen geht es in erster Linie um das Erlebnis und beim Bewältigen der Strecke weniger um die Zeit. Im Gelände trainierst du deinen Körper umfänglicher. Du fokussierst dich mehr auf die Strecke als auf die Zeiten. Die hart erarbeitete Pace vom Asphalt kannst du beim Trailrunning hervorragend einsetzen, um deine Ausdauerhärte für größere Distanzen zu verbessern.

- Auch wenn das Trailrunning für dich nur zu einem Ausgleichstraining werden sollte, du wirst im Laufe der Zeit bessere Ergebnisse bei den gewohnten Strecken und auf deinem bevorzugten Belag erzielen. Das liegt an den abwechslungsreichen Streckenverläufen und den vielfältigen Anforderungen, die der Trail an dich als Läufer und deinen Bewegungsapparat stellt.

*Tipp: Ausprobieren solltest du es auf jeden Fall. Du wirst erkennen, Trailrunning ist zwar anspruchsvoll, aber abwechslungsreich und ein bisschen exklusiv, da es nicht jeder macht.*

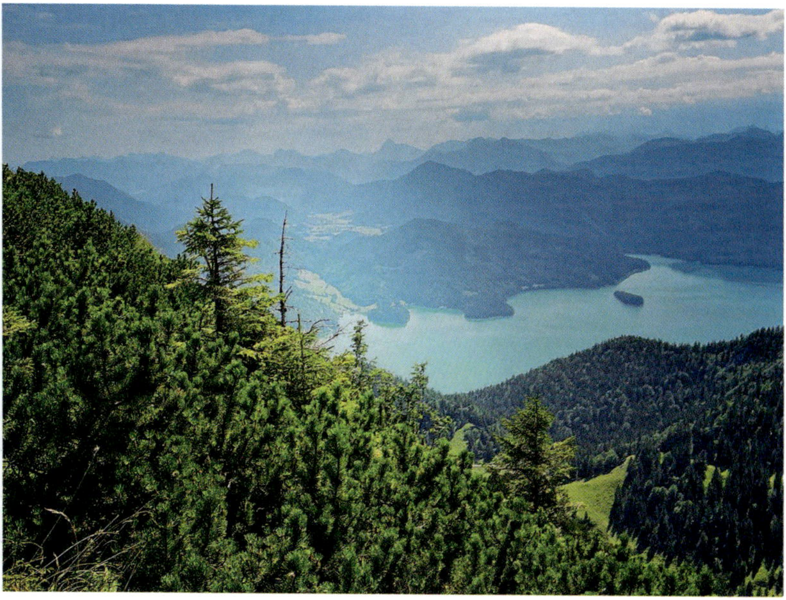

Oben angekommen ist der Blick ins Tal die Belohnung – und der Downhill.

# Freak out

4

## Welche Art von Trailrunner bist du?

Wie beim Straßenlauf, so gibt es auch beim Traillauf unterschiedliche Läufertypen. Eine Gruppe französischer Forscher hat dazu eine Studie im »Scientific Research« veröffentlicht. Sie kam zu dem Schluss, dass es drei verschiedene »Archetypen« von Läufern gibt. Grundlage der Forschung war folgender Versuchsaufbau: Insgesamt waren 14 Trailläufer an der Studie beteiligt. Vor dem Beginn musste jeder Läufer einen soziologischen Fragebogen ausfüllen, damit die Laufmotivation durch die Forschenden ermittelt werden konnte. Im Anschluss haben die Forschenden während eines 44 Kilometer langen

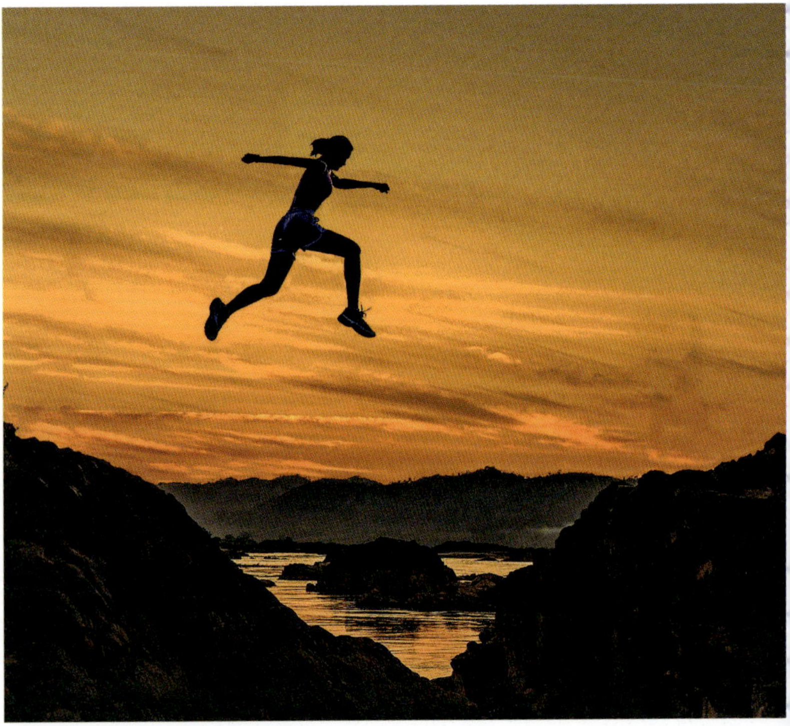

Trailrunning bedeutet Freiheit.

Rennens, aufgeteilt in acht Runden, die Herzfrequenz, die Geschwindigkeit und die quantitativen Daten der Sportler gemessen.

## Wer bin ich?

Am Ende jeder Runde stoppten die Forscher die Läufer zehn Minuten lang, um die Wahrnehmung, die Anstrengung und die affektive Valenz (Vergnügen/Unlust) der Teilnehmenden zu bewerten. Die Forschenden konnten dadurch auch eventuelle Schwankungen während des Wettkampfs erfassen. Nach Auswertung aller Daten legten die Forscher drei Läufer-Charaktere fest. Keine der drei Kategorien hat Einfluss auf die signifikanten Messwerte, allerdings auf die Wahrnehmung der Anstrengung und die Freude am Erlebnis. Ziel der Studie war es auch, aus den Forschungsergebnissen unterschiedliche Trainingsmethoden für den jeweiligen Läufertypus abzuleiten.

**Die Unverwüstlichen**

Für diesen Läufertypus sind die mit dem Lauf verbundenen Herausforderungen vergleichbar mit der Überwindung der Schwierigkeiten des alltäglichen Lebens. Sie blockieren den Schmerz und das Unbehagen. Ihre größte Freude ist die Überschreitung der Ziellinie und das Gefühl, etwas geschafft zu haben, was nicht jedem gelingt. Ihre Belohnung und ihre Freude ist der Applaus.

**Hedonisten**

Sie nehmen am Wettbewerb teil, um die Natur zu genießen. Neue Wege zu entdecken und die Schönheit der Natur wahrzunehmen stehen für diese Läufer im Vordergrund. Für Hedonisten ist der Lauf die Möglichkeit zu entschleunigen und ihre Autonomie angesichts missbräuchlicher gesellschaftlicher Normen zurückzugewinnen.

**Wettbewerbsorientiert Laufende**

Der Name sagt schon alles, dieser Typus ist äußerst kompetitiv unterwegs. Diese Trailrunner haben eine höher wahrgenommene Anstrengung, ziehen daraus aber trotzdem große Genugtuung, wenn sie die erwartete Platzierung erreichen. Dieser Lauftyp gehört zu der Gruppe, die laut der Studie das Trailrunning am schnellsten wieder aufgegeben hat, weil häufig die Erwartungshaltung unerfüllt bleibt.

*Tipp: Du wirst vermutlich von jedem Typus etwas in dir finden, aber vielleicht ermöglicht dir diese Aufstellung, dein Training für dich zu individualisieren.*

# Distanzen und Höhenmeter

5

## Auf beide kommt es an

Du läufst und läufst. Du vergisst dich. Du schaltest gedanklich komplett ab. Du genießt jeden Meter. Du kennst die Strecke. Dir begegnen die üblichen Landmarken. Hier ein Wegekreuz, dort die alte Eiche mit den knorrigen Ästen. Du nimmst die Felsformation rechts von dir aus den Augenwinkeln wahr und läufst. Und irgendwann, nachdem du noch ein paar zusätzliche Schleifen eingebaut hast, fragst du dich: Wie weit bin ich jetzt gelaufen? Der Blick auf die Uhr verrät es dir, aber du hast die Distanz nicht als solche wahrgenommen. Die Distanz an sich hat für dich zugunsten der Natur an Stellenwert verloren. In der Ebene beschreibt man die gelaufenen Distanzen anhand der Kilometerangaben. Dazu gehören der 5-Kilometer-Lauf, die 10-Kilometer-Distanz, der Halbmarathon, der Marathon und final der Ultra (s. a. Kapitel 98).

### Macht's die Länge?

Letzterer bildet als Etappenlauf noch mal eine eigene Kategorie. Wer also wie Kipchoge oder andere Spitzenläufer den Berlin-Marathon gelaufen ist, der hat am Ende eine exakt vermessene Distanz von 42,195 Kilometer absolviert. Das ist beim Traillauf etwas anders gelagert. Die Strecken an sich beinhalten immer gewisse Differenzen, da sie durch die Natur, über Waldwege oder schmale Pfade führen. Sie folgen in einem geringen Umfang einem regelmäßigen Straßenverlauf und ansonsten den Regeln, die die Natur auferlegt. Ergänzend folgt die Strecke dem Landschaftsverlauf über Hügel und Treppen, knackige Anstiege und Downhills, die in einem weiten Flow oder technisch steil bergauf und bergab führen. In jedem Fall ist die Belastung für die Beine und den Körper eine andere als beim Straßenlauf.

Die Trailstrecken folgen also mitunter einem ausgeprägten Höhenprofil. Das extreme Beispiel ist das »Vertical«. Beim Vertical geht es nur aufwärts. Die Strecke ist auf maximal fünf Kilometer begrenzt. Die Höhendifferenz muss 1000 Höhenmeter ausweisen. Das hindert manchen Veranstalter nicht, die zu laufende Strecke zu reduzieren. Das steilste dieser Rennen ist der »Kilomètre Vertical de Fully« mit einer Streckenlänge von 2000 Metern und der verpflichtenden Höhendifferenz von 1000 Metern. Wer sich daran versuchen möchte, dem sei gesagt: Die schnellsten Läufer schaffen diese

Strecke in 30 Minuten. Aber es ist auch problemlos möglich, 1000 Höhenmeter und mehr bei einer Halbmarathon-Distanz im Mittelgebirge zu sammeln. Diese Höhenmeter haben einen mehr oder weniger angenehmen Nebeneffekt. Rechnerisch wirken sie sich auf die Distanz aus.

## Achtung, Prozentrechnung!

Kommen wir zur Streckenlänge zurück. Wenn bei einem Lauf die Höhenmeter aus Mittelgebirgen, den Alpen oder anderen Berglandschaften hinzukommen, dann addiert man die gelaufenen Höhenmeter und Gefälle zur Gesamtstrecke hinzu. Bei 100 Meter Höhendifferenz addierst du einen Leistungskilometer hinzu. Bei über 20 % Gefälle addierst du bei einer gelaufenen Distanz von 150 Metern zusätzlich einen Leistungskilometer hinzu. Bei einem Marathon mit 1000 Höhenmetern plus 1500 Meter mit 20 % Gefälle kannst du entspannt 20 Kilometer zur Marathonstrecke addieren. Da kommt also schon was zusammen. Einen kleinen Wermutstropfen hat diese Rechnung allerdings: Den Marathon läufst du trotz der Addition über die komplette Distanz. »No pain, no gain!« Neben den Verticals gibt es noch die »Skyraces« oder dass »Skyrunning«. Diese Wettbewerbe haben eine Distanz zwischen 20 und 49 Kilometern. Die zu laufenden Höhenmeter wurden auf mindestens 1300 Meter im Auf- und auch wieder im Abstieg festgelegt. Diese Läufe folgen weniger den ausgetretenen Pfaden als alpinem Gelände. Über die Einhaltung der Regularien wacht die »International Skyrunning Federation«. So sind Anstiege von mindestens 30 % verpflichtend und Kletterstellen nach oben sind auf den II. Grad (UIAA-Skala) beschränkt. Das klingt eher abschreckend als motivierend? Videos auf den einschlägigen Social-Media-Kanälen von Kilian Jornet, Emelie Forsberg und anderen machen vielleicht Lust, neue Wege zu gehen.

*Tipp: Fokussiere dich am Anfang weniger auf die Distanz und die Höhenmeter als auf das Lauferlebnis und die gesammelten Erfahrungen während des Laufs. Der Rest kommt von allein.*

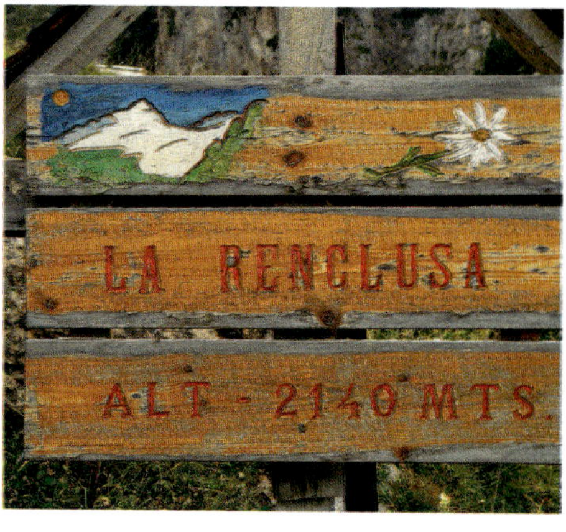

Der Himmel ist das Limit.

# Topografie

## 6 Voll im Flow

Jeder Sportler kennt das Gefühl. Du bist den ganzen Tag im Job eingespannt gewesen, fährst nach Hause und du weißt, der Tag ist noch nicht »gelaufen«. Nach dem Feierabend oder am Wochenende willst du einfach losrennen. Dass dies kein Traum bleiben muss, weiß jeder, der es bereits probiert hat. Die Business-Kleidung in die Ecke gelegt, die Laufklamotten angezogen, die Laufschuhe geschnürt und ab geht's ins Gelände. Für die meisten von uns dürfte der Lauf in unmittelbarer Nähe der eigenen Haustüre beginnen.

### Jeder so, wie er kann

Zunächst über Asphalt geht der Weg über in Schotterpisten, um anschließend aufs Feld, über die Hügelkette oder in den Berglauf zu führen. In Neu-Deutsch nennt man dies auch Urban Trail, da er im besiedelten Gebiet beginnt und wieder endet. Dazwischen geht es in die Hochmoorlandschaft, die Heide mit sandig magerem Boden im Flachland oder Hügelketten wie in der Eifel, der Rhön, auf kleine Berge wie im Schwarzwald oder durch das Voralpenland in Bayern und Baden-Württemberg. Aber auch die Strände der Nord- und Ostseeküste sind reizvoll und bieten vielfältige Trainingsmöglichkeiten. Laufen entlang der Küste im küstennahen Bewuchs aus Nadelhölzern und Büschen, im tiefen Sand oder entlang der Saumgrenze der Brandung kann anspruchsvoll sein. So bin ich an der niederländischen Küste einem Läufer begegnet, der im Laufschritt einen alten Autoreifen durch den tiefen Sand hinter sich herzog. Auf die Frage, was er da mache, antwortete er, er trainiere für den MYAU, den **M**ontane-**Y**ukon-**A**rctic-**U**ltra. Da müsse er über viele Kilometer einen Schlitten hinter sich herziehen und der Autoreifen simuliere diese Anstrengung am besten.

### Veränderung ist normal – mit Sicherheit

Jeder Weg führt zum Ziel und kein Weg ist wie der andere. Jeder kann anspruchsvoll sein oder wenigstens so gestaltet werden – auch an der Küste. In der Mittelgebirgslandschaft greifen die Trailer auf Wurzelpfade, kurze und knackige, aber wiederholt gelaufene Anstiege und Downhills zurück. Das abwechslungsreiche Auf und Ab der Landschaft erfordert ebenso Kondition wie Koordinationsfähigkeit, die bei Läufen in den Alpen

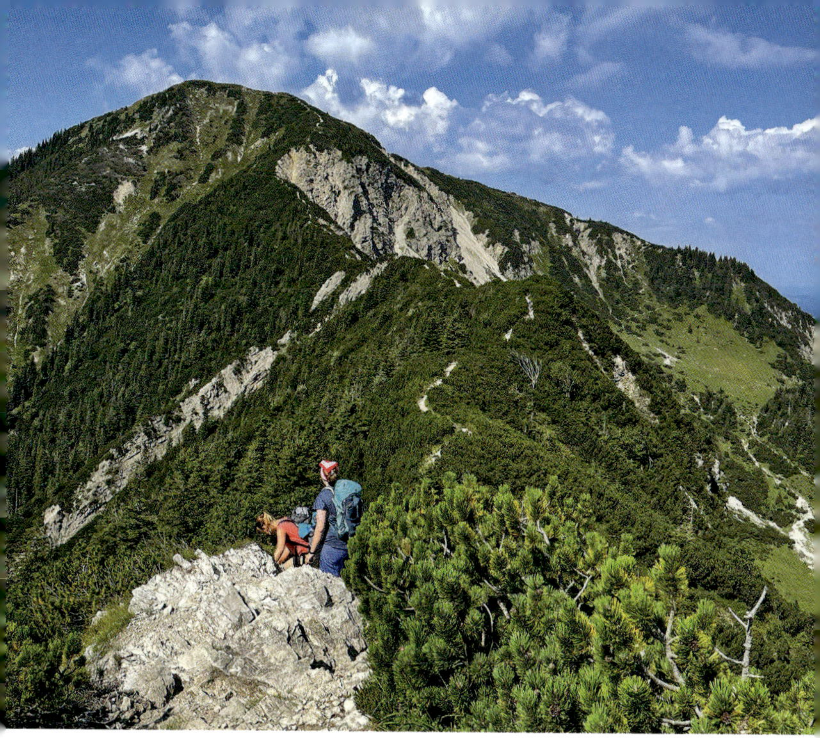

Jeder Blick in die Bergwelt wird zum Ereignis.

sehr hilfreich und wichtig sind. Im Gebirge kommen ergänzend die Schwindelfreiheit und die Trittfestigkeit insbesondere bei ausgesetzten, also unbefestigten Wegen entlang von steil abfallenden Berggraten und Schluchten hinzu. Diese Wege und Steige sind nichts für Einsteiger und bedürfen der Planung, Erfahrung und Voraussicht. Das betrifft einerseits den Trail, aber auch die Ausrüstung, das »Gepäck«, die Technik und das Wissen um die veränderlichen Wetterbedingungen. Im Gebirge solltest du absolut nichts dem Zufall überlassen. Häufig kommt es zu Tierbegegnungen. Einerseits mit Wildtieren, mehr aber noch mit dem allseits bekannten Nutzvieh – der Kuh. Es gilt gewisse Verhaltensregeln zu beachten, die ich in Kapitel 81 näher beschreibe.

*Tipp: Informiert euch über die Trails der Urlaubsdestination und auch über die Besonderheiten. In Apps und Foren werden sowohl die jeweiligen Möglichkeiten als auch die Herausforderungen vielfältig und umfangreich beschrieben (s. a. Kapitel 30).*

# Der Weg ist das Ziel

## 7 Was musst du beachten?

Der Weg ist das Ziel, habe ich irgendwo einmal gelesen. Das gilt insbesondere beim Trailrunning, auch wenn es spirituell klingen mag. Die Läufe durch das Gelände fordern dich, deinen Geist und deine Aufmerksamkeit. Immer wieder wirst du nach einem Lauf feststellen, dass deine Gedanken klarer sind. Du bist danach aufgeräumter, trotz der Erschöpfung entspannter und von der Last negativer Gedanken befreit. Um dich deinem Abenteuer als Trailläufer komplett hingeben zu können, musst du wissen, was auf dich zukommen kann. Mit der Topografie ändert sich permanent die Beschaffenheit der Wege. War der Weg kurz zuvor ein Wurzelpfad, wechselt dieser urplötzlich zu einem steinigen Trampelpfad, der kurz darauf matschig sein kann, durch ein Bachbett führt, um im Anschluss in einen knackigen Anstieg mit sandigem Boden überzugehen.

### Holzauge sei wachsam

Uphills und Downhills gehören zum Standardprogramm der Läufe. Noch ein wenig hin und her, einen querliegenden Baumstamm oder Felsen überspringen oder dem tief hängenden Ast ausweichen und mit Trippelschritten von Stein zu Stein springen, und die Mischung eines ausgewogenen Trails ist komplett. Genau diese Wechsel und die Unvorhersehbarkeit machen das Trailrunning aus. Du musst megawachsam sein und immer reaktionsbereit. Dein Blickwinkel wechselt permanent von der Fernsicht auf den Bereich drei bis fünf Meter vor dir. Weniger auf deine Füße unter dir, denn damit würdest du die Stabilität aufgeben und im schlimmsten Fall stürzen. Stattdessen scannst du permanent den Verlauf der Strecke, die Beschaffenheit, und du passt deine Geschwindigkeit vielleicht darauf an.

### Alle Eventualitäten berücksichtigen

Als Läufer bist du ganzheitlich mit Körper, Geist und deinen Sinnesorganen gefragt und je nachdem sogar auf dich allein gestellt. Natürlich kann etwas passieren. Du kannst irgendwo hängen bleiben, umknicken, stürzen, gegen einen tief hängenden Ast laufen und vieles mehr. Wichtig ist, dass du immer ein Telefon mit dir führst, in das du deinen Notfallkontakt eingegeben hast. Im Idealfall ist das Handy zusammen mit einem Getränk und einer kleinen Notfallausrüstung wie Rettungsdecke und Bandage in einer Laufweste verstaut. Ergänzend nehme ich immer meinen Personalausweis mit, bei der Anreise mit dem Auto auch einen Führerschein. Zwanzig Euro kannst du mitnehmen, für den Fall, dass du verletzungsbedingt ein Taxi benötigst – oder einen Kuchen essen möchtest (s. a. Kapitel 63 und 72). Das kannst du als übertrieben bewerten, aber jeder kann einfach umfallen oder verunglücken. Herzinfarkte in Verbindung mit dem Laufen kommen vor. Stürze ebenso und mitten in der Pampa kann die Situation besonders bei widrigen Wetterbedingungen schnell sehr unangenehm werden.

*Tipp: Sei auf alles vorbereitet. Sei achtsam und bleibe geschmeidig.*

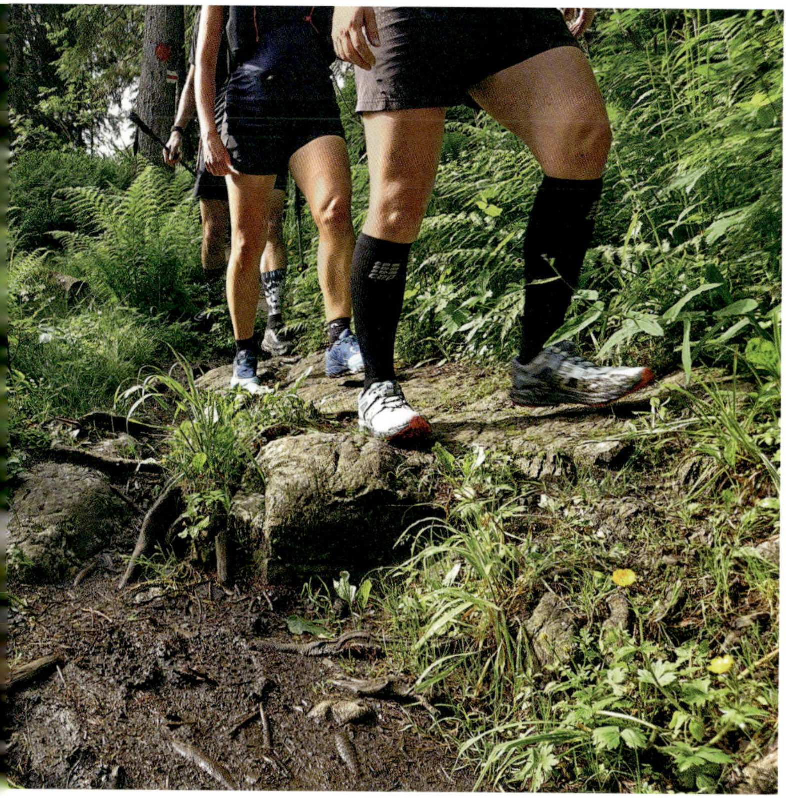

Jeder Weg ist anders: Wenn das Erlebnis zum Ziel wird.

# Uphill

8

## Nicht nur für Bergziegen

Der Titel verrät kein Geheimnis und erklärt doch alles. Bergauflaufen – kann das Spaß machen? Wenn du gerade in einem Anstieg mit gefühlten 20 bis 30 % steckst und weißt, du hast noch mehrere Kilometer vor dir, dann macht es spätestens Spaß, wenn du oben angekommen bist. Versprochen! Mittendrin, wenn die Oberschenkel schon lange streiken wollen und die Waden glühen, die Lunge brennt und der Atem nicht zur Ruhe kommt, lohnt es sich nicht, auch nur einen Gedanken daran zu verschwenden, ob der Lauf in diesem Moment Spaß macht. Aber sobald du oben angekommen bist und du stolz auf den soeben bewältigten Anstieg runtersiehst, dein Blick über die Berggipfel um dich herum schweift und sich dein Atem normalisiert, dann wirst du stolz sein. Du wirst zufrieden sein und glücklich. Deine Oberschenkel verfluchen dich, weil sie beim anstehenden Downhill schon wieder ranmüssen, aber auch das geht vorüber.

### Gewusst wie!

Der Uphill ist technisch im Vergleich zum Downhill weniger anspruchsvoll. Die Technik beim Bergauflaufen folgt im Wesentlichen den normalen Bewegungsabläufen. Wichtig sind der Kniehub, die Schrittlänge und wie du deinen Fuß aufsetzt. Die Läufer wechseln bergauf vom Mittel- und Vorfußlaufen komplett auf den Vorfuß. Du kannst so die Kraft optimal aufs Gelände übertragen und die Dynamik beibehalten. Die Schrittlänge sollte nicht zu groß sein, da große Schritte einen sehr hohen Kraftaufwand erfordern. Also lieber auf kleine und dynamische Trippelschritte wechseln, die in diesem Fall die Wadenmuskulatur beanspruchen. Bei diesem Laufstil bist du leicht nach vorne geneigt und nimmst den Schwung des Vorfußlaufens auf, um deinen Körper in deine Laufrichtung zu bewegen. Optisch wirkt der Laufstil ein wenig wie das Hüpfen bergauf auf dem jeweiligen Vorfuß. Mit dieser leichten Körperneigung knickst du nicht zusammen, die Luftzufuhr bleibt erhalten und du kannst die Sauerstoffzufuhr hochhalten. Mit dieser Körperhaltung entlastest du deine Rückenmuskulatur erheblich und du reduzierst die Gewichtsverlagerung des Oberkörpers auf deine Oberschenkel. Mit zunehmender Steigung wirst du immer weniger laufen und die senkrechte Körperhaltung zunehmend nach vorne verlagern. Jetzt ist auch deine gut trainierte Rückenmuskulatur gefragt, die für Stabilität sorgt. Die durch die Haltung zunehmende Belastung der Quadrizeps der Oberschenkel kannst du mildern, indem du deine Hände auf den jeweiligen vorderen Oberschenkelbereich kurz vor dem Knie abstützt. In dieser Position unterstützt du deine Schritte, indem du mit deinen Händen die Beine kraftvoll nach hinten wegdrückst. Alternativ kommen die Trailstöcke zum Einsatz (s. a. Kapitel 44).

## Einen Gang runterschalten ist o. k.

Und, ganz ehrlich, auch wenn es in den sozialen Medien anders gezeigt wird, die wenigsten laufen alle Anstiege insbesondere im Gebirge komplett durch. Selbstverständlich sammelt man noch mal alle Kräfte, wenn man gefilmt wird. Daher sehen wir oft gekonnt geschnittene Sequenzen eines Skyrunning-Laufs, dessen Dynamik nach dem Passieren der Kamera sofort wieder abnimmt. Generell kannst du davon ausgehen, dass du bei fordernden Steigungen mit schnellem Gehen fast genauso schnell bist wie mit kleinen Trippelschritten. In den Trainingseinheiten sieht das selbstverständlich anders aus. Während der Einheiten kommt es darauf, an das Maximum aus dir herauszuholen und das Gehen auf die Wandereinheiten zu verlagern. Das Gehen schont während des Wettbewerbs gegenüber dem Laufen deine Kondition und die Kraftreserven deutlich. Baue das schnelle Gehen als zusätzliches Modul in deine Trainings ein (s. a. Kapitel 18). Ab und zu, wenn es stramm nach oben geht und du einfach weiterrennst, dann schallt der Ausruf »Du Bergziege« hinter dir her. Sei stolz auf dich. Das ist keine Beleidigung, sondern ein Ausdruck der Bewunderung für deine Ausdauer und deine Hartnäckigkeit am Berg.

*Tipp: Tritt beim Bergauflaufen immer knapp vor dir mit dem Vorfuß auf und wippe in kurzer Schrittfrequenz nach oben. Vermeide das Schlurfen und hebe das Bein sauber an. Du hast mit dieser Technik mehr Kontrolle und du kannst die Kraft aus dem Unterschenkel besser auf die Strecke bringen.*

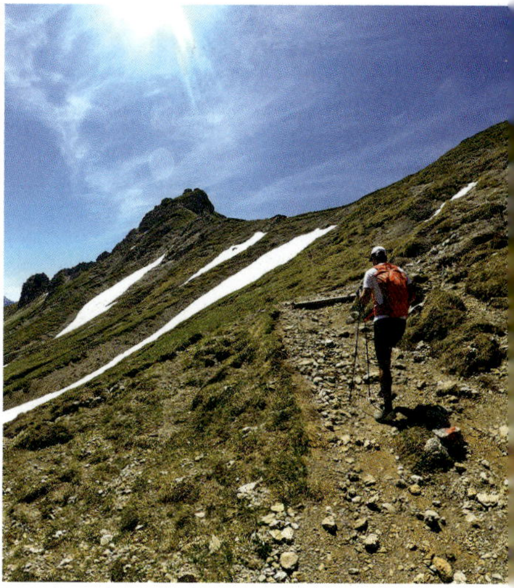

Schritt für Schritt kommst du dem Gipfel näher.

# Downhill

9

## Runter kommen sie alle

Der Downhill ist für die meisten Trailläufer ein echtes Fest. Hier geben die Könner richtig Gas und scheinen mit ausgebreiteten Armen abwärtszuschweben. Wer einen erfahrenen Trailläufer beim Downhill beobachtet, der sieht eine Mischung aus totaler Körperkontrolle gepaart mit einer fast unbeschwerten Leichtigkeit und tänzerischen Eleganz. Der schnell gelaufene Downhill hat nichts mit halsbrecherischem Leichtsinn zu tun, sondern ist das Ergebnis von Erfahrung und sehr viel Training. Große und kleine Hindernisse überspringt der Läufer oder nutzt die Dynamik für seinen nächsten Schritt. Die Herausforderung besteht darin, die Bodenbeschaffenheit auch hinter dem Hindernis richtig einzuschätzen und zu bewerten. Die Hindernisse werden zum Bestandteil der Laufstrecke und zum individuellen Nutzen des Läufers. Individuell, weil jeder Mitläufer vor ihm oder nach ihm anders auf diese Wurzeln, Steine oder Auswaschungen trifft.

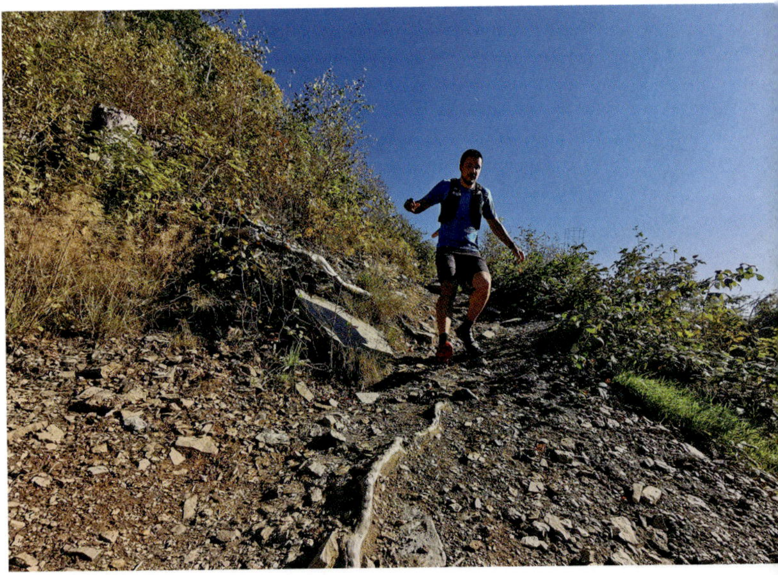

Nach dem Uphill folgt der Spaß beim Downhill.

## Intuition versus Denken

Die Geschwindigkeiten erfahrener Trailläufer im Downhill sind mitunter sehr hoch. Der Puls geht durch die Decke und die Muskulatur wird enorm beansprucht. Unebenheiten werden durch Sprünge überwunden, Hindernissen mit unmittelbar aufeinanderfolgenden Sidesteps ausgewichen und mit der Beinmuskulatur abgefedert. Mancher hat schon frühzeitig seine Körner beim Donwhill nur aus Spaß am Laufen verbrannt. Dem Schuh kommt beim Trailrunning eine besondere Bedeutung zu. Er gibt dir Halt, Griffigkeit und die nötige Dämpfung. Der Aufbau der Schuhsohle vermittelt dir entscheidende Informationen zur Bodenbeschaffenheit der Strecke – der Grip gibt dir den nötigen Halt. Es wird nie langweilig, auch wenn du zehnmal denselben Berg runterläufst, denn deine Schrittlängen variieren immer wieder und du wirst immer anders auftreten. Generell ist es wichtig, während des Laufs die Strecke im Bereich von drei bis fünf Metern vor dir zu scannen, um die Bewegungsabläufe auf die Streckenbeschaffenheit anzupassen. Dies geschieht bei entsprechender Erfahrung und Selbstvertrauen intuitiv und deine Füße kommen »einfach« hinterher. Dein Gehirn antizipiert das zuvor wahrgenommene, um den Hindernissen im weiteren Verlauf fast automatisch auszuweichen. Wer sich

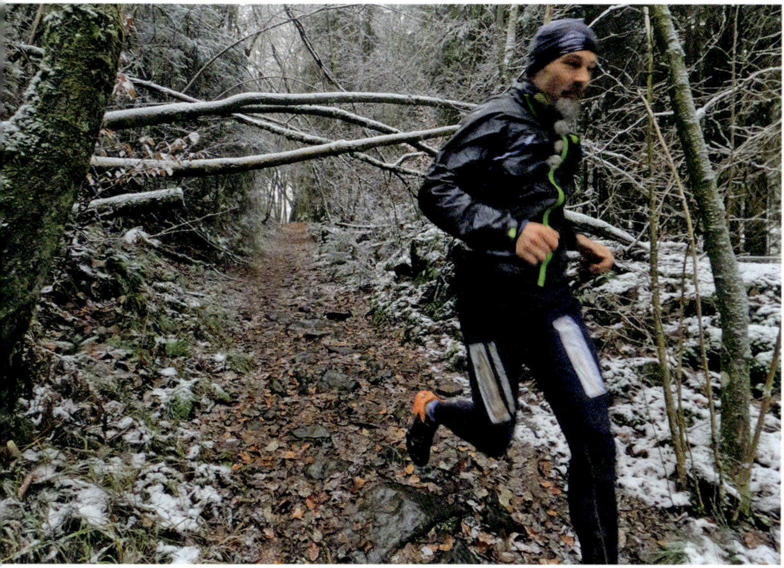

Achtung, Baum! Die Wahrnehmung sollte dreidimensional sein.

anfänglich nicht sicher ist, der sollte den Downhill unbedingt gehen statt laufen, um sich nicht in Gefahr zu bringen. Als Einsteiger bringst du noch nicht die dazu nötige Muskulatur und Stabilität mit. Aber auch deine Sehnen und Bänder sind für die Belastung eines schnellen und dynamischen Bergablaufs noch nicht ausreichend trainiert. Daher muss dein gesamter Bewegungsapparat durch ein geeignetes Stabilitätstraining »geschult« werden.

## Vertraue dir einfach

Ein weiterer Aspekt ist das Vertrauen in dich und vor allem in deine Schuhe. Als Neuling kannst du schwer einschätzen, wie viel Grip die Schuhe haben und ob sie dich sicher nach unten bringen, oder ob der Downhill zur Rutschpartie wird. Auch bei Downhills kannst du Trailstöcke einsetzen. Sie entlasten die Oberschenkelmuskulatur und geben dir ein Gefühl von Sicherheit. Wie gehst du am besten vor? Wie fängst du an, einen Downhill zu trainieren? Wie überwindest du den inneren Schweinehund abwärtszulaufen? Wie begegnest du der Sorge um einen Sturz? Es gibt zwei Methoden, damit anzufangen. Mit dem Vorfuß aufzutreten, ist auf dem Trail wichtig, um das Umknicken zu verhindern. Tatsächlich ist die Ferse auf dem technischen Weg viel zu wackelig und führt zwangsläufig zu schmerzhaften Unfällen. Knickst du um, weil die Ferse dich nicht hält, werden Sehnen und Bänder überdehnt und könnten reißen. Je nachdem in welchem Gelände du dich aufhältst, kann der anschließende Abstieg sehr lange dauern und äußerst schmerzhaft werden – oder du bringst dich und andere in Gefahr.

## Gewusst wie

Der Downhill kann auch sehr matschig sein. Selbst ein grobes Schuhprofil wird bei sehr matschigen Trails an seine Grenzen stoßen. Kleinere Rutscheinlagen erfordern deine erhöhte Aufmerksamkeit. In den meisten Fällen rutschst du um die Schuhlänge nach vorne, bis die Sohle wieder greift, darauf kannst du dich einstellen. Das kann in einer ausgewaschenen Kurve etwas anders sein, wenn die Beine zur Seite wegfliegen und dich der Schwung aus der Kurve wirft. Mache für diesen Fall die Schritte etwas kleiner und suche eventuell eine bessere Position für den Fuß. Nachfolgend zwei Vorschläge, den Downhill zu trainieren.

**Schritt 1 – im Wohnzimmer**

Stelle dich in dein Wohnzimmer. Du musst vor dir zwei Meter Platz haben. Mache einen Schritt nach vorne, indem du dein Bein höher hebst als gewohnt. Sozusagen ein Ausfallschritt mit Kniehub mit dem rechten Bein und Vorwärtsbewegung. Lasse das linke Bein hinten stehen. Durch diesen Bewegungsablauf »kippst« du nach vorne und du federst dich mit dem rechten Bein ab. Zu Beginn hebst du das Bein nur gering, damit du dich nicht zu sehr mit dem rechten Bein abfedern musst. Im weiteren Verlauf verlängerst du den Ausfallschritt. Du trainierst automatisch die Oberschenkelmuskulatur des vorne stehenden und die Hamstrings des hinteren Beines.

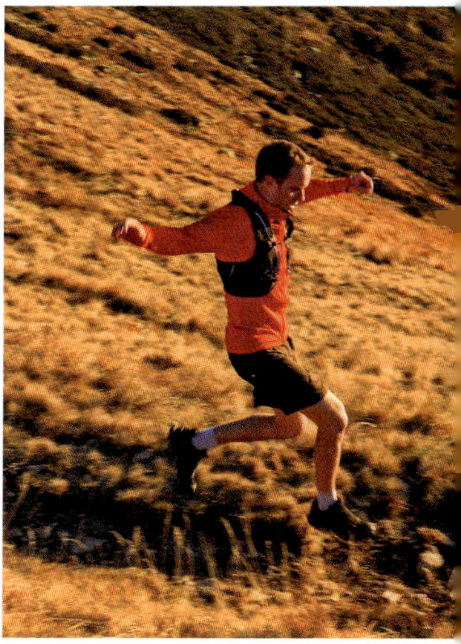

Go ahead and jump! (Van Halen)

**Schritt 2 – auf der Strecke**

Stell dich für den Einstieg oberhalb eines abschüssigen, gleichmäßigen Weges auf. Asphalt oder ein Waldweg mit Split sind für deinen ersten Schritt in den Downhill vollkommen in Ordnung. Stelle dich auf diesem Weg mit beiden Füßen parallel und hüftweit auf. Nun neige dich in Laufrichtung immer weiter nach vorne, bis du aufgrund der Gewichtsverlagerung intuitiv den ersten Schritt nach vorne machen musst. Sobald du kippst, schnellt intuitiv eins deiner beiden Beine nach vorne. Mit diesem ersten Schritt läufst du sofort ein paar Schritte weiter. Lass es einfach laufen und genieße das Gefühl, den inneren Schweinehund, die Furcht vor dem Downhill überwunden zu haben. Achte unbedingt darauf, immer mit dem Vorfuß aufzukommen. Das provoziert eine nach vorn geneigte Körperhaltung und bringt dir später den Speed. Diese Körperhaltung begünstigt auch die Entlastung der Gelenke. Probiere das einige Male aus, bis es dir in Fleisch und Blut übergegangen ist. Beim Zurücklaufen kannst du in einem »Atemzug« das Bergauflaufen trainieren (s. a. Kapitel 8). Die Wiederholungen geben dir das nötige Selbstvertrauen und helfen dir, deine Furcht vor der Neigung zu überwinden.

*Tipp: Trainiere den Downhill. Deine Beine sollten auf diese Belastung durch Krafttraining vorbereitet sein. Die Koordination ist ein wichtiger Sicherheitsaspekt, um das Gesehene mit dem Bewegungsapparat in Einklang zu bringen. Gehe lieber kein Risiko ein, insbesondere, wenn du merkst, dass deine Konzentration nachlässt. Gerade am Anfang kann es nach den Läufen auf Downhillstrecken zu Muskelkater in den Oberschenkeln kommen (s. a. Kapitel 57).*

# Streckenplanung

## Ja wo laufen Sie denn?

10

In der heutigen Zeit ist es kein Problem, die gewünschte Strecke im Voraus zu planen. Mit den einschlägigen Online-Tools planst du die Strecke zum Beispiel in »Outdooractive« oder »Komoot«, indem du die Wegpunkte vom Start bis zum Ziel antippst – schon ist der Trail markiert und berechnet. Die App »Wikiloc« ist im In- und Ausland ebenfalls hilfreich bei der Streckenplanung. Sie hat mir geholfen, spontan Trailstrecken auf Island zu finden. Nachdem du deine Strecke gefunden oder erstellt hast, überträgst du den Track auf deine Uhr. Eine andere Möglichkeit bieten die mobilen GPS-Geräte verschiedener Hersteller. In diesem Fall hast du die Möglichkeit, bereits existierende Tracks auf das Gerät zu laden oder deinen Wunschkurs selbst zu definieren.

### Redundanz hilft

Elektronische Geräte helfen uns durch unser Leben. Es gibt wohl kaum jemanden unter uns, der gerne auf sein Smartphone verzichten möchte. Die kleinen Helfer machen uns das Leben auch auf dem Trail deutlich einfacher. Ihr entscheidender Nachteil ist die nötige Energieversorgung. Fällt das einzige mitgeführte Gerät aus und du stehst in unbekanntem Gelände, dann kann die Situation je nach Wetterlage schnell brenzlig werden. Selbst wenn du jemandem Bescheid gesagt hast, wohin du läufst, ist es elementar wichtig, redundant aufgestellt zu sein. Das heißt, du hast neben dem GPS-Gerät eine Laufuhr inklusive des Tracks dabei. Ergänzend auch noch dein Smartphone, auf dem der GPS-Track ebenfalls abgespeichert ist. Fällt eins der Geräte aus, warum auch immer, dann hast du immer noch zwei Alternativen, um zurückzufinden. Hier helfen bei den Uhren die Track-back-Funktionen. Lade daher den gewünschten Trail auf die mobilen Endgeräte herunter. Je nach Anspruch sowie Länge der Strecke solltest du ergänzend eine klassische Landkarte als Ersatz dabeihaben – klingt old fashioned, funktioniert aber immer. Zur Streckenplanung besteht auf Wikiloc, Garmin oder Strava die Möglichkeit, auf die zahlreichen Routenvorschläge anderer Läufer zurückzugreifen. In vielen Apps ist der Streckenverlauf um Informationen zu Schwierigkeitsgrad, Länge und Höhenmeter sowie um großartige Fotos erweitert. Beachte bitte, dass diese Informationen von Abonnenten mit ganz unterschiedlicher Erfahrung stammen können. Die Bewertungen müssen nicht deiner persönlichen

(Lauf-)Erfahrung entsprechen. In vielen Gegenden ist es unerlässlich, bei der Planung des Laufs die Jagdkalender zu beachten. Selbst wenn die Jagdsaison in der Regel in den Herbst fällt, ist in manchen Landstrichen der nächtliche Aufenthalt innerhalb von Wäldern untersagt. Das Wild braucht auch Ruhe vor uns.

*Tipp: Beachte bitte, dass Onlinekarten nicht immer aktuell sind. Plane daher in einer dir fremden Umgebung ein, dass du Umwege laufen musst, wenn du Onlinekarten verwendest. In den Bergen ist es noch wichtiger, die Schneelage zu prüfen. Die nötigen Infos erhältst du meistens auf der Website der Orte, beim Hüttenwirt oder der Bergwacht. Gerade im Frühjahr können Restschneefelder die geplanten Wege unpassierbar machen. Plane also deine Strecke umsichtig.*

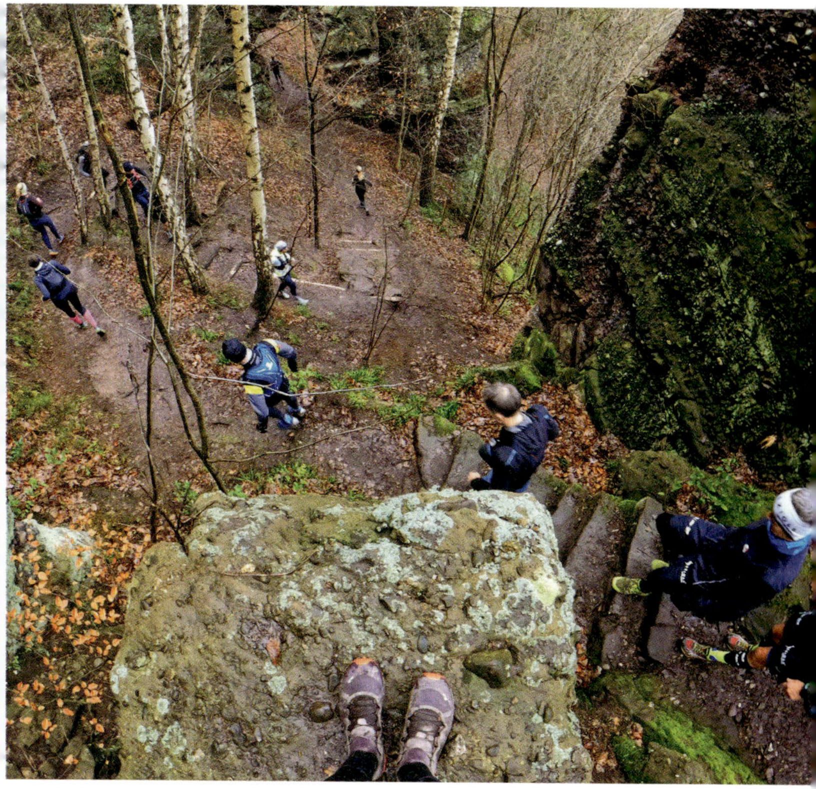

Wenn sich der Weg durch den Wald windet.

# Back on track

11

## Wo laufen wir heute?

Manchmal wird einem die Entscheidung abhängig vom Wohnort abgenommen oder leicht gemacht. Der eine fällt aus der Haustüre und steht im Wald, wo der andere erst mal ins Auto springen muss, um den nächsten Berg zu erreichen. In der Regel jedoch beginnt für die meisten Läufer der Trail auf einem mehr oder weniger kurzen Stück Asphalt. Das machen die Trailschuhe anstandslos mit, bevor du mit ihnen im gewohnten Revier auf einen Waldweg eintauchen darfst. Leichte und fluffige Böden durchs Nadelholz wechseln sich ab mit Wurzelpfaden, die bei Nässe verdammt rutschig werden können. Die Schotterwege sind meistens unproblematisch. Mit ein wenig Erfahrung erkennst du gefährliche Stellen auf ausgesetzten Wegen frühzeitig und reagierst, indem du neben einen Stein oder nur leicht federnd darauf trittst beziehungsweise einen größeren Schritt über das Hindernis hinweg machst. Diese Erfahrungen nutzt du auf Trampelpfaden, die aus einer bunten Mischung der oben genannten Möglichkeiten bestehen. Insbesondere bei den Single-Trails kann es sein, dass Pflanzen über den Weg wuchern und der Pfad und dessen Beschaffenheit schwer bis kaum erkennbar sind. Es ist gut, wenn du diese Wege mit etwas mehr »Skills« läufst und den Weg in den verdeckten Abschnitten erahnen kannst – sonst wechsle sicherheitshalber ins Gehen. Gerade die Single-Trails lassen, wie der Name schon sagt, in der Breite nur einen Läufer zu, mehr geht nicht. Da du in der Gruppe hintereinander läufst, muss der Abstand zu deinem Vordermann oder der Vorderfrau groß genug sein, damit du nicht versehentlich aufläufst, wenn Vorauslaufende abbremsen. Zwei bis drei Meter Abstand sind nah genug, um zu sehen, wie er oder sie die Strecke läuft, besser sind vier bis fünf Meter.

### Augen auf beim Streckenverlauf

Häufig ist die aufmerksame Beobachtung der Läufer vor dir hilfreich, um Hindernisse frühzeitig zu erkennen und zu sehen, wie die anderen vor dir das Hindernis überwinden oder umlaufen. Du gewinnst dadurch weitere Sicherheit und ausreichend Zeit, rechtzeitig zu reagieren. Im Gebirge werden die Pflanzen oberhalb der Baumgrenze kleiner und spärlicher. Die wenigen Wurzeln sind robust und knorrig. Bei Nässe sind sie, wie auch der Stein, gefährlich rutschig. Lass dich beim Laufen im Gebirge nicht von den zahlreichen Videos auf einschlägigen Social-Media-Plattformen dazu verleiten, genauso über die Steige zu rennen und zu springen. Es gehört viel Erfahrung dazu, viel Wissen über die Beschaffenheit der Strecke und deren Besonderheiten, um bei diesem Tempo unfallfrei die Etappen zu bewältigen. Eine große Portion Risikobereitschaft gehört auch dazu. Geh es lieber langsam an.

## Sicherheit geht vor

Orientiere dich an deinem Instinkt und bewahre dir einer gesunden Portion Respekt vor dem Berg, statt den waghalsigen Tricks von oft sehr erfahrenen und ortskundigen Trailläufern zu folgen. Entscheide dich im Zweifel immer für den sicheren Lauf, denn auf den teilweise ausgesetzten Pfaden gibt es immer loses Gestein oder Stellen, die nicht mit Drahtseilen versichert sind. Wenn du an diesen Stellen ins rutschen kommst, dann kann es gefährlich werden. Dazu kommt, dass die Strecken durchaus sehr steil werden können. 20 % Steigung oder Gefälle und mehr sind eher normal als eine Seltenheit. Achte daher darauf, ob deine Beine müde sind, denn mit weichen Beinen könnte der nächste Downhill über grobes Geröll zur Herausforderung für dich werden. Denn mit der Müdigkeit lässt deine Konzentration nach und der Unfall ist vorprogrammiert.

## Am Ende kackt die Ente!

Für jene Läufer unter uns, die in einer Gegend leben, die morgens schon Aufschluss darüber gibt, wer abends zu Besuch kommt, ist die Vorbereitung und Akklimatisierung an die ungewohnte Höhe in den Bergen elementar. Plane für das Gebirge eine Woche zur Akklimatisierung ein, sollte deine Tourenplanung größere Höhen über 2000 Meter beinhalten. Damit du heil vom Berg über fantastische Gebirgspfade und bewachsene Wege wieder ins Tal rennen kannst, nimmst du dir am Anfang lieber etwas Zeit, um Unfällen vorzubeugen. Ein Sturz auf Geröll kann folgenschwer sein und bedenke: Die Netzanbindung im Berg ist lückenhaft und ein Notruf nicht immer möglich (s. a. Kapitel 30). Gerade wenn du fast im Tal bist und glaubst fertig zu sein, kann die einsetzende Unachtsamkeit zu Unfällen führen.

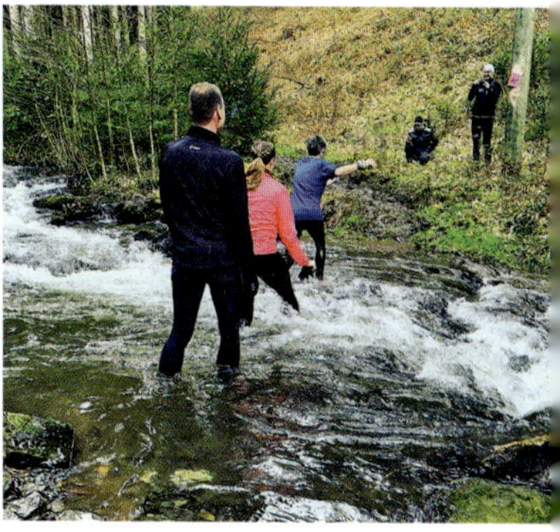

Beim Trailrunning ist alles erlaubt.

*Tipp: Bleib wachsam – bis zum Schluss!*

# Voll abgefahren

## Laufen auf der Mountainbike-Route

12

Rechts oder links in den Wald abzubiegen und einem kaum erkennbaren Pfad zu folgen, ist eine Riesengaudi. Manchmal ist es eine Sackgasse und du musst wieder umkehren. Ein anderes Mal gewinnst du – im wahrsten Sinne des Wortes – neue Eindrücke einer dir längst bekannten Region. An einem anderen Tag rennst du auf den schmalen und unwegsamen Strecken der Mountainbiker entlang – meistens bergauf.
Klar gibt es Gegenverkehr und du blickst in die überraschten Augen der Biker. Aber die Strecken sind es Wert, und da du die Sportler frühzeitig siehst, kannst du entspannt zur Seite treten und Platz machen. Ganz nebenbei absolvierst du auf den Downhill-Strecken der Radler ein hervorragendes Uphill-Training. Bitte beachte, dass die Wege insbesondere im Downhill sehr anspruchsvoll sein können. Darüber hinaus rechnet kein Mountainbiker mit dir auf dem Track. Sei also immer wachsam und lasse den Bikern den Vortritt. Im Uphill läufst du den Bio-Bikern mit Sicherheit davon.

*Tipp: Halte die Augen und Ohren offen, damit es nicht zu ungewollten und folgenschweren Zusammenstößen kommt.*

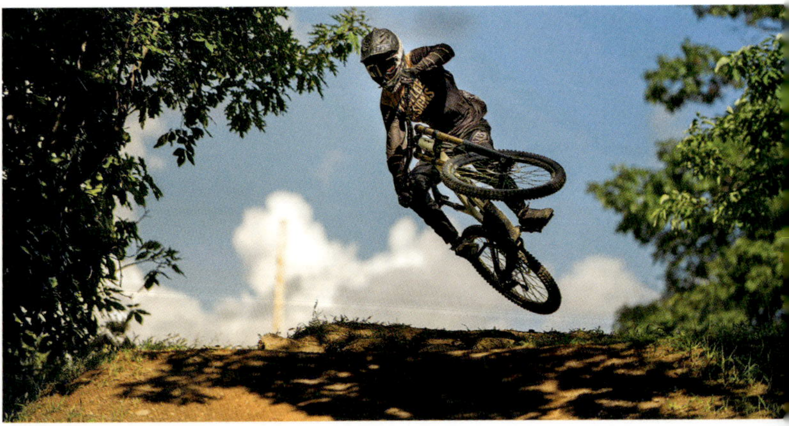

Begegnung der besonderen Art

# Kein Ponyhof

13

## Laufen auf dem Reitweg

Das Galoppieren der Hufe von Reitpferden klingt auf dem Waldboden wie der Klang dumpfer Trommeln. Ein Mantra, das dich zum Sport auffordert und dich einlädt, alternative Strecken kennenzulernen. Das charmante an Reitwegen ist: Sie sind meistens breit und durch die Pferde weich und aufgelockert. Der Boden ist tief und er stellt andere Anforderungen an dich und deine Beinarbeit. Auf diesen Wegen kommt es zwangsläufig zu einer völlig anderen Form der Begegnung – mit Reitern. Das ist meistens unproblematisch, auch wenn dich zwei überraschte Augenpaare und beim Pferd ein aufgestelltes Paar Ohren wahrnehmen. In der Region Aachen gibt es viel Reitwege, das liegt vielleicht auch daran, dass sie die Weltstadt des Pferdesports genannt wird. Im Aachener Wald, in der (Nord-)Eifel oder den Ardennen ist zeitgleich alles möglich – Reiten, Radfahren, Wandern, Spazierengehen oder Trailrunning. Diese Vielfalt macht den Reiz dieser großartigen und seid jeher europäisch geprägten Region aus. Auf den Reitwegen, wie auch auf den Mountainbike-Routen, gibt es für Trailrunner immer wieder kleinere Herausforderungen, die den Lauf bei gegenseitiger Rücksichtnahme interessanter gestalten.

*Tipp: Nimm als Gast auf den Wegen dieser Sportler Rücksicht auf die anderen.*

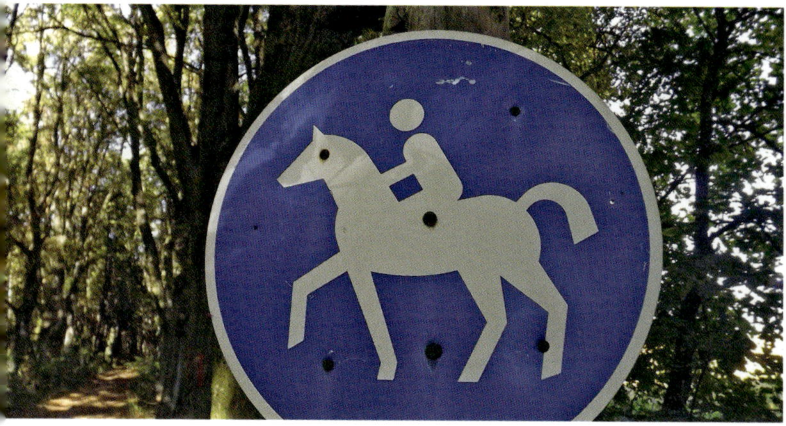

Trailrunning auf dem Reitweg

# Nach dir

## 14 Rücksicht aufeinander

Je nachdem, wo du läufst, wirkt der Wald verlassen. Der Wind rauscht in den Wipfeln der Bäume. Leicht wiegen die Äste hin und her. Der Specht klopft an und auf deinem Weg naschst du die ein oder andere Beere. Häufig teilt man sich aber den Wald mit anderen Sportlern, die das Alleinsein genauso genießen möchten. Du läufst auf dem Reitweg oder Reiter »gehen fremd« und kommen dir, ähnlich wie Mountainbiker, auf »deinem« Waldweg entgegen. Frei laufende Hunde oder Familien mit Kindern, die unerwartet deinen Weg kreuzen, können ebenfalls zu unerwarteten Begegnungen führen. Egal was oder wer es ist, die gegenseitige Rücksichtnahme ist enorm wichtig. Zugegeben, manchmal ist dieses Verständnis einseitig, das betrifft insbesondere manchen frei laufenden Hund, der leider nicht erzogen wurde. Aber in den meisten Fällen kommen die Nutzer der Wege sehr gut miteinander aus. Wenn du dich Wanderern oder Spaziergängern von hinten näherst, insbesondere Hundebesitzern, dann mache doch bereits circa 50 Meter vorher auf dich aufmerksam. Das funktioniert fast immer, es sei denn, alle sind in ein angeregtes Gespräch vertieft. Lustig und spannend wird es, wenn einem die lieben und wohlwollenden Hunde längere Zeit hinterherlaufen, sehr zum Ärger der überraschten Hundehalter.

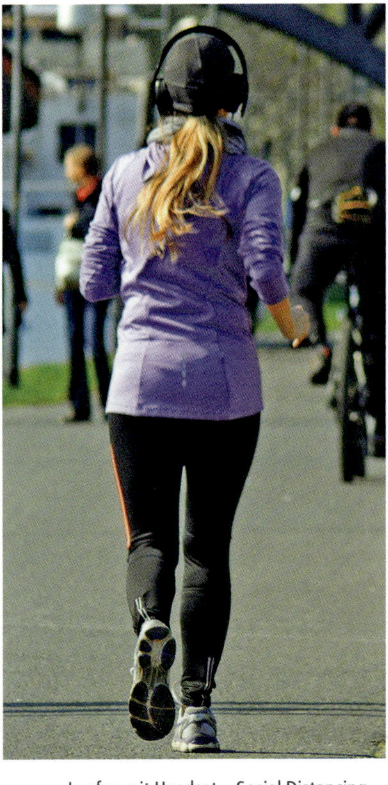

Laufen mit Headset – Social Distancing

*Tipp: Respekt und Achtsamkeit sind im Wald und im Miteinander immer wichtig. Sonst macht es keinem Spaß.*

# Wearables

15

## Training mit und ohne

Jeder hat einen anderen Anspruch an sich und sein Training. Manchen Sportlern genügt es zu laufen. Ambitioniert Laufende wollen ihre Leistungskurve bewerten und die Ergebnisse mit früheren Läufen vergleichen. Auch die Teilnahme an Wettkämpfen setzt eine gewissenhafte Vorbereitung voraus. Für diese Fälle eignen sich die klassischen Laufuhren. Es würde zu weit führen, alle Anbieter von Fitnessuhren aufzulisten. Das Angebot ist vielfältig und du solltest die Möglichkeiten mit deinen Bedürfnissen abgleichen. Spätestens jedoch, wenn der Laufsport mit Ausgleichssportarten wie Schwimmen kombiniert wird, sind die Dichtigkeit sowie die Leistungskriterien auf der Grundlage von sportspezifischen Parametern Aspekte, die deine Beachtung erfordern sollten. Für Läufer, die in den Alpen unterwegs sind, könnten barometrische Informationen ebenso wichtig sein wie die Information zur Akklimatisierung an größere Höhen. Spätestens bei diesen Anforderungen kommen die Fitnessuhren vom Discounter an ihre Grenzen. Für die Einsteiger in den Laufsport ist ein einfaches Modell eines namhaften Herstellers die beste Wahl, denn der Wiederverkaufswert bleibt akzeptabel. Am besten vergleichst du die verschiedenen Anbieter. Meistens gibt es nur geringfügige Unterschiede. Schau in die Forenbeiträge und frage andere Läufer, etwa bei Laufveranstaltungen. Vielleicht werden deine Eindrücke zur Uhr deiner Wahl bestätigt oder du erhältst weitere Tipps.

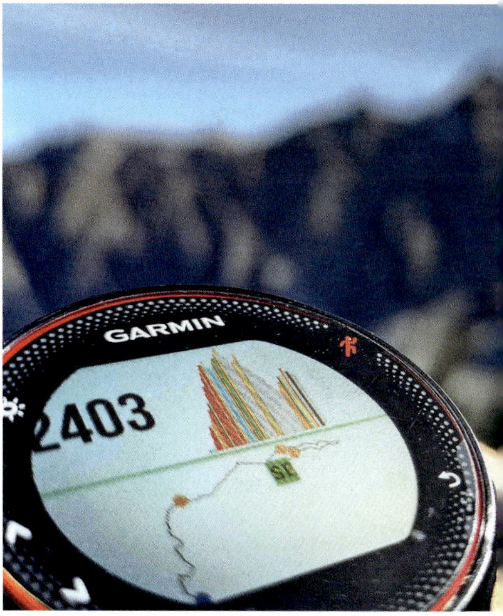

Die Laufuhr ist der ideale Trainingsbegleiter.

*Tipp: Es muss am Anfang nicht die teuerste Uhr sein. Meistens kannst du auf den einschlägigen Plattformen gebrauchte Uhren kaufen.*

# Training

16

## Unvorbereitet wirst du scheitern

Das Prinzip ist einfach und in einem Satz formuliert: Wer viel laufen will, muss viel laufen. So ganz ohne Training solltest du nicht in den Trailwettbewerb starten. Je nach Strecke und Höhenprofil versteht sich das von selbst. Bereits die Straßenläufe erfordern ein solides Basistraining aus ABC-Läufen, Intervallen oder Crescendo-Läufen. Die Pulsuhr ist zum Standard geworden und Lactatschwellen, GA1 (**G**rundlagen**A**usdauer1), GA2 oder VO2max sind den meisten Läufern ein Begriff. Beim Traillauf ist das Training wieder ein wenig anders und umfangreicher. Häufige Richtungswechsel, Stufen, Uphills und Downhills oder Ausgleichsschritte erfordern viel Kraft und Stabilität. Diesen Anforderungen wirst du einerseits mit einem Gewichtstraining oder mit Übungen, die auf deinem eigenen Körpergewicht beruhen, gerecht. Ein weiterer Trainingsanreiz jenseits des Marathons sind die Back-to-Back-Läufe. Bei dieser Einheit läufst du beispielsweise heute 15 Kilometer und Morgen 20, alternativ umgekehrt. Dieses Training simuliert die Ermüdung deiner Beine während eines Wettbewerbs. Es ist wichtig, dass du lernst mit deiner physischen Ermüdung umzugehen. Eine weitere Trainingseinheit ist der LDL, der **L**angsame **D**auer**L**auf, auch »Mindful Running« genannt. Laufe sehr langsam (ca. 125-130 BPM), so schonst du deinen Körper und das Ergebnis ist verblüffend – du wirst nach einigen Wochen Training schneller sein als gedacht. Bei diesem Lauf kann Musik zur Ablenkung ganz gut sein. Das Powerhiken, auch Speedhiking oder Fastpacking genannt, ist gerade für Ultra-Distanzen eine Einheit, die du nicht unterschätzen solltest und mit dem LDL korrespondiert. Trainiere das schnelle Gehen. In diesem Fall ist das keine Erholung, sondern Teil des Laufes und es trainiert andere Muskelgruppen für das rasche Gehen am Berg. Kaum einer, auch kein Profi, läuft einen Ultra mit 11 000 und mehr Höhenmetern komplett durch. Den Lauf entscheiden diejenigen für sich, die auch schnell gehen können. Dazu hilft es auch, sich am Berg etwas nach vorne zu beugen und den Bewegungsablauf der Beine gezielt mit den aufgesetzten Händen zu unterstützen.

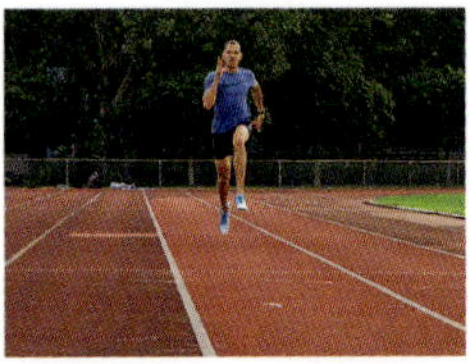

Auch zum Trailrunning gehören die klassischen Trainingseinheiten.

*Tipp: Lerne mit deinen Grenzen umzugehen.*

# Trainingsgeräte

17

## Jump!

Wenn du nur läufst, dann trainierst du natürlich immer die gleichen Muskelgruppen. Das ist zwar hilfreich, aber einseitig. Weitere Sportarten, die deine Kernsportart unterstützen, werden deine körperliche Verfassung und deine Leistungsfähigkeit sehr unterstützen. Zum Ausgleichstraining (s. a. Kapitel 22) bieten sich dir Fahrradfahren, Mountainbiking, Skilanglauf oder auch Schwimmen an. Der Bewegungsapparat wird gefordert und gefördert, aber differenzierter. Gerade beim Radfahren mit Klickschuhen beanspruchst du beim Treten auch die rückwärtige Beinmuskulatur, die Hamstrings. In den eigenen vier Wänden nutzt du die Freihanteln für das Krafttraining, ein Springseil für die Koordination und Kondition, Stretchbänder und Schlingentraining für Kraftübungen, die Plyobox (Sperrholzkiste) zum Trainieren von Anstiegen, das Trampolin für das Konditionstraining sowie den Schlingentrainer zur Förderung von Gleichgewicht und Kraft. Der Besuch im Fitnessstudio ist eine Option, die Sinn ergibt und das Training vielfältig unterstützen kann – wenn man langfristig und regelmäßig zum Studio geht. Zur Unterstützung der Haltemuskulatur und zum Dehnen eignen sich auch Yoga (s. a. Kapitel 22), Pilates oder andere Sportarten sehr gut. Gerade mit Yoga kannst du sehr gut die Faszien lockern. Um den Gleichgewichtssinn zu trainieren, greife auf ein Balance-Board oder -Kissen zurück. In einem Fall stehst du mit einem gebogenen Sperrholzbrett auf einer Rolle, die in etwa die Breite einer Faszienrolle hat, und du musst mit dem Brett das Gleichgewicht auf der Rolle halten. Das ist in etwa vergleichbar mit dem Wellenreiten. Im anderen Fall hast du ein mit Luft gefülltes Kissen, dessen Härtegrad du mit dem Luftinhalt selbst festlegst. Darauf balancierst du mit jeweils einem Fuß.

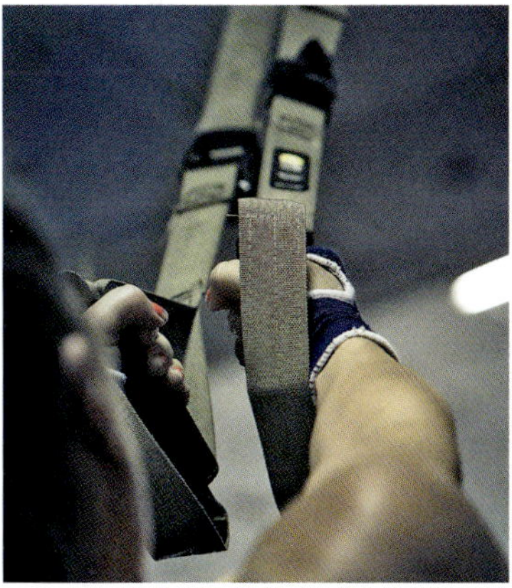

Das Ganzkörpertraining hat beim Trailrunning einen besonderen Stellenwert.

*Tipp: Den sportlichen Ausgleich zum Laufen kannst du mit wenigen Mitteln erzielen.*

# Trainingspläne

18

## Schweiß auf die Ausreden

Das Trailrunning folgt eher selten einem kontinuierlichen Streckenverlauf. Daher sind für den Breitensprortler weniger die Pace als die benötigte Zeit, aber auch der Genuss relevant. Alles ist unkonventionell und auch nach der längsten Bergetappe geht es irgendwann wieder runter – und danach wieder rauf. Dabei sind Sprünge, Richtungswechsel, Zwischenanstiege mit unterschiedlichen Untergründen und Herausforderungen die Regel. Um darauf vorbereitet zu sein, ist die einzige Konstante dein Training und der damit verbundene Trainingsplan. Die Pläne kannst du auf einschlägigen Plattformen runterladen.

### Smarte Tools

Mittlerweile sind sogar Trainingspläne für diverse Laufveranstaltungen und die damit verbundenen Kilometer verfügbar. Diese Pläne berücksichtigen ebenso die Anforderungen der Strecke an dich als Läufer wie auch die zu laufenden Kilometer. Alles ist aufeinander abgestimmt und du folgst einem ausgearbeiteten Plan. Diesen verknüpfst du nach dem Download mit deiner Laufuhr und einem Programm wie Trainingspeaks.com. Der Trainingsplan wird mit deinem Kalender synchronisiert und die Trainingseinheiten werden dir täglich angezeigt. Nach dem Abschluss findest du das Ergebnis neben vielen weiteren Informationen in deinem Kalender von Trainingspeaks. Sämtliche Leistungswerte werden aufgelistet und am Ende einer Woche siehst du die Zusammenfassung mit allen relevanten Daten kumuliert zusammengestellt. Mit diesen Methoden hast du eine optimale Vorbereitung auf dein Lauf-Event.

### Essen nicht vergessen

Während dieser zum Teil sehr umfangreichen Trainings solltest du in jedem Fall auch die feste wie auch die flüssige Nahrungsaufnahme üben. Das ist unabdingbar, wenn du auch nach drei, vier oder noch mehr Stunden noch fit sein musst. Ebenso wichtig sind die Nährstoffe wie Eiweiß, die du nach deiner Trainingseinheit zuführen musst, um deiner Muskulatur Gutes zu tun. Man mag es kaum glauben, aber 120 Gramm Fisch oder Geflügel oder 20 Gramm Quark reichen als Proteinmenge vollkommen aus, um eine schnelle Regeneration einzuleiten. Nahrungsergänzungsmittel, man kann es nicht oft genug sagen, sind für Menschen, die sich ausgewogen ernähren, nicht nötig – es sei denn, sie sind Veganer. Veganern fehlen aufgrund der Ernährungsweise B 12 und weitere Mikronährstoffe wie Eisen, Zink und Folsäure. Bei allen anderen Ernährungsformen scheidet der Körper erstens ein Zuviel des »Guten« wieder aus und ist damit zweitens Geldverschwendung.

*Tipp: Die Laufwettbewerbe ZUT, der GGUT, Lavaredo und viele mehr stehen im Fokus zahlreicher Trainingspläne. Prüfe, welcher Trainingsplan am besten bezüglich Umfang und Zeitaufwand für dich passt, und trainiere danach.*

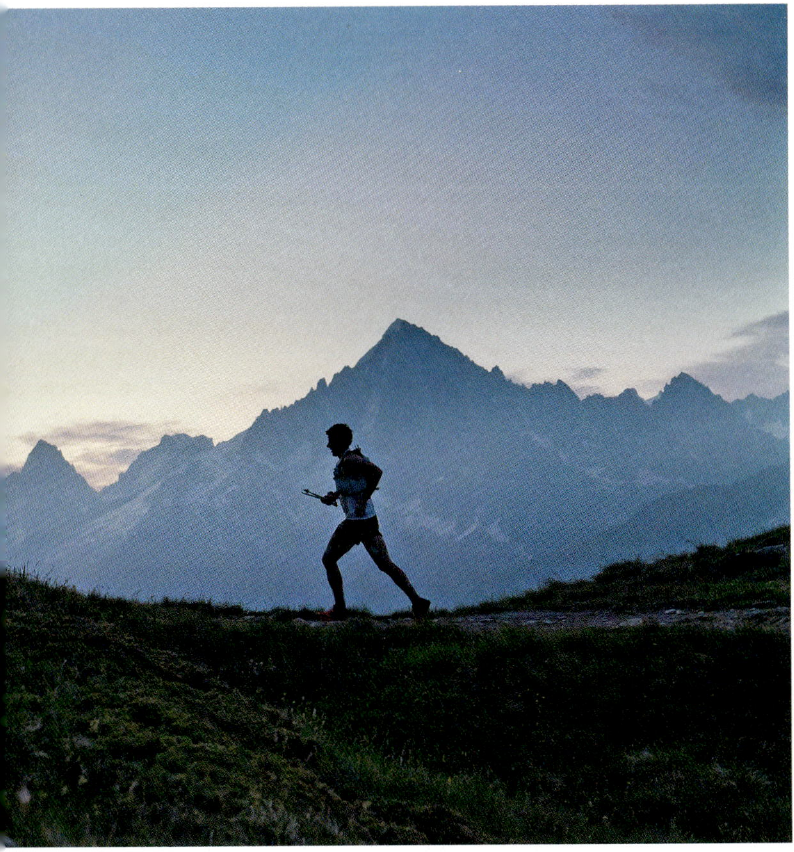

Mentale Stärke ist bei zähen Streckenabschnitten wichtig.

# Laufband

19

## In der Not frisst der Teufel Fliegen

Nach aktuellen Erkenntnissen macht es keinen Unterschied, ob ein Läufer auf dem Laufband trainiert oder in der freien Natur. Wer schon einmal auf dem Laufband trainiert hat, der kennt das Gefühl. Es erscheint einem, als wäre man dem Antrieb des Laufbands ausgeliefert. Aber trotzdem ist entscheidend, ob du die gewohnte Geschwindigkeit läufst oder schneller. Wie dem auch sei, ereignisarm bleibt es für die Bewegung Trailläufer trotzdem. Moderne Laufbänder bieten mittlerweile einen großen Bildschirm für Fernsehübertragungen oder für den fotorealistischen Verlauf eindrucksvoller Trails. Ich habe auf dem Laufband die Bildberichterstattung zur Tour de France vererfolgt. Bei einer kurvenreichen Bergabfahrt der Teilnehmer war ich total auf den Kurs der Fahrer fixiert und habe mich daher ebenfalls leicht in die Kurven gelegt. Dabei hätte es mich fast vom Laufband gerissen. Die Outdoor-Filme der Hersteller sind um 100 % besser als die einstigen Balkendarstellungen, deren Verlauf man früher folgen musste.

### Video-Running

Auf den modernen Tretmühlen läuft vor dir ein Film zum Verlauf deiner digitalen Laufstrecke im Bryce Canyon oder sonst wo auf der Welt ab und du überholst sogar die im Film vor dir auftauchenden Menschen, oder du läufst an entgegenkommenden Menschen vorbei. Großartig! Dass die Leute sich beim Näherkommen atomisieren, ist so weit okay. Suboptimal für einen Trailläufer ist, dass die Kinetik den Verlauf und die Beschaffenheit des Trails gar nicht auf das Laufband übertragen kann. Für den Mainstream der Läufer ist das in Ordnung. Für die Mehrheit wäre es ungewohnt, wenn das Laufband bocken würde, weil eine Stufe zu überspringen ist. Der Unterhaltungswert des eintönigen Laufens auf dem Laufband ist mit diesen Videos trotzdem deutlich größer als bisher. Wer auf dem Laufband stumpf auf Tempo laufen möchte, der findet hier wie gewohnt sein Glück. Um den Widerstand des Gegenwinds zu simulieren, stellst du die Neigung des Laufbands am besten auf 1 % bis 1,5 % ein. Was dann noch fehlt, ist die Kühlung durch den Gegenwind, den du mit einem Ventilator erzeugen kannst … Da gehen wir doch lieber gleich raus, oder?

*Tipp: Zur ersten Orientierung solltest du im Menü des Laufbands surfen.*

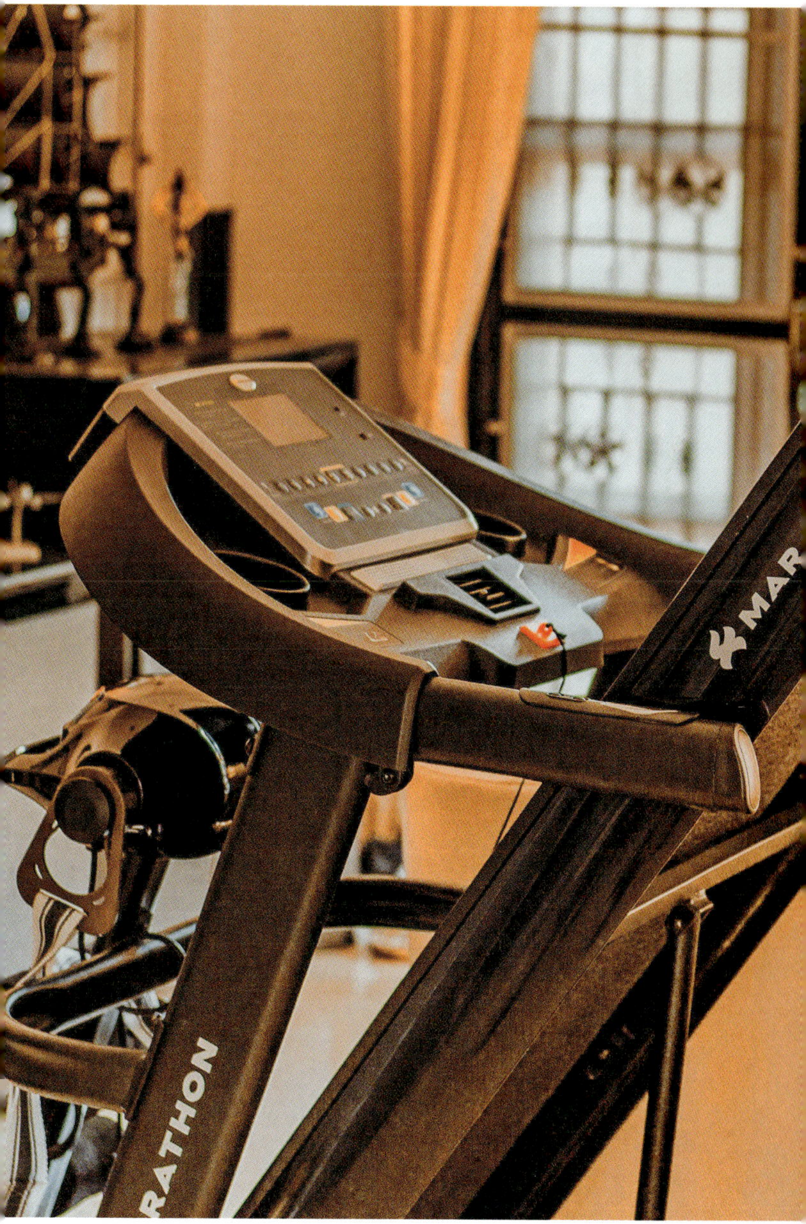

Effizient, stetig und ausdauernd: das Laufband

# Watt

## 20

## Mehr als nasser Sand

Puls war gestern, heute ist für Trailläufer das Wattmessen das Maß aller Dinge. Abgeleitet von den Rennradfahrern, die bereits seit Jahren wesentliche Parameter der Belastung an der Kurbel abgreifen und digital erfassen, kommt dieser Trend nun auch bei uns Läufern an. Moderne Geräte sind sogar in der Lage den Gegenwind oder den Windschatten in die Messung einzubeziehen. Aber was bringt das eigentlich und welche Informationen erhältst du? Und für wen sind diese Werte interessant? Für den Hobby-Läufer, der einmal pro Woche ein paar Kilometer läuft, oder für den Anfänger ist die Wattmessung weniger sinnvoll. Die Leistungsdiagnostik eignet sich eher für ambitionierte Läufer. Mit der durchgängigen Datenanalyse wird deutlich, wie man auf unterschiedliche Trainings reagiert und ob sich die Leistung verbessert. Auf den Punkt gebracht bedeutet es, du ermittelst die Leistung, die dein Körper pro Herzschlag erbringt.

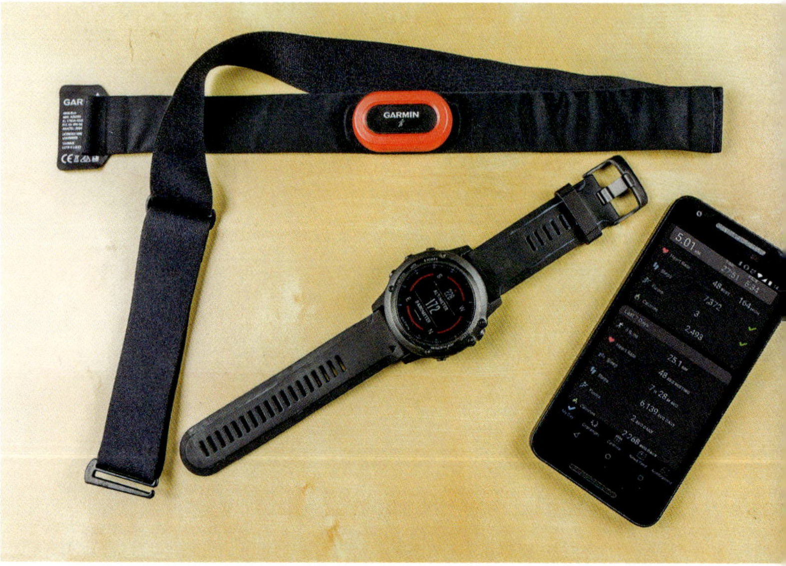


Die Basisausstattung: Brustgurt, Laufuhr, Mobiltelefon

## Zuverlässig vermessen

Und mit der Angabe der Werte in Watt ist es noch lange nicht getan. Der Algorithmus gibt dir ebenfalls Aufschluss darüber, wie groß deine Schrittlänge ist, wie lange die Bodenverweilzeit deiner Füße ist – je weniger, desto besser – und ob die Schrittlänge des rechten gleich der des linken Beines ist. An diesen Werten merkst du, hier geht es sehr ins Detail. Diese und andere Werte ermöglichen es dir festzulegen, über welchen Zeitraum du eine bestimmte Leistung erbringen kannst und ob das Training deine Performance verbessert. Gerade für uns Ausdauerläufer ist das ein interessanter Wert. Die Wattmessung ist die aktuell zuverlässigste Messmethode zur Quantifizierung von Trainings- und Wettkampfbelastungen. Sie berücksichtigt die klassischen Parameter und darüber hinaus auch den Steigungsgrad von Laufstrecken. Das gilt jedoch nur für die Natur und weniger für simulierte Bergläufe auf dem Laufband.

*Tipp: Bei der Leistungsmessung und -erfassung mit Powermetern geht es um die Entwicklung der erfassten Werte über einen individuell definierten Zeitraum. Es gibt unterschiedliche Anbieter. Am besten vergleichst und recherchierst du ausführlich, da das Thema noch recht jung ist.*

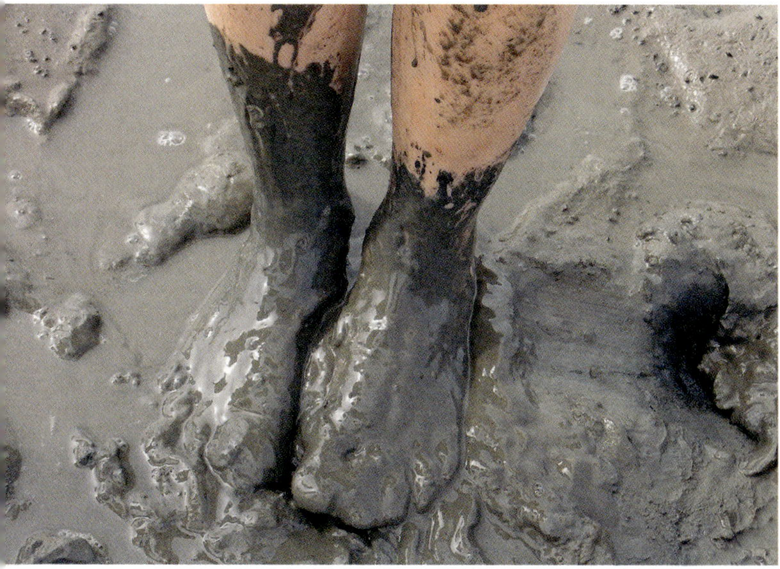

Laufen mit Watt

# Ausgleichstraining

## Zeit für dich

21

Es läuft immer anders, als man denkt – im wahrsten Sinne des Wortes. Das gilt insbesondere für die Läufe auf Trails. Kein Weg ist wie der andere, auch wenn man die Hausstrecke zum hundertsten Mal läuft und plötzlich aus der Routine heraus Fehler macht. Daher bilden Ausdauer und Kondition in Verbindung mit Kraft und einem guten Gleichgewichtssinn auf dem Trail eine großartige Gemeinschaft. Denn häufig kommst du auf einem Fuß anders auf als gedacht und du musst den Schwung und die Körpermasse unvorhergesehen ausgleichen. Ein anderes Mal läufst du den Berg runter, kommst auf dem Vorfuß auf und gerätst dann mit dem ganzen Fuß ins Rutschen.

### Schlingentraining – hang loose

Ein Single-Trail erfordert, dass du besser rechts und links die Füße seitlich des Weges aufsetzt, statt in der steinigen und ausgewaschenen Rinne mittendrin. Diese und viele weitere Bewegungsabläufe trainierst du über das Stabi-Training. Das Training mit der Schlinge hilft dir das Gleichgewicht zu optimieren und die vielfältige Kraft über die Übungen in den Schlingen auszubauen. Auch Yoga bietet mehr als nur Spiritualität (s. a.

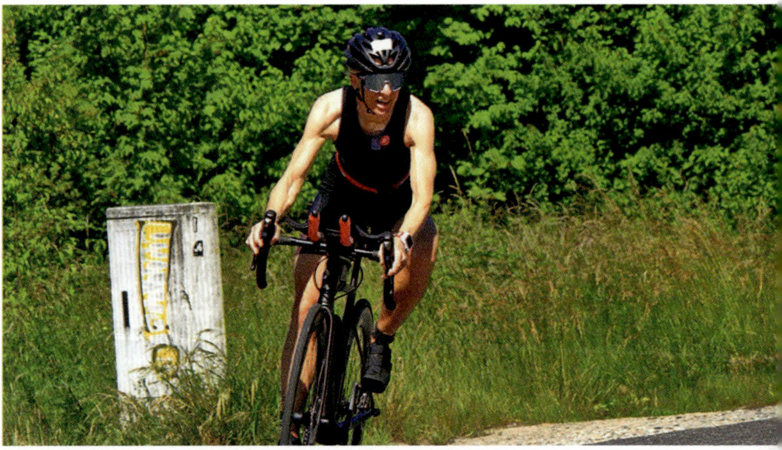

Ein wunderbarer Ausgleich: Radtraining oder Triathlon

Kapitel 22). Vor allem bildet Yoga als Oberbegriff für vielfältige Auslegungen dieser Praxis die Grundlage für Stabilität, Gleichgewichtssinn und Körpergefühl. Und gerade auf den Trails ist es wichtig, auf den eigenen Körper zu hören und darauf zu reagieren.

## Mal was anderes als Laufen

Yoga unterstützt dich darin, durch vielfältige Asanas die eigene Wahrnehmung, die Stabilität, die Flexibilität und auch die Kraft zu entwickeln und zu festigen. Ergänzend dazu gehört das klassische Krafttraining – entweder im Fitnessstudio oder zu Hause mit Gewichten und nur mit dem eigenen Körpergewicht. Radfahren ist eine klassische Sportart, spricht andere Muskelgruppen an, die die Stabilität beim Laufen stützen. HIIT wird auch als polarisiertes Training bezeichnet, da es immer zwischen »Hart« und »Erholung« wechselt. HIIT steht für **H**igh **I**ntensity **I**nterval **T**raining und bedeutet übersetzt hochintensives Intervalltraining. Die Idee dahinter ist, den Körper aus dem stetigen mittleren Belastungsbereich herauszuholen und nicht an die Einheiten zu gewöhnen. Man könnte mit einem Augenzwinkern behaupten, HIIT ist Traillaufen, nur als stationäres Training.

*Tipp: Viele der vorgenannten Trainingspläne berücksichtigen Ausgleichstrainings. Passe vielleicht den vorgegebenen Trainingsplan auf deine Bedürfnisse und Vorlieben an.*

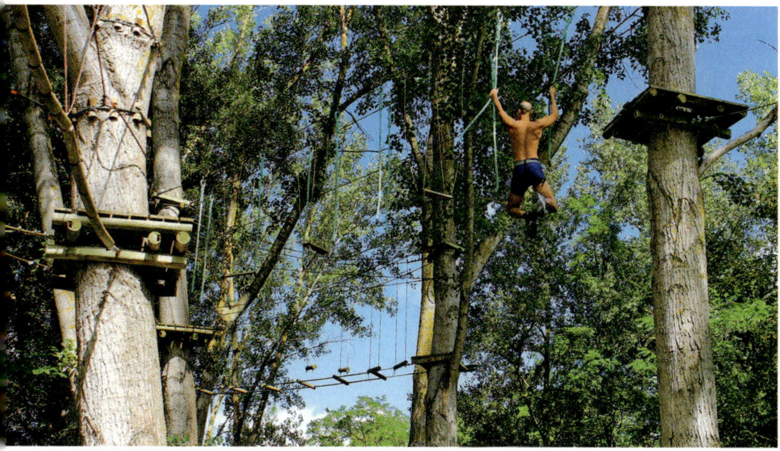

Das Ausgleichstraining im Kletterwald statt im Fahrradsattel

# Yoga

## 22 Interview mit Christine Guter

Christine Guter ist Yoga-Lehrerin und Allround-Talent. Sie lebt und arbeitet in Aachen und trainiert sogar die »schweren Jungs«.

### WANN UND WIE BIST DU ZUM YOGA GEKOMMEN?

Zum ersten Mal mit dem Yoga in Kontakt gekommen bin ich durch meine Tante, etwa im Alter von acht Jahren. Im Jugendalter bin ich zufällig durch eine Asthma-Erkrankung auf die entspannende Wirkung durch das Atmen aufmerksam geworden. Dadurch konnte ich nicht nur besser mit Asthma-Anfällen umgehen, sondern auch mit stressigen Situationen im Alltag. Die damit verbundene Körpererfahrung machte mich neugierig. So richtig ins Yoga eingestiegen bin ich aber erst mit dem 25. Lebensjahr. Ich habe gleich mit Ashtanga Yoga, einer sehr kraftvollen und bewegungsintensiven Form des Yoga begonnen. Viele dynamische Hatha Yogastile wie Power Yoga und Vinyasa Yoga leiten sich vom Ashtanga ab. Die festen Serien im Ashtanga Yoga bieten zudem eine Orientierung für die tägliche Yoga-Praxis, sodass man lediglich eine Yogamatte braucht, um selbstständig Yoga praktizieren zu können. Eine Besonderheit im Ashtanga Yoga sind die Mysore-Klassen, in denen die Übenden gemeinsam im eigenen Tempo und zu unterschiedlichen Zeiten selbstständig üben. Die Übenden werden hier mit individuellen Tipps und Hilfestellungen beim Erlernen der Serien unterstützt.

### IST YOGA NUR ETWAS FÜR FRAUEN?

Wenn du ein wenig, also auf die letzten 100 Jahre, zurückblickst, dann ist das eher umgekehrt. Mehrheitlich wurde Yoga früher von Männern geprägt, im Laufe der Jahre hat sich das gewandelt. Gerade Ashtanga sehe ich als großartige Möglichkeit für Männer, Yoga zu praktizieren. In meinen Präsenzstunden nehmen auch zunehmend Männer aller Altersklassen Teil. Mein ältester Yogaschüler hat erst im hohen Alter mit über 80 Jahren begonnen Ashtanga Yoga zu lernen und ist auch heute noch mit 89 Jahren beinahe täglich aktiv. Ich habe sogar in der JVA Aachen unterrichtet, hier sitzen nur die »schweren Jungs«. Alle saßen motiviert draußen auf dem Gang im Ausbildungszentrum und machten Yoga am Stuhl, während die anderen Gefangenen meine Kursteilnehmer amüsiert durch eine einseitig verspiegelte Glasscheibe beobachtet haben. Die Männer haben es trotzdem

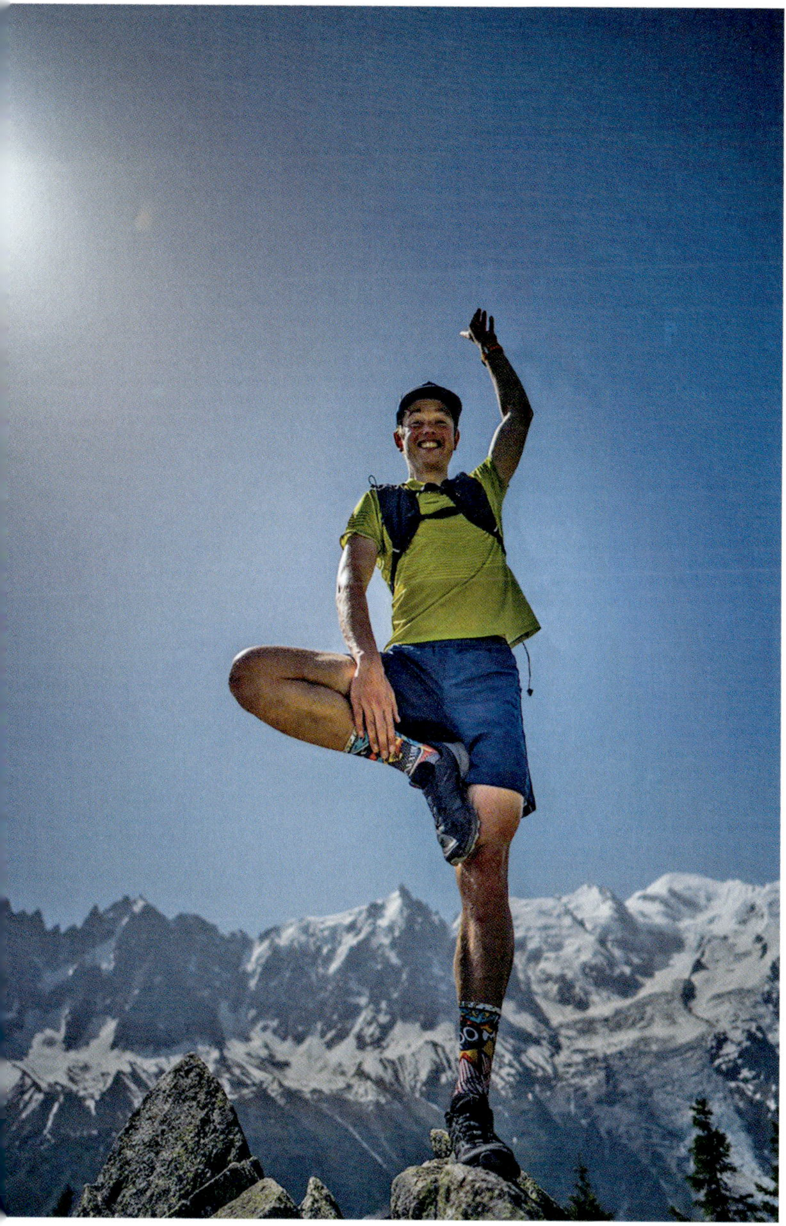

Yoga: Gipfelglück mal anders

motiviert durchgezogen und meinten, sie hätten nicht gedacht, dass Yoga so anstrengend sein kann.

## WIE FINDET MAN ALS ANFÄNGER DAS FÜR SICH GEEIGNETE YOGA?

Es gibt ein zunehmend breites Angebot und ausführliche Beschreibungen im Netz und auf YouTube. Diese Möglichkeiten eignen sich gut zur Differenzierung. Idealerweise fängt man in seiner Heimatstadt einfach an und nimmt an einem Einzel- oder Gruppenunterricht teil. Nach den ersten zwei bis dreimal weiß man sehr schnell, ob man diese oder eine andere Form des Yoga mag, das Studio oder die Yoga-Lehrenden. Zudem bieten mittlerweile auch zahlreiche Fitnessstudios Yoga an. Darüber hinaus sollte man für sich abwägen, ob die Yoga-Praxis spirituell und religiös ist oder lieber nicht sein soll. Ein anderer Aspekt können physiotherapeutische und medizinische Anlässe sein, eine spezielle Form des Yoga vorzuziehen. Das Studio sollte gut erreichbar sein, damit auch die An- und Abreise kein Stress wird. Auch Krankenkassen unterstützen die Teilnahme an Yogakursen, durch

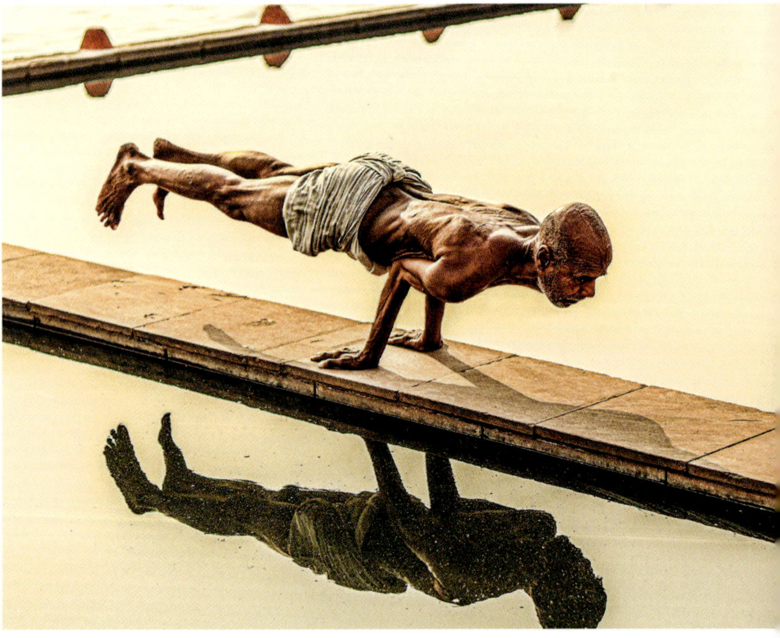

Trailrunning, alles eine Frage der Balance

speziell für Anfänger geeignete Präventionskurse. Bei diesen Kursen wird oftmals bei erfolgreicher Teilnahme ein Großteil oder sogar der komplette Kursbeitrag mit einer vorherigen Rücksprache bei der jeweiligen Krankenkasse übernommen.

## WORAUF KOMMT ES BEIM YOGA AN?

Yoga kann zu mehr Achtsamkeit und Fokus auf sich und seinen Körper führen. Generell ist die Körperlichkeit beim westlichen Yoga sehr ausgeprägt, der Yogi nimmt sich anders wahr. Ein weiterer Aspekt ist der hohe Anspruch, den manche an sich selbst stellen. Wer Yoga mit einer zu hohen Erwartungshaltung und mit einer hohen Risikobereitschaft ausübt, der kann sich sogar verletzen. Als ich bei der Bundeswehr Yoga lehrte, musste ich oftmals die Soldaten ausbremsen, damit nichts passiert. Das Stichwort ist Achtsamkeit.

## WELCHE ROLLE SPIELT DIE SPIRITUALITÄT BEIM YOGA?

Es gibt sehr viele Formen von Yoga. Manche sind religiös, andere sind nicht religiös. Es gibt Flow-Yoga mit Musik und es gibt sehr streng ausgelegtes Yoga, bei dem die Lehren von sogenannten Sutren im Vordergrund steht. Ich finde Spiritualität wichtig, sonst ist Yoga nur ein Sport. Was nicht schlechter sein muss, denn auch die Ausübung des Sportes kann dazu führen, dass man hinterher Dinge anders sieht als vorher und mehr mit sich im Reinen ist. Generell kann man sagen, dass die Spiritualität zu einer Veränderung des Mindsets führen kann. Ich empfinde es bereits als spirituell, mich auf meinen Atem zu konzentrieren und mit dem Rhythmus des Atems einen dynamischen Ablauf mit Körperübungen in sogenannten Asanas entstehen zu lassen. Damit betrete ich das Haus der Spiritualität und stehe bereits im Flur, ohne es bewusst zu merken. Achtsamkeit kann, muss aber nicht spirituell sein – ohne erhobenen Zeigefinger. Ashtanga als Beispiel fußt auf einem klassischen Leitfaden des Yoga Sutra von Patanjali, zwischen dem 2. Jh. v. Chr. und dem 4. Jh. n. Chr. Bei vielen Yogis mit Verständnis für die damalige Sprache und Gegebenheiten findet dieses Sutra auch heute noch einen großen Anklang mit hilfreichen Tipps – auch für das Mindset auf und abseits der Yogamatte. Yin-Yoga findet neben dem Ashtanga oftmals einen großen Anklang bei Läufern, da die einzelnen Körperübungen länger ausgeführt werden, was zu einem besonderen Erlebnis bei der Körperdehnung führen kann und besonders zum Loslassen anregt. Das ist beim Ashtanga anders. Hier geht es viel dynamischer zu, hier werden die einzelnen Körperübungen für die Dauer von fünf Atemzügen durchgeführt.

## WELCHE RELEVANZ HAT YOGA FÜR LÄUFER?

Für den ambitionierten Trailrunner ist es zum einen wichtig, neben dem Laufsport das Training insgesamt abwechslungsreich zu gestalten, und zum anderen die Verletzungsgefahr durch wechselnde Untergründe zu reduzieren. Dabei eignen sich insbesondere Balance-Übungen, zum Beispiel auf einem Wackelbrett (s. a. Kapitel 16), und Übungen, welche die Elastizität fördern. Eine Übung, welche beide Bereiche anspricht, wäre zum Beispiel im Stehen ein Bein dynamisch vor- und zurückzuschwingen. Die Herausforderung liegt bei dieser Übung – abgesehen davon die Balance zu halten – darin, möglichst die Muskulatur des Schwungbeins zu entspannen, sodass der gewünschte Effekt auch bei den Faszien ankommen kann. Mit Yoga gestaltest du dein Training abwechslungsreich und es bildet einen wertvollen Ausgleich zum Laufsport. Ein abwechslungsreiches Training beinhaltet neben der körperlichen Ausdauer auch Kraft, Beweglichkeit und Koordination. Für sehr ambitionierte Trailrunner kann ein abwechslungsreiches Training dazu beitragen, das Risiko zu reduzieren, in ein Übertraining zu kommen. Tipp: Ein häufig kaum beachteter Punkt ist, dass der Beckenboden trainiert sein muss, um den Rücken und den Bauch zu stabilisieren, und das gilt für jedes Geschlecht und egal welches Alter.

## WEITERE SPORTARTEN?

Neben dem Yoga sind für Läufer auch Sportarten interessant, die viel Koordination erfordern, wie beispielsweise ein Spaziergang auf einer Slackline, Jonglieren oder ein Training mit der Koordinationsleiter. Der Einsatz von Schwingstäben, Flexibars, unterstützt durch destabilisierende Reize den Aufbau der tief liegenden Rückenmuskeln von Läufern. Ähnliches kann auch mithilfe von Wackelbrettern und Vibrationsbrettern erreicht werden.

## WIE PROFITIEREN LÄUFER VOM YOGA?

Beim Yoga machst du in sehr kurzer Zeit mehrere Bewegungsabläufe, das unterstützt die Fähigkeit der Koordination. Die Abläufe und der Fokus auf dich und die Asanas auf der Matte sind konzentrierter, da der Yogi weniger Impulse von außen hat als beispielsweise der Trailläufer. Durch vielfältige Übungen werden Rücken und Rumpf gestärkt. Dabei sollte der Yogi im Sinne des ganzheitlichen Trainings auch seine Handgelenke stärken. Yoga stärkt die Regeneration und Fähigkeit zur Entspannung.

## WIE MERKT MAN SICH DIE GANZEN ASANAS UND DEREN NAMEN?

Wiederholung. Immer wiederkehrende Wiederholung. Die Namen des Asanas bringen Orientierung und stellen neben dem Fokus auf den Atem,

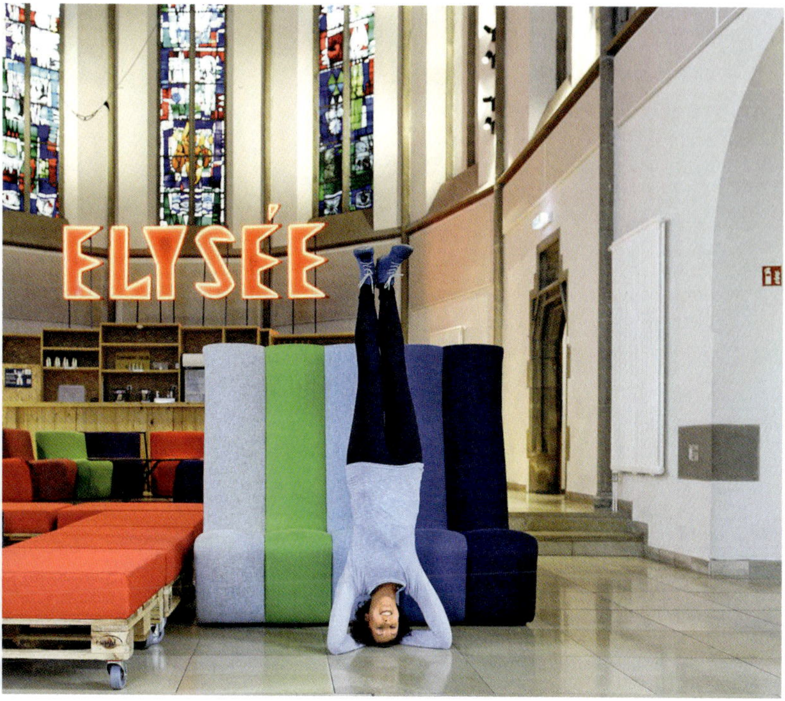


Yoga – die Welt mit anderen Augen sehen

der Ausführung einer Körperübung, ein Element dar, um mit deinem Geist in eine bewegte dynamische Meditation einzutauchen. Ein weiterer Reiz an dem Erlernen der Asana-Namen ist die kognitive Herausforderung.

## GIBT ES EINE FESTGELEGTE REIHENFOLGE DER ASANAS?

Ja und nein. Wenn du nicht die Zeit hast, ergibt es Sinn die Stunde in Pakete zu splitten. Stehend und sitzend, es muss physiologisch passen, sonst wird es chaotisch. Gerade die Abwechslung durch die Zusammenstellung verschiedener »Asana-Pakete« könnte für Läufer sinnvoll sein.

## WIE OFT SOLLTE MAN ALS LÄUFER YOGA AUSÜBEN?

Erlaube mir die Gegenfrage: Wann sollte man es nicht machen? Es sollte Spaß machen. Und auch morgens können 15 Minuten ein guter Start in den Tag sein. Mit Yoga = Atemtechnik als Start in den Tag sprichst du das parasympathische Nervensystem an, das hat wiederum positive Auswirkungen auf dich und dein Denken.

## BIETEST DU YOGA FÜR LÄUFER AN?

Bisher nicht. Gute Idee, das könnte eine neue Zielgruppe sein. Ich könnte mir das sehr gut draußen im Park oder im Wald in Zusammenhang mit einer kleinen Laufrunde vorstellen.

## BEI DER ERNÄHRUNG LANDET MAN ALS YOGI SEHR SCHNELL BEI VEGETARISCHER ODER VEGANER ERNÄHRUNG UND AYURVEDA. WIE BEWERTEST DU DAS?

Ayurveda steht für die Lehre vom Leben und damit für Balance. Ahimsa stammt aus dem Sanskrit und steht wörtlich für Gewaltlosigkeit, nicht verletzen, oder kann auch für Winterruhe und Respekt vor der Natur stehen. Damit ist mit Blick auf das Tierwohl und vegetarischer Ernährung sehr viel gesagt. Eine andere Komponente in diesem Zusammenhang ist die Achtsamkeit. Wenn wir von Ayurveda sprechen, dann dürfen wir Dosha = Konstitutionstypen nicht außer Acht lassen. Das Dosha unterteilt sich in Vata, Pita und Kapha. Ich versuche einmal die Doshas für Trailrunner zu erklären:

**Vata** = Der leichtfüßiger Läufer. Er braucht eventuell mehr Pausen.

**Pita** = Der ambitionierte Läufer. Er führt die Gruppe mit einem hohen Engagement an und zeigt, wo es langgeht.

**Kapha** = Er läuft regelmäßig und stetig oder träumt vom Laufen auf der Couch.

Jedes Dosha hat mehrere Seiten einer Medaille. In den Lehren des Ayurveda wird davon ausgegangen, dass jeder Mensch individuelle Ausprägungen von Geburt an hat. Sozialisation und tägliche Umstände, wie zum Beispiel ein Wetterumschwung, und unser Mindset können auch einen leichtfüßigen Trailrunner zum kraftvollen und energetischen Pita-Läufer werden lassen.

## KANN DIESE FORM DER ERNÄHRUNG FÜR LÄUFER FÖRDERLICH SEIN?

Doshas sind in diesem Zusammenhang wichtig. Das Feld ist groß, gerade bei einem Sport wie Trailrunning, bei dem man viele Kohlenhydrate benötigt. Bei der Ernährungsform nach Ayurveda sollte immer im Vordergrund stehen, was vertrage ich, was schmeckt mir und welcher Konstitutionstyp und Verstoffwechsler bin ich? Was tut mir gut und ist leistungssteigernd? In dieser Lehre spielen Kräuter und Geschmacksrichtungen keine unerhebliche Rolle. Doch dabei muss es nicht exotisch sein, sondern kann alles aus Omas Garten stammen. Hast du einmal beobachtet, wie sich dein Geschmackssinn verändert, wenn du zum Beispiel gestresst bist und isst oder wenn du entspannt nach einem Trail dein Essen zubereitest? Stichwort Achtsamkeit!

## WICHTIGES THEMA: MEDITATION

Einpünktigkeit, wie beim Yoga Nidra, ist wichtig, um den Geist darauf zu trainieren, dich nur auf eine Sache zu konzentrieren. Forscher haben bei Fußballspielern mit einer »Eye-Tracking-Brille« die Blicksprünge am Ball gemessen. Innerhalb kürzester Zeit gab es außerordentlich viele Blicksprünge. So kann man davon ausgehen, dass auch Trailrunner sehr viele Blicksprünge auf dem Trail haben. Sie lenken »einpünktig« ihre Aufmerksamkeit auf die Strecke und die damit verbundenen Herausforderungen. Das Yoga Sutra, das Patanjali vor etwa 2500 Jahren schrieb, unterteilte er in die »acht Glieder« oder den achtstufigen Weg: 1. Yama (Umgang mit anderen) 2. Niyama (Umgang mit sich selbst) 3. Asana (Position) 4. Pranayama (Atemkontrolle) 5. Pratyahara (Fasten mit den Sinnen) 6. Dharana (Konzentration) 7. Dhyana (Meditation) 8. Samadhi (Selbsterfahrung). Ich betrachte beides, Yoga und Laufen als eine Form der Meditation. Es ist ein Zustand der inneren Verbundenheit und im Flow mit der Natur – wieder eine Parallele zum Trailrunner. Die in den Sutren enthaltenen praktischen Tipps können das »Mindset« des Trailrunners bei herausfordernden Trails unterstützen, damit aus Herausforderungen Chancen des persönlichen Wachstums werden. Hier erkennt man auch eine Äquivalenz von Spiritualität und Yoga. Was bedeuten für mich die verschiedenen »Momente« der bewussten und unbewussten Wahrnehmung? Wie kann ich die Steuerung gezielt beeinflussen, um mich den Herausforderungen zu stellen und diese anzunehmen? Profisportler nutzen oftmals ein sportpsychologisches Training, um mit Herausforderungen anders umgehen zu können. Yoga kann daher eine wertvolle Unterstützung für Sportler mit unterschiedlichen Ambitionen sein.

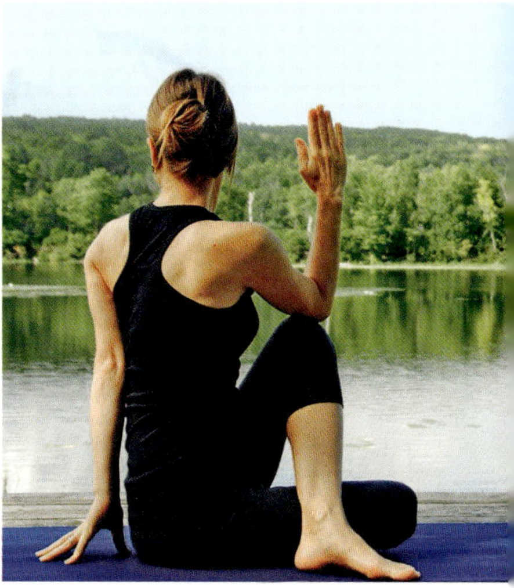

Die Stille in mir: das Momentum nutzen

*Lieben Dank, Christine.*

# Faszien

23

## Total auf der Rolle

Tief in uns schlummert eine kaum bekannte Kraft, die Faszie. Das klingt ein wenig geheimnisvoll und wenn man bedenkt, welchen Sinn Faszien haben und zu was sie uns verhelfen, dann ist das beachtlich. Die meisten Sportler unter uns kennen die Faszien in Zusammenhang mit der Faszienrolle, einem Ball oder Ähnlichem. Die meisten besitzen ein derartiges Trainingsgerät. Aber was bewirken wir mit den Hilfsmitteln eigentlich? Was ist eine Faszie? Der Begriff leitet sich aus dem Latein ab und steht für »Band«.

### Drei Faszienarten

Faszien gehören zum Bindegewebe und zu den Sehnen wie die Plantarfaszie. Trainiert speichern sie enorme kinetische Energie, die wir beim Laufen freisetzen können.

- **Oberflächliche Faszien.** Sie zählen zum Unterhautgewebe und bestehen hauptsächlich aus lockerem Bindegewebe sowie Fettgewebe.
- **Tiefe Faszien.** Sie gehören zu den dichten, faserreichen Bindegewebsschichten und -strängen. Sie umschließen die Muskeln, Knochen, Nervenbahnen und Blutgefäße des Körpers. Sie sind für uns Sportler besonders relevant.
- **Viszerale Faszien.** Sie umschließen unsere inneren Organe.

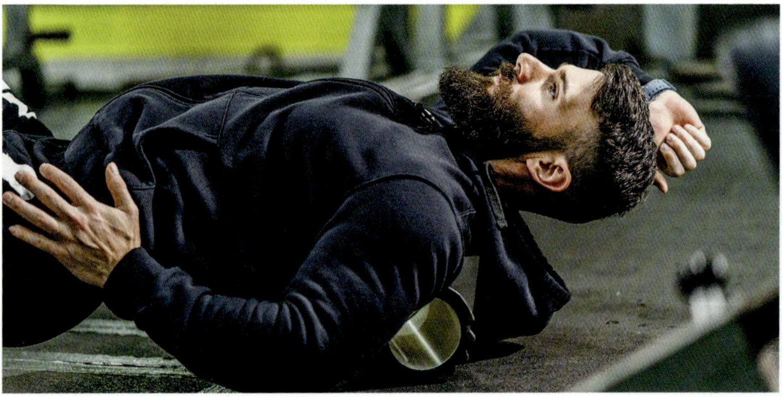

Rückenlage

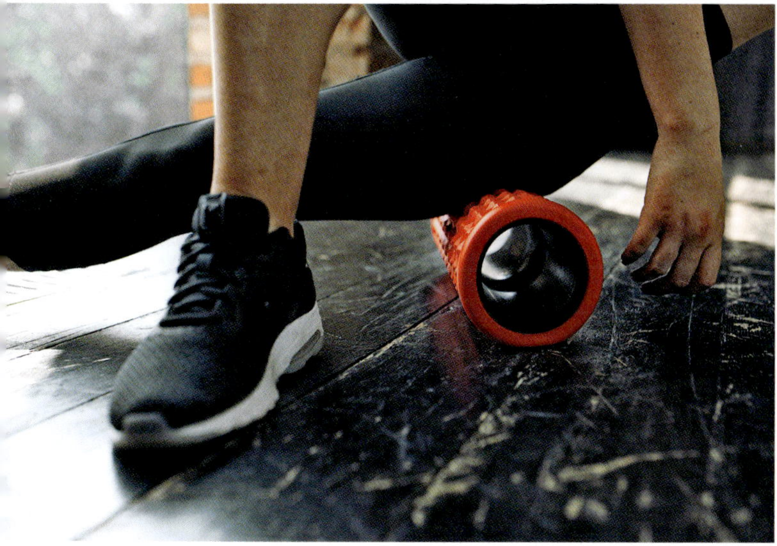

Den Faszien Aufmerksamkeit schenken

Uns interessieren also die tiefen Faszien. Wir trainieren sie regelmäßig und manchmal schmerzt das ungeheuer. Das liegt daran, dass diese Faszien sehr innerviert und mit sensorischen Rezeptoren belegt sind. Das Faszientraining gilt als sportliche Trainingsmethode, die die Eigenschaften des muskulären Bindegewebes gezielt fördert. Man nimmt an, dass die Dehnbelastung und die Anpassungsfähigkeit der Faszien durch das Training gefördert werden. Durch Bewegungsmangel verkleben die Faszien und das Gewebe verliert an Elastizität.

## Oder lieber Yoga statt Rolle?

Je mehr man also trainiert, desto besser ist der Aufbau der Faszie. Der Sinn und der Zweck eines Trainings mit der Faszienrolle werden heiß diskutiert und man geht davon aus, dass die Faszien eines trainierten Körpers ausreichend gedehnt sind. Wem die Trainingsmittel für Faszien nicht angenehm sind, der kann die Zugbelastung von Faszien auch mit Yoga hervorragend trainieren. Da du nach jedem Lauf deinen Körper dehnst, sorgst du zusätzlich für die Elastizität deiner Faszien (s. a. Kapitel 24).

*Tipp: Das Training mit der Faszienrolle sollte in Ruhe und fokussiert erfolgen. Die stetige Belastung in eine Richtung und Entlastung zurück ist zielführender als schnelles Hin und Her.*

# Dehnen

24

## Der Kontorsionist in dir

Denkt man an das Dehnen, dann tauchen vor dem inneren Auge gleich die ersten Bilder von sehr biegsamen Zirkusartisten, den Kontorsionisten auf. Dicht darauf folgt die Frage: Vor dem Sport dehnen oder lieber danach? Manche Krankenkassen empfehlen danach. Fachleute sagen, vor dem Sport kann leichtes Dehnen zum Aufwärmen dazugehören. Die beste Antwort ist vermutlich ein Sowohl-als-auch und hängt auch von der Dosierung ab. Wer sich im Rahmen des Aufwärmens maximal dehnt, der verliert für den darauffolgenden Sport oder gar Wettbewerb die dringend benötigte kinetische Energie. Daher solltest du zum Aufwärmen und für die daraus resultierende Erhöhung der Körpertemperatur und des Stoffwechsels das Dehnen nur mode-

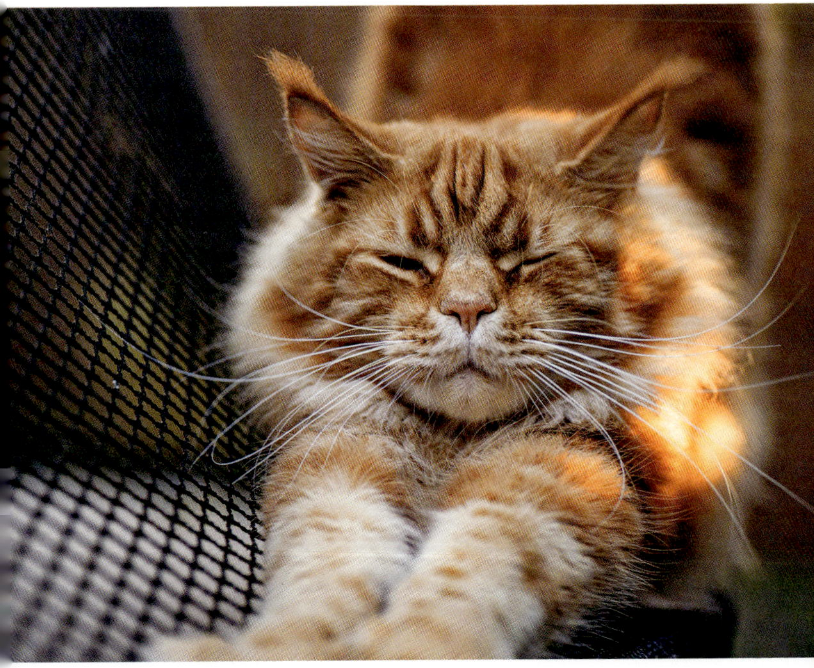

Mein Vorbild beim Dehnen: die Katze

rat anwenden. Ergänzend kannst du noch ein leichtes Aufwärmprogramm machen. Wichtiger ist das Dehnen nach dem Sport. Du gleichst damit Disbalancen aus, um die Faszien zu strecken und zu trainieren. Dehnen stellt eine zusätzliche Belastung dar. Daher solltest du nach besonders intensiven Einheiten einige Stunden warten, bis du dich dehnst. Wie hilft Dehnen?

- Du erhöhst deine Flexibilität.
- Du beugst Verletzungen vor.
- Du optimierst deine Regeneration.
- Dehnen kann deine Leistung verbessern.

*Tipp: Es ist nach aktuellem Stand der Wissenschaft sekundär, ob du dich statisch oder dynamisch dehnst. Beim dynamischen Dehnen ist die Gefahr etwas größer zu überdehnen. Dein Körper und dein Gehirn merken sich jedoch die Dehnbelastung und vielleicht wirst du irgendwann trotzdem so elastisch wie ein Akrobat.*

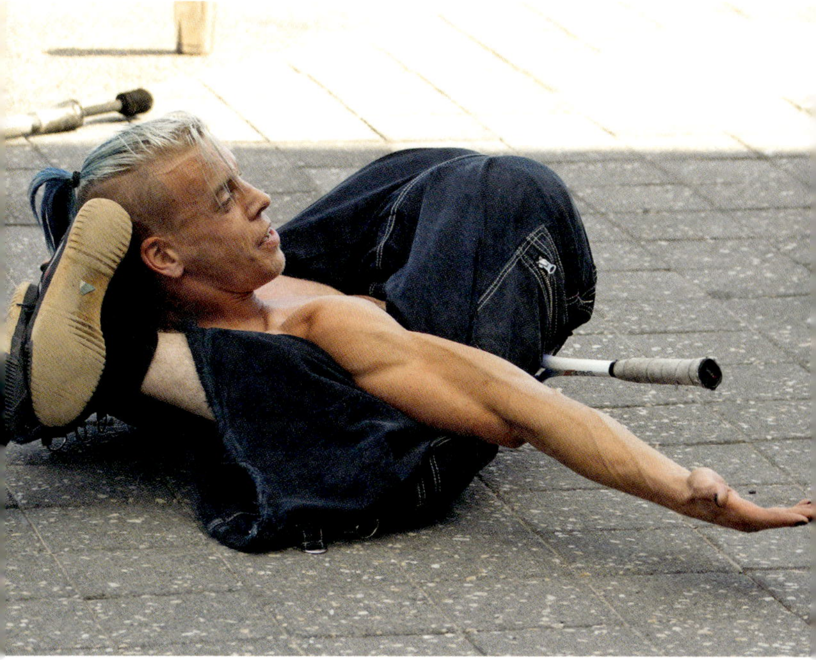

Dehnen ist stetiges Üben.

# Begleiter Tier

## 25 Laufen auf sechs Füßen

Aus der Not des Hundes eine Tugend machen und das Gassigehen mit dem Laufen verbinden – herrlich! Mein Laufkumpel André macht das mit seinem Hund Nash genau so. Was sich auf den ersten Blick wie ein großer Spaß anhört und die eigene Fitness zu steigern vermag, kann im Einzelfall aber auch eine Aktion mit einseitigem Vergnügen für das Tier werden. Nicht jedoch mit Nash! Unser tierischer Freund läuft sehr gut an der Leine und bleibt in der Spur. Viele Hersteller bieten einen Bauchgurt an, über den die Leine des Hundes mit deinem Rumpf des Läufers verbunden wird. Klasse! Deine Hände sind frei und der Hund in einem gewissen Radius auch. Nash bricht auch nicht urplötzlich aus, um aus einem unerfindlichen Grund den zur Verfügung stehenden Radius überraschend zu erweitern. Denn eine unerwartete Beschleunigung kann Läufer und deren Begleiter schnell zu Fall bringen. Das kommt vor und kann für alle Beteiligten sehr anstrengend werden. Auf Nash können wir uns selbst auf Single-Trails verlassen, denn der Vierbeiner läuft auch in der Gruppe begeistert mit. Möchtest du mit einem Hund laufen gehen, dann brauchst du einen Begleiter wie Nash – gelassenen und verlässlich. Na, eine kleine Ausnahme gibt es schon. Wenn wir als Gruppe starten und sich das »Läuferrudel« während des Laufs teilt, weil einige abkürzen wollen, dann sorgt sich Nash um diese untreuen Gesellen. Aber das ist nur von kurzer Dauer und gleich darauf geht es unbeschwert weiter.

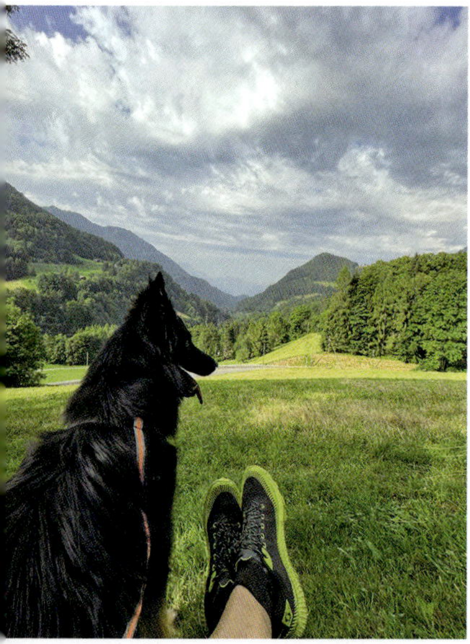

Ein treuer und ausdauernder Freund

*Tipp: Gewöhne deinen Hund an die Läufe, an die Mitläufer und die anderen Waldbewohner oder Hundebesitzer. Dann wird es garantiert zu einem Riesenspaß für alle.*

# Begleiter Mensch

26

## Talk to me

Häufig genießen wir das Alleinsein. Die Natur mit ihren vielfältigen Einflüssen wirkt beruhigend auf uns und wir nehmen den Single-Trail allzu wörtlich, wenn wir allein unterwegs sind. Dabei kann man sogar zu zweit schweigen – manchmal. Der Mensch ist als Kommunikator und als Mitläufer sehr gut geeignet. Wenn es einem allein zu langweilig ist oder wenn man sich beim Lauf in der Dämmerung nach der Arbeit im Gelände oder im Wald unsicher fühlt, dann tun Laufpartnern einfach nur gut. Ein fröhlicher Austausch über Gott und die Welt kann sehr gut vom beruflichen Alltag ablenken und die Welt in ein neues Licht rücken. Nur passt es nicht immer. Manchmal bereitet man sich auf einen Wettkampf vor und folgt einem strikten Trainingsplan. Ein anderes Mal möchtest du in deinem Rhythmus laufen und dich niemandem anpassen müssen. An einem anderen Tag hast du keine Lust auf Konversation oder es fehlen für den Lauf und deine Pace die geeigneten Partner. Dann geht es nur allein. Mit Stirnlampe und mit dem Handy für Notrufe, zur Musikuntermalung und je nachdem mit Reizgas gegen unerwünschte Besucher kann es losgehen. Vielleicht trifft man unterwegs ein bekanntes Gesicht oder lernt andere Menschen mit der gleichen Leidenschaft und Geschwindigkeit kennen. Wie dem auch sei, wenn du allein unterwegs bist, steht immer die eigene Sicherheit im Gelände im Vordergrund. Mitlaufende können jedoch Gesprächs- oder Sparringspartner sein und helfen, den üblichen Trott beim Lauf zu durchbrechen. Und es macht immer einen Riesenspaß.

*Tipp: Bist du allein unterwegs, nimm immer eine Rettungsdecke und ein wenig Geld für ein Taxi und den Fall, dass du dich verletzen solltest, mit. Je nach Wetterlage ist eine wasserdichte Regenjacke eine gute Versicherung gegen den einsetzenden Niederschlag.*

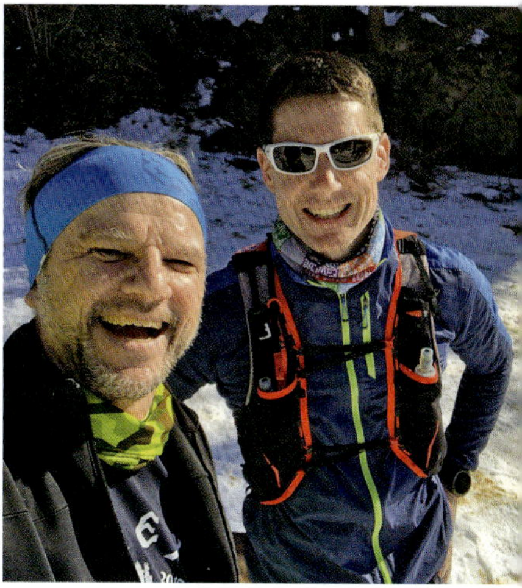

Der Spaß läuft immer mit.

# Elektronik

27

## Worauf kommt es an?

Die liebe Technik ist ein breites Feld und es geht immer noch besser. Insbesondere die Trailrunner sind ein wenig technikaffin, viele von uns sind bestens ausgerüstet. Aber was benötigen Trailläufer zwingend für den Lauf im Gelände? Was sind die Basics? Allem voran sollte die Laufuhr zur Grundausstattung gehören. Sie gibt dir grundlegende Informationen zum Laufumfang und je nach Qualität werden dir Höhenmeter und barometrische Veränderungen angezeigt. Diese Wunderwerke greifen unterwegs auf bis zu fünf Satellitensysteme zurück, damit du auf deinem Track bleibst. Sportler, die es lieben auch mal neue Strecken allein auszuprobieren, laden sich die GPX-Daten auf die Laufuhr oder auf ein GPS-Gerät und navigieren sich bequem zum Ziel und zurück. Damit könnte man es bewenden lassen. Aber nach oben gibt es bekanntlich keine Grenzen. Daher bieten die Hersteller von Laufuhren und Smartwatches viele weitere Features, die dich darüber in Kenntnis setzen, in welchem Umfang du an die Höhenmeter im Gebirge oder an die Hitze des Sommers akklimatisiert bist. Natürlich steht ein breites Feld weiterer Sportarten zur Auswahl, ergänzend dazu geeignete Trainingspläne und Infos zu deinem ständig aktualisierten Fitnessstand. Die Uhren lassen sich über Bluetooth® mit deinem Smartphone verbinden und geben dir auf deinem Weg durch den Wald immer Rückmeldung zu eingehenden Nachrichten und Topics der von dir genutzten Social-Media-Plattformen. Das Hören von Musik gehört für viele als elementarer Bestandteil zum Laufen dazu.

### GPS-Geräte

GPS-Geräte hingegen sind insbesondere für jene Läufer unter uns interessant, die auf längeren Strecken im Gelände wandern, laufen und Rad fahren oder Skitouren absolvieren. Entweder entscheidest du dich für ein robustes Gerät mit Tastenfunktion oder ein Modell mit Touch-Bildschirm. Das Display sollte auch bei Sonneneinstrahlung gut ablesbar sein und auf eine Multi-Frequenz-Technologie für die optimale Trackinggenauigkeit zurückgreifen. In allen Fällen sind die Geräte geeignete Begleiter, wenn es nur um die Navigation im Gelände und im Gebirge geht. Wenn du ohne Netz in der Landschaft stehst, dann hilft dir nur noch ein Satelliten-Kommunikationsgerät als Kontakt zu einer Rettungsstelle.

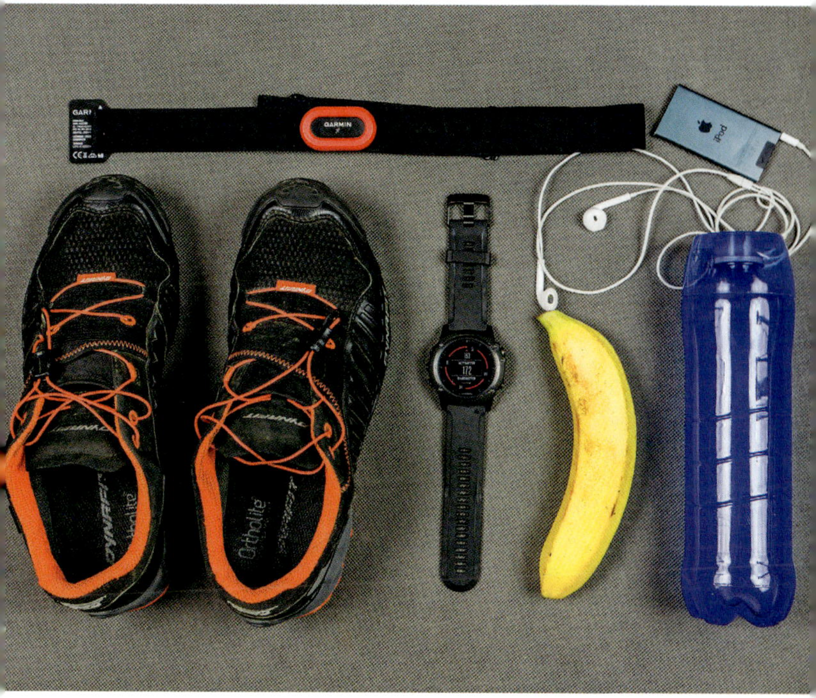

Laufequipment mit Banane

## Die Stirnlampe – im Dunkeln ein Must-have

Häufig und insbesondere im Winter zieht es uns auch im Dunkeln nach draußen, natürlich auch ins Gelände und in den Wald. Gerade im Dunkeln gewinnt der Lauf an besonderer Qualität, die aber einer guten Ausleuchtung bedarf, damit es wirklich Spaß macht. Den Läufern, die den Nachtlauf ausüben möchten, lege ich zwingend eine hochwertige Stirnlampe ans Herz – und die Modelle vom Discounter nur als Notlicht. Zwei bis drei Abstufungen in der Lichtintensität darf die Lampe haben und sollte idealerweise mit einem Notlicht versehen sein. 1000 Lumen Lichtstärke darf die Lampe gerne mitbringen. Diese Helligkeit wird durch einen wiederaufladbaren Akku ermöglicht, der weit über das Niveau von AA-Akkus hinausgeht.

*Tipp: Für den Anfang muss es nicht das Premium-Modell sein. Die Satellitennavigation ist jedoch für den Trail obligatorisch.*

# Datenerfassung

28

## Big Data

Was würden wir heutzutage ohne die digitale Datenerfassung machen. Da wundert es nicht, dass Hersteller und Entwickler alles daransetzen, uns so viele Informationen wie möglich in Echtzeit, zur Nachverfolgung des Leistungsniveaus und zum Teilen auf den Social-Media-Plattformen zur Verfügung zu stellen.

Handy, Laufuhren von Suunto, von Garmin oder Polar und vielen Herstellern mehr bieten uns alles, was das Herz begehrt und darüber hinaus bis zu Musik, Messengerdiensten oder den elektronischen Zahlungsverkehr weitere »Must-haves«. Ob und was du benötigst, wirst du selbst festlegen müssen. Eine Apple-Watch eignet sich nur bedingt für den Trail. Sie zeichnet zwar brav alles auf, aber der Akku reicht für längere Strecken nicht aus. Wer alles genau dokumentieren möchte, der greift auf diverse Apps zurück oder zeichnet alles in einem Trainingskalender wie TrainingsPeaks auf. Wenn du deine Leistungsfähigkeit und die Leistungsentwicklung über den oben genannten Umfang hinaus auch mit Wattzahlen auswerten möchtest, dann bietet sich die integrierte Wattmessung mit Laufuhren oder ein separates Gerät an. Dieses lässt sich bequem am Laufschuh befestigen. Die neuesten Geräte aus dem Jahr 2022 berücksichtigen sogar den Gegenwind.

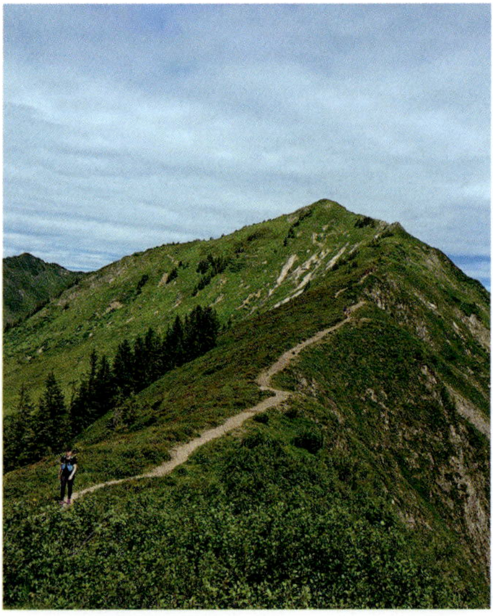

Die Datenerfassung hilft auch, dich im Notfall zu finden.

*Tipp: Erst einmal klein anfangen und nicht die komplette Liste der möglichen Ausstattungen abarbeiten. Frage dich immer, welche Daten du erfassen möchtest und welchen Mehrwert die Erfassung für dich darstellt, um dann auf die entsprechende Hard- und Software zurückzugreifen.*

# Pulsmessung am Handgelenk

29

## Das ist ja die Höhe

Dass seine Erfindung, die Messung der Sauerstoffsättigung im Blut, einmal im Sport Anwendung finden wird, hat sich Karl Matthes 1935 bestimmt auch nicht träumen lassen. Der Japaner Takuo Aoyagi baute erst 1972 ein nicht-invasives Modell und nutzte es ab 1975 in der klinischen Erprobung. Ob die beiden wohl geahnt haben, dass die kommerzielle Nutzung erst in den 1990er-Jahren starten würde? Die Pulsmessung am Handgelenk wird auch Pulsoximetrie genannt. Wie funktioniert das? Grundlage eines Pulsoximeters ist das optische Messprinzip. Die Pulsoximetrie misst in erster Linie die arterielle Sauerstoffsättigung des Hämoglobins. Dazu wendet man einen Trick an. Man weiß, dass sauerstoffgesättigtes Hämoglobin das Licht schlechter absorbiert als bei geringer Sauerstoffsättigung. Dabei wird die Lichtabsorption bei Durchleuchtung der Haut mit dem Messinstrument, in unserem Fall der Laufuhr mit Leuchtdioden, gemessen. Diese Methode ermöglicht darüber hinaus die Pulsfrequenzkontrolle. Die Daten werden schnell erfasst, gespeichert und abschließend an die App übergeben. Das funktioniert nicht immer fehlerfrei. Insbesondere bei niedrigen Temperaturen gibt es Toleranzen. Oder bei Gegenwind. Daher kann ein Brustgurt zur Pulsmessung ergänzend hilfreich sein und dazu beitragen, noch weitere Daten zu erfassen.

*Tipp: Wer 100 % sicher gehen will, der sollte zur präzisen Messung am Handgelenk zusätzlich einen Brustgurt tragen. Mancher Brustgurt ermöglicht sogar die Wattmessung.*

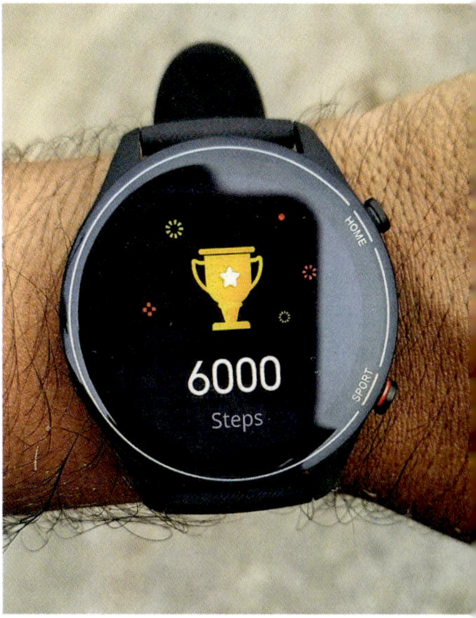

Die Leichtigkeit des Seins: Laufen ohne Brustgurt

# Lauf-Apps

30

## Geht's noch?

Heutzutage geht nichts mehr ohne diese kleinen und hilfreichen Programme auf deinem Smartphone. Hier findest du eine Zusammenstellung an Apps, die dir in einem typischen Läuferalltag helfen und dich mit anderen vernetzen. Dazu gehören in erster Linie Strava und die Apps der Uhrenhersteller wie Polar Flow, Garmin Connect, Suunto, Corps, Sigma oder Apple. Sie bilden sehr viele relevante Werte zur Trainingsunterstützung ab. Bei manchen gehört der Brustgurt zur vollumfänglichen Datenerfassung trotz der Pulsoximetrie am Handgelenk als weiteres Zubehör dazu.

Darüber hinaus unterstützen dich diverse Apps für Wanderer wie Komoot, Wikiloc oder Outdooractive. Sie helfen dir bei der Routenwahl, indem du die Trails in der App planst. Oder du greifst auf Routen zurück, die andere Sportler im In- und Ausland bereits abgespeichert haben.

### Apps für die Alpen

Neben den bereits genannten gibt es eine App, die du in den Alpen nutzen solltest, um im Notfall gefunden zu werden, die SOS EU ALP. Sie ermöglicht der Rettung eine Standortbestimmung nach x,y-Koordinaten. Im Notfall können die Daten direkt an die zuständige Leitstelle in Tirol, Südtirol oder Bayern übermittelt werden. Die Verwendung der App ist für Notfälle. Du aktivierst damit die komplette Rettungskette und die Rettungsdienste einschließlich Berg- und Wasserrettung oder Feuerwehr. Sie werden nach Bedarf umgehend alarmiert. Dazu können auch luftgebundene Einheiten wie Notarzthubschrauber gehören.

Damit ihr generell und in den Bergen in kein schlechtes Wetter lauft, bietet sich, neben dem Hüttenwirt, die App des Deutschen Wetterdienstes, DWD WarnWetter, an. Wer immer up to date bleiben und darüber hinaus umfassend versichert sein möchte, der sollte über die Mitgliedschaft im Deutschen Alpenverein mit der dazugehörigen App DAV Panorama und Alpenvereinaktiv nachdenken.

### Die App für wilden Müll

Leider gehört es für immer mehr Mitmenschen zur Selbstverständlichkeit, ihren Müll in großem Umfang in die Natur zu kippen oder Kleinigkeiten einfach am Wegesrand fallen zu lassen. Um die größeren

Müllmengen der örtlichen Behörde zu melden, bietet sich die App »MÜLL-weg.de« an. Die App unterstützt die lokalen Behörden in der Verkehrswegesicherungspflicht, indem du eine E-Mail mit dem Standort des Mülls samt Foto an sie versendest. Keine Sorge, es kommt weder zu einer Anzeige noch wird dich jemand dazu kontaktieren.

Daneben gibt es zahlreiche weitere kommerzielle Apps, die der Autor hier im Detail nicht weiter aufführen möchte, mit denen du aber auf bereits gespeicherte Trails zurückgreifen kannst.

*Tipp: Last but not least sollte die Warn-App Nina auf deinem Endgerät installiert sein, da sie dich mit aktuellen Notfallhinweisen versorgt.*

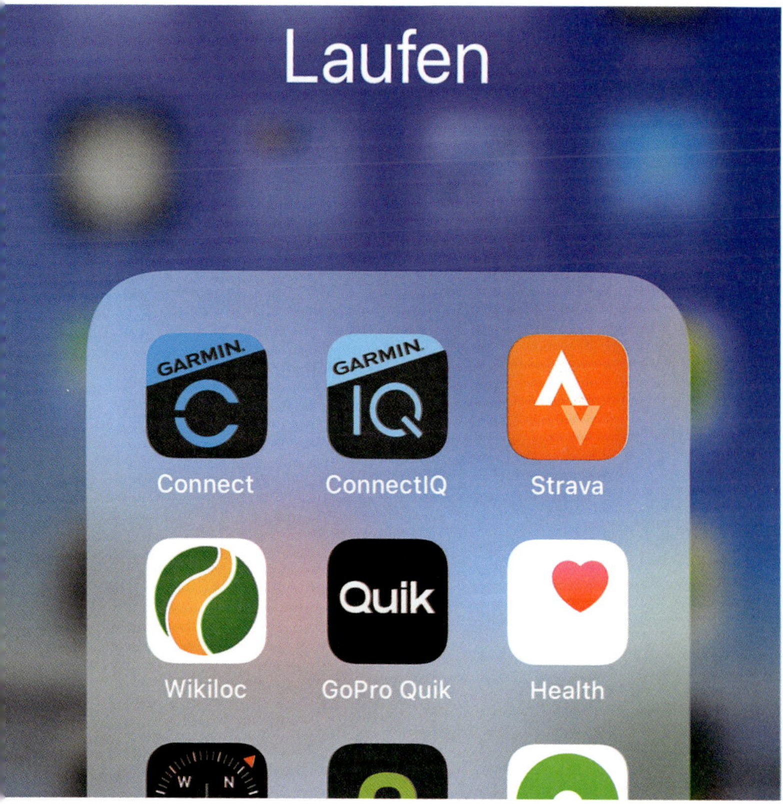


Nützliche kleine Helfer: die Lauf-Apps

# Bekleidung beim Lauf

31

## Weniger ist mehr

Base-Layer, Mid-Layer und Oberbekleidung – das klingt wie die Qual der Wahl. Und tatsächlich folgt das Thema Bekleidung äußerst individuellen Bedürfnissen. Manche packen bereits bei 10 °C die langen Tights aus, andere erst bei 5 °. Der Sportphysio sagt, ab 10 °C sollten deine Knie bedeckt sein. Der muss es wissen.

Ich selbst laufe recht lange mit kurzen und ¾-langen Hosen und kurzärmeligen Shirts herum. Danach folgen lange Shirts mit Weste. Und in der Tat: Ab spätestens 5 °C merkt man die Temperatur auch (s. a. Kapitel 33) in den Knien – unabhängig vom Alter! Das einzige Zugeständnis an die sich verändernden Temperaturen ist gleich zu Beginn das Schlauchtuch, das deinen Hals schützt. André, der Mann mit dem Hund, läuft auch bei Schneefall mit kurzer Hose und Longsleeve. Letztlich ist es egal, solange man in seinem Rucksack bei längeren Strecken mindestens eine Jacke als Back-up dabeihat. Es gibt also keine Formel für die »richtige« Bekleidung. Wichtig ist: Die Kleidung muss schnell trocknen und sollte daher nicht aus Baumwolle gefertigt sein, da Baumwolle zu langsam trocknet. Merinowolle macht hier einen kleinen Unterschied, insbesondere was die Geruchsentwicklung angeht. Wer Merino nutzt, der hat ergänzend ein natürliches Tragegefühl und wenig Geruchsbelästigung. Bitte achte beim Kauf unbedingt auf »Anti-Mulesing«. Bei manchen Online-Anbietern kannst du danach sogar filtern.

### Jacke wie Hose

Die doppelt ausgeführten Shorts sind etwas länger. Sie haben innen Kompressionsshorts und außen die locker fallenden Shorts. Diese Hosen haben den Vorteil, dass die Unterwäsche integriert ist und Reibung minimiert. Mit einem breiten Bund schließen die Shorts oben ab und gewähren Platz für Zubehör oder »Softflasks«. Der Bund als Stauraum ist besser als seitliche Eingrifftaschen, da letztere nichts am Körper fixieren.

Die richtige Jacke für den Trailrun sollte idealerweise winddicht und wasserdicht sein, aber trotzdem atmungsaktiv. Merkmal der Jacken sind flache, wasserdichte Nähte und Reißverschlüsse, eine verstellbare Kapuze mit Schutzschild und ein Kordelzug an der Unterseite der Jacke. Meistens hat man mehrere Jacken, einen Windbreaker, eine wasserabweisende und eine wasserdichte Jacke für die langen Läufe im Schrank. Wasserdicht sind

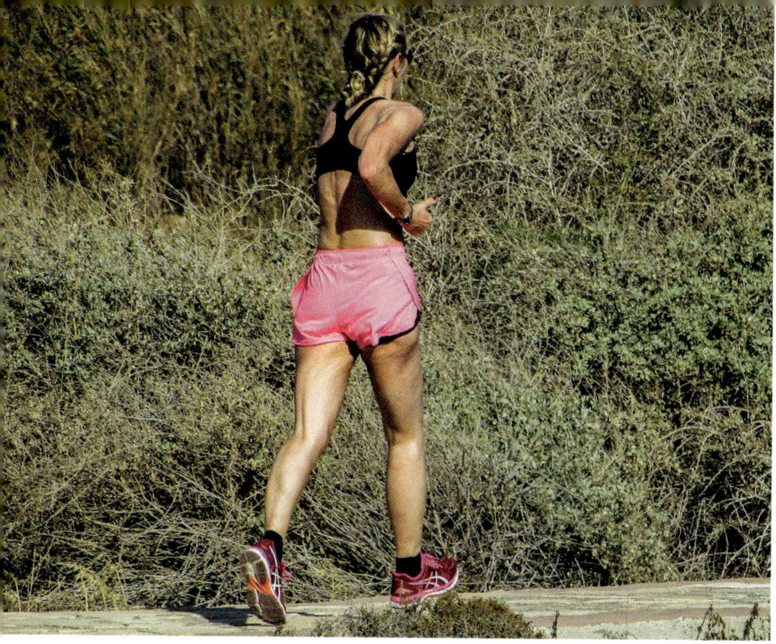

Nicht zu viel und nicht zu wenig: Bekleidung, eine Frage der richtigen Vorbereitung

Jacken ab einer Wassersäule von 10 000 Millimetern. Diese Skala endet bei 30 000 Millimetern. Die Atmungsaktivität wird in MVTR (Moisture Vapor Transmission Rate) angegeben und beginnt bei 10 000 MVTR.

## Der richtige Schutz für empfindliche Körperteile

Für die Läuferinnen kommt mit dem BH ein weiteres relevantes Kleidungsstück dazu. Der biologische Aufbau der Brust verhindert, dass sie sich bei dynamischen Bewegungen und Richtungswechseln zusammenzieht. Die stützende Funktion muss der BH übernehmen. Sport-BHs bieten diesen stützenden Halt. »Form follows function«! Daher bieten vorgeformte Körbchen aus dicht gewebten technischen Stoffen den nötigen Halt. Breite Träger bieten zusätzlichen Komfort.

Weiter zum Kopf. Den schützen wir beim Lauf durch den Sommer mit einem geeigneten Cap oder Schlauchtuch als Sonnenschutz. Deine Füße packst du am besten in nach rechts und links gestrickte Strümpfe oder Kompressionsstrümpfe (s. a. Kapitel 34).

*Tipp: Zur Funktionalität von Sport-BH frage bitte vertrauensvoll die Fachfrau.*

# Zwiebelprinzip

32

## Kein Grund zum Heulen

Die einzige Sicherheit ist die Veränderung. Das gilt insbesondere für das Wetter. Selbst wenn du bei strahlendem Sonnenschein losläufst, kann es in den Bergen oder wenn du in die Nacht hineinläufst, schnell kalt und nass werden. Genauso kann es sein, dass der Dauerregen aufhört, die Sonne zwischen schweren Wolken hindurchblinzelt und es dir richtig warm wird. Um optimal auf den Trail vorbereitet zu sein, solltest du in Layern denken. Zum Shirt gehört immer eine Jacke der oben beschriebenen Kategorien. Ebenso kann eine Regenhose das Laufvergnügen steigern. Deine hochwertige Kleidung kannst du sicher in deinem Laufrucksack verstauen. Damit die Kleidung nicht durch Schweiß nass wird, verpackst du sie platzsparend und geschützt in einem ZipLoc-Beutel. Nachhaltiger ist der Drypack. Holger Lapp nutzt die Beutel in der Größe 3 L bereits seit Jahren. Nachhaltiger geht es nicht.

*Tipp: Denke bei deiner Tourenplanung immer in mehreren Kleidungsschichten und passe sie den anstehenden Wetterverhältnissen entsprechend an.*

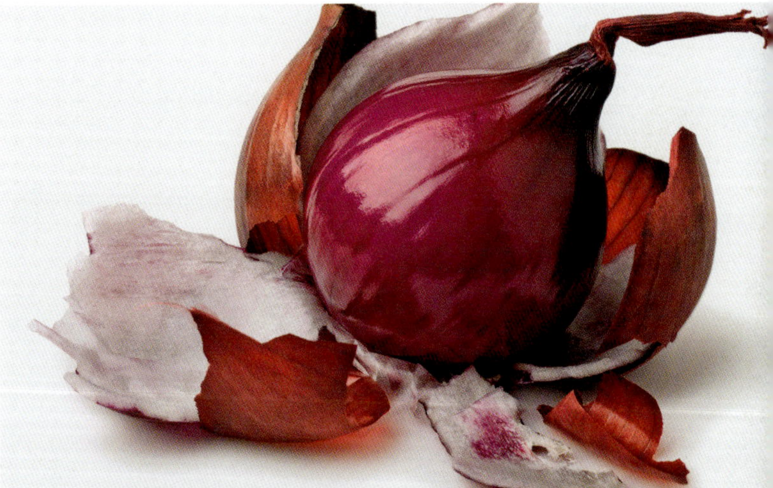

Auch beim Trailrunning ist das Zwiebelprinzip die beste Lösung.

33

# Unterwäsche

## Go for it

Man hat es so gelernt und ist es nicht anders gewohnt. Die meisten von uns tragen immer Wäsche – außer im Schwimmbad oder am (FKK-)Strand. Sie rollt sich auf. Sie bildet Falten. Nicht selten scheuert es beim Laufen an allen möglichen und unmöglichen Stellen, bis du irgendwo wieder wund bist – schmerzhaft. Auch Vaseline oder andere Mittel helfen wenig vor dem Wundlaufen. Es begann mit zweilagigen Laufshorts, innen eng und außen mit weiter Überhose. Seit dem ersten Lauf habe ich festgestellt, es geht auch beim Marathon besser denn je – ohne Wäsche. Mit einer einzigen Einschränkung: Ab minus 5 °C wird es unangenehm und die Temperaturen machen sich schmerzhaft im Genitalbereich bemerkbar. Also versuche es ruhig mal ohne. Du schwitzt nicht weniger, aber der Schweiß wird leichter abgeführt, die Tights trocknen schneller und du hast so schnell keine wunden Stellen mehr. Läuft!

*Tipp: Wem das Laufen ohne Wäsche zu unangenehm ist, der kann die Wäsche aus Merinowolle testen. Man spürt und riecht sie nicht und sie trocknet schnell.*

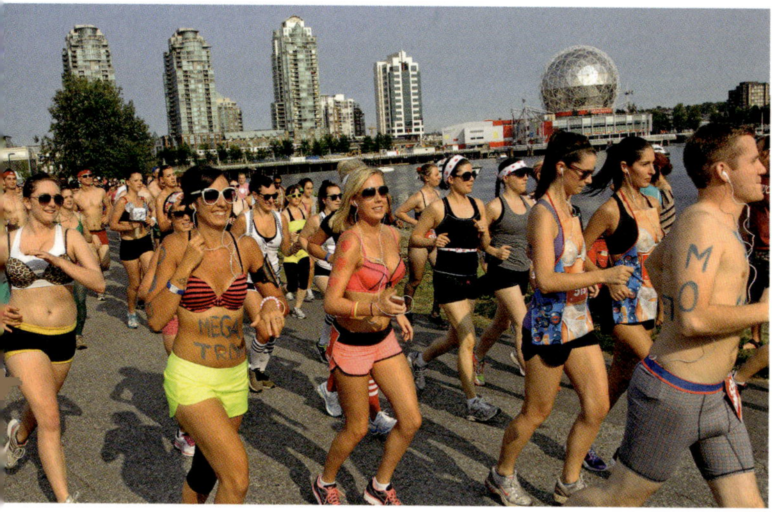

Laufen mit Unterwäsche

# Socken

34

## Kaum beachtet

Abgesehen von Barefoot- und Five-Finger-Schuhen, in denen du ohne Strümpfe läufst, benötigst du für den Laufschuh ein Paar Strümpfe. Die Hersteller bieten verschiedene Versionen an. Beginnend mit den sehr kurz gearbeiteten Söckchen, folgen die Socken mit normaler Länge und die Kniestrümpfe. Letztere sind in der Regel als Kompressionssocken im Handel zu finden. Neben den üblichen Socken gibt es auch in diesem Segment Zehensocken. Selbstverständlich kannst du auch kurze Strümpfe anziehen und die Waden mit den Kompressionsüberziehern kleiden. Die Überzieher haben kein Fußteil und du ziehst sie einfach über die Waden, bevor du die normalen Socken über die Füße ziehst. Die »normalen« Laufsocken sollten passen und möglichst wenig Nähte haben, die reiben könnten. Beachte bitte auch den Stretchanteil, um zu verhindern, dass die Socken rutschen und sich im Schuh doppelt legen. Für mich gibt es nur einen Hersteller guter und langlebiger Laufsocken, und das ist Falke. Mit diesen habe ich über viele Jahre die besten Erfahrungen hinsichtlich Preis-Leistungs-Verhältnis, Qualität und Langlebigkeit gemacht.

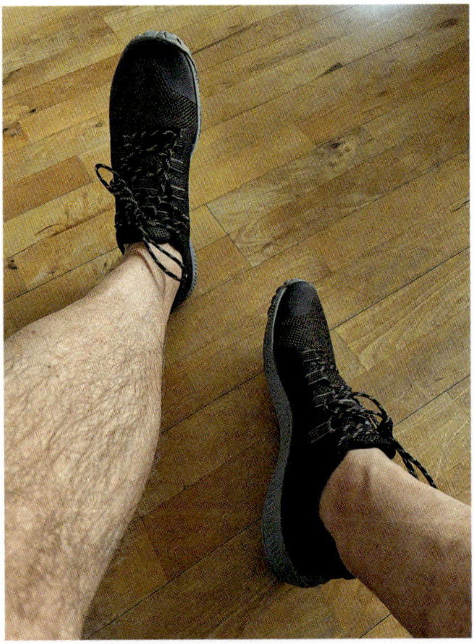

Less is more – Barfußschuhe

Wasserdichte Socken fristen zu Unrecht ein Nischendasein. Denn wer nicht gerade wasserdichte Schuhe kauft, was auf dem Trail schwierig ist, da das Wasser reinkommt, aber nicht mehr rausläuft, der sollte sich für die mitteleuropäischen Trails wasserdichte Socken ansehen. Ja, die Strümpfe sind wasserdicht, absolut – außer von oben. Damit kommen wir auch zum kleinen Nachteil dieses Sockentyps – der Fußschweiß tritt auch nicht aus. Die Menge des Schweißes kannst du jedoch vernachlässigen. Obwohl der Fuß feucht wird, stehst du nicht im eigenen Saft. In den anderen Strümpfen sind die Socke und der Fuß nass – auch nicht besser. Wer wasserdichte Strümpfe sucht, dem möchte ich aus eigener Erfahrung Sealskinz empfehlen. Gerade im Winter und bei kalten Witterungsbedingungen sind diese Strümpfe eine Wohltat und schützen auch vor kalten Füßen. Wenn du mit dem Auto unterwegs bist und deinen Lauf abgeschlossen hast, wechsle die Strümpfe wie auch Shirt, Schuhe und Jacke gegen trockene Kleidung. Alles andere lässt dich frieren und versaut nur die Sitze und den Fußraum im Auto. Apropos Sitze! Lege dir immer ein altes Handtuch für die Heimfahrt auf die Sitze. Eine Alternative sind Schon- oder Werkstattbezüge, die du für die Heimfahrt über den oder die Sitze ziehst. So verhinderst du, dass die Feuchtigkeit und der Schweiß in die Polster ziehen. Das gibt nur hässliche Flecken.

## Kompressionssocken – under pressure

Zum guten Schluss rücken die Kompressionssocken ins Rampenlicht. Ich bin immer hin- und hergerissen. Im wahrsten Wortsinn. Man zieht und zerrt an den Dingern, bis man sie endlich am Fuß und den Beinen hat und dann zwickt der Bund des Strumpfes oberhalb der Wade ins Fleisch – stundenlang. Das ist die eine Seite meiner persönlichen Wahrnehmung. Auf der anderen Seite komprimieren die Strümpfe die Blutgefäße in den Waden. Sie entlasten die Lymphe und unterstützen den Blutfluss zum Herzen. Die Kompression verzögert die Ermüdung – soweit die Theorie und die subjektive Wahrnehmung. Die Ermüdung wird jedoch nicht, wie vielleicht angenommen, verhindert. Wer nicht fit ist, um längere Strecken zu laufen, den unterstützen die Kompressionssocken nur bedingt die Distanz zu bewältigen. Die Strümpfe machen dich nicht schneller, aber sie halten dein Niveau länger aufrecht. Wunder vollbringen sie jedoch nicht. Sie halten auch ein wenig warm – was wiederum in der heißen Jahreszeit blöd ist. Die Überzieher ohne Fußteil erfüllen den gleichen Zweck und fokussieren nur auf die Waden und nicht auf die Gelenke. Wissenschaftlich und objektiv gibt es kaum belastbare Daten und die Bewertungen zu Leistungswerten von Kompressionssocken. Ginge es nach den Herstellern, würden wir unsere kompletten Körper zur Leistungssteigerung komprimieren. Auch hier gilt: Was für dich geeignet und sinnvoll ist, das musst du selbst herausfinden. Strümpfe könnten dazu gehören.

*Tipp: Der angenehme Nebeneffekt von Kompressionsstrümpfen ist, dass du sie nicht nur beim Sport, sondern auch bei eventuellen Flugreisen tragen kannst. Oder während der Schwangerschaft.*

# Schuhe

35

## Zeigt her eure Füße

Mit oder ohne Stollen? Mit Spike oder ohne? Barfuß-(Trail-) Schuhe, Five-Finger- oder Laufsocken? Schnürsenkel, Quicklace oder Bora? Gaiter oder nicht? Neutraler Schuh oder mit Drop? Viel »Cushion« oder wenig? Was ist mit dem Gewicht? Ist die Zehenbox breit oder schmal? Sind die Zehen gut geschützt? Die Zwischensohle mit Carbon oder ohne? Ihr merkt es, zu diesem Thema könnte man ganze Bücher verfassen! Und die Hersteller legen die Latte mit ihren Neuentwicklungen jedes Jahr höher. Aber lass dich nicht verrückt machen, denn es kann ganz einfach sein! Grundvoraussetzung ist, die Dinger sollten für den Trail ein ausgeprägtes Profil mit drei Millimetern und mehr haben und nicht drücken. Je ausgeprägter das Profil ist, desto eher kann die Optik der Sohle der eines Fußballschuhs ähneln. Trotzdem müssen die Schluppen im Gelände ausgezeichneten Halt bieten. Dieses grobe Profil sorgt dafür, dass der Schuh im Matsch griffig ist. Auf Stein und Wurzeln reicht das aber nicht, denn auf diesen Untergründen kann es rutschig werden. Um das Ausrutschen zu verhindern, gibt es die Trailschuhe bei manchem Hersteller mit unterschiedlich weichen Gummimischungen. Die Zehenbox schützt die Füße zu allen Seiten gut gegen Steine, ohne die

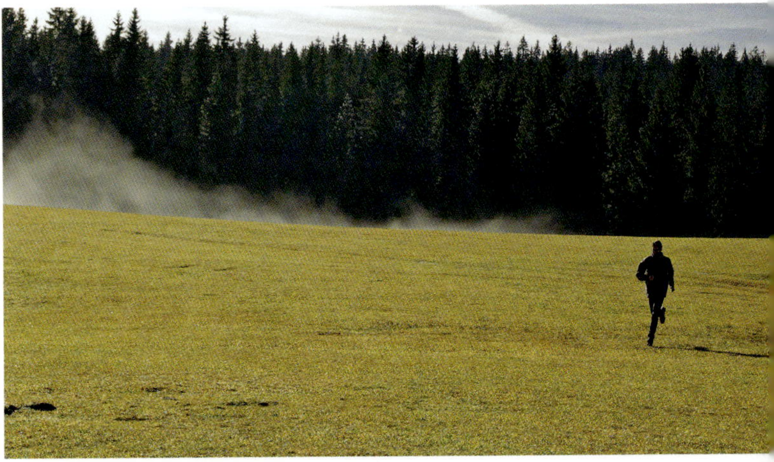

Oft sind die stillen Momente am eindrücklichsten.

Zehen einzuengen. Der Schuh sollte trotz eventuell dicker oder harter Sohle genügend Feedback zur Streckenbeschaffenheit an den Fuß übertragen.

## Für welche Laufstrecke benötigst du die Schuhe?

Dass eure Füße nass werden, könnt ihr bei euren Läufen durch Regen, Pfützen und Bäche nicht verhindern. Aber das eingetretene Wasser sollte die Chance haben, durch die Materialwahl des Herstellers den Schuh wieder zu verlassen. Eine Alternative sind wasserdichte Socken (s. a. Kapitel 34). Sollte der Wasserspiegel jedoch höher als der Schaft des Strumpfes sein, geraten auch diese Strümpfe an ihre natürlichen Grenzen. Bei allen anderen Fällen tritt das Wasser in den Schuh ein und auch wieder aus. Preislich liegen die meisten Schuhe zwischen 140 € und 180 €, können aber auch bis 240 € hochklettern – unabhängig von Sonderangeboten. Bevor ihr einen Schuh kauft, fragt euch, in welchem Gelände ihr in erster Linie laufen wollt. Wenn der Trail eher die klassischen, breiten Waldwege umfasst, dann genügt ein Laufschuh mit weniger stark ausgeprägtem Profil. Klar gibt es dort matschige Stellen und ihr müsst schon mal in einen anderen Waldweg abbiegen, aber das meistern diese Schuhe problemlos. Anders sieht es auf anspruchsvolleren Wegen aus. Diese können im Mittel- oder Hochgebirge auf schmalen und stärker profilierten Trails mit wechselnden Untergründen wie Matsch, Fels und Wurzelwerk entlangführen. Auf diesen technischen Trails fühlen sich die mit groben Stollen versehenen Sohlen zu Hause. Auf solchen Strecken spielen das Profil, die Dicke und die Gummi-

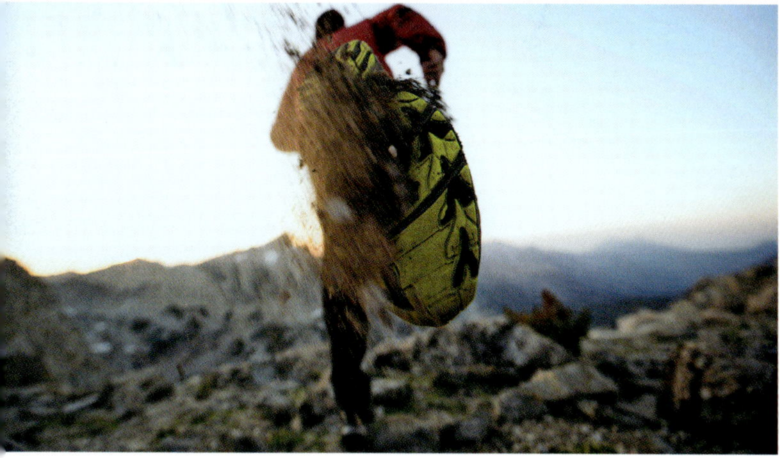

Für jeden Untergrund den richtigen Schuh zu finden, ist eine Herausforderung.

mischung der Sohle eine größere Rolle. Hier braucht ihr Schuhe, auf die ihr euch verlassen könnt. Sie müssen euch aufgrund des seitlichen Aufbaus auch Schutz vor dem Fels bieten. Auf der anderen Seite müssen sie mit ihrem Sitz am Fuß bei Lastwechseln Stabilität gewähren und Dynamik ermöglichen. Die Schuhe bieten auf wechselnden Untergründen immer ein Gefühl der Sicherheit und können selbst auf Schneefeldern ordentlich »zupacken«.

## Walking on sunshine

Wer schon mal mit nackten Füßen über einen Kiesweg gegangen oder auf Legosteine getreten ist, der weiß, Füße sind sensibel. Kitzeln ist auch ein Indiz dafür. Daher spielt die Härte der Sohle eine Rolle. Die ideale Dicke der Lauffläche hängt von deiner persönlichen Empfindung, der Oberflächenbeschaffenheit des Trails und der Distanz ab, die du rennen möchtest. Daher ist es wichtig, beim Kauf der Schuhe auch auf dein Bauchgefühl zu achten. Man tastet sich an die Marke und die richtigen Schuhe heran. Ich bin Purist und komme mit fünf verschiedenen Laufschuhen aus. Andere haben zehn und mehr Paar Schuhe im Schrank. Apropos Purist.

Wenn du direkten Bodenkontakt suchst, dann bieten sich die Barfuß- oder Five-Finger-Schuhe an. Die Rückmeldung zur Oberflächenbeschaffenheit ist mit diesem Schuhtyp unmittelbar, kompromisslos und unmissverständlich. Es gibt Barefoot und Five-Finger für die Straße und die Trails. Mein Tipp, wenn ihr einsteigt: Beginnt anfänglich mit einer kurzen Distanz bei diesem Schuhtyp. Drei bis fünf Kilometer reichen vollkommen aus für den Anfang. Anderenfalls kann der Muskelkater nach dem ersten Mal zu einem ganz miesen und hartnäckigen Begleiter für die folgenden Tage werden. Das absolute Gegenbeispiel sind die Trailschuhe mit Spikes. Häufig ist dieser Schuh mit groben Stollen versehen und in diese sind die Stahlspitzen eingearbeitet. Das sorgt für Grip und Stabilität auf eisglatten Oberflächen. Wer also bei Schnee und vor allem Eis unterwegs ist, dem kann dieser Schuhtyp eine große Hilfe sein.

## Detailfragen

Auf der anderen Seite ist es auf den meisten Trails eher staubig und loser Schmutz oder Matsch fliegt oder wirbelt um eure Beine und Füße. Dieser Kleinkram landet sehr gerne im Schuh und führt im schlimmsten Fall zu offenen Stellen am Fuß. Dem könnt ihr vorbeugen, indem ihr die sogenannten Gaiter, Englisch für Gamasche, benutzt. Die Gamaschen sind wie eine Art Strumpf aufgebaut, haben aber zwei Öffnungen. Die schmalere der beiden umschließt dein unteres Schienbein oberhalb des

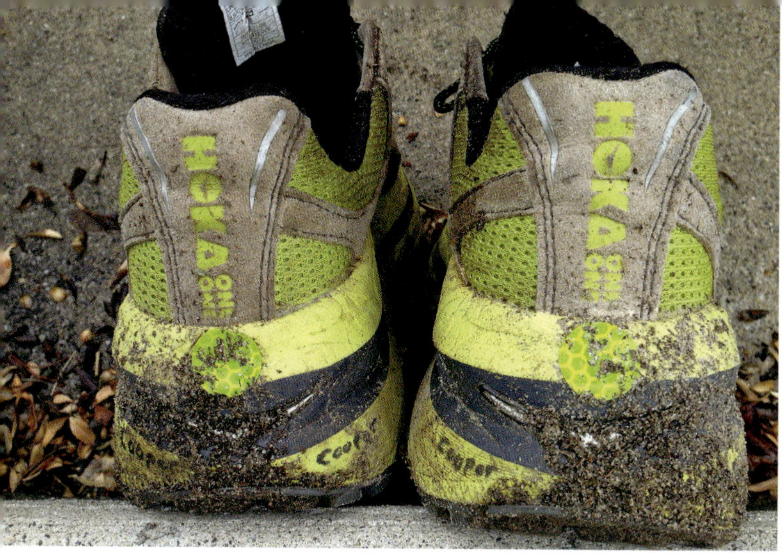


Trailrunning-Schuhe müssen sehr viel aushalten.

Fußgelenks und die breite spannst du über den Schuh. Damit ist die Öffnung deines Schuhs weitestgehend vor dem Eindringen von Fremdkörpern geschützt. Ich empfehle, die Gaiter zur Probe anzuziehen und damit herumzugehen. Damit prüft ihr die Passform. Ich kann die Gamaschen absolut nicht tragen, egal wie weit ich die Dinger einstelle, sie schmerzen am Bein. Auf der anderen Seite habe ich selten was im Schuh. Die Überzieher liegen seit dem Kauf und ein paar Läufen nutzlos in meinem Schrank. Manche lassen sich mit Klettverschluss und zusätzlich am Schuh befestigen. Es bleibt euch wie immer nichts anderes übrig, euch an eure Marke heranzutasten.

Ein weiterer Aspekt sind die Schnürsenkel. Da mein Favorit bei Laufschuhen Salomon ist, verwende ich keine normalen Schnürsenkel, sondern lieber das Quicklace-System. Die obligatorische Schleife ist unnötig. Man zieht die Senkel hoch, einen installierten Schieber nach unten und schon sitzt der Schuh. Senkel und Schieber könnt ihr in einer dafür vorgesehen Tasche verstauen. Fertig.

*Tipp: Fehlkäufe bleiben nicht aus. Aber taste dich langsam an die zahlreichen Hersteller von Trailschuhen heran. Lies dir die Rezensionen sowie die Testberichte durch. Wähle zwei bis drei Marken aus und gehe in den Einzelhandel, um die Schuhe ausgiebig und kritisch zu testen. Wenn es bereits beim Kauf drückt, kann es auf dem Trail sehr unangenehm werden.*

# Drop, Sprengung oder neutral?

## Auf den Niveauunterschied kommt es an

36

Hört sich brutal an, ist es aber nicht. Diese Begriffe beschreiben, anders als man zunächst vermutet, den Höhenunterschied eines Schuhs von hinten nach vorne. Es gibt Laufschuhe, quasi die High Heels, bei denen deine Ferse bis zu 15 Millimeter höher als der Vorfuß steht. Andere Schuhe kommen komplett ohne Sprengung aus und der Fuß ist in der Waagerechten. In diesem Fall sprechen wir auch von einer neutralen Sohle oder Neu-Deutsch vom Natural Running. Wie schon zuvor erwähnt, sollten deine Füße gut trainiert sein, wenn du in einen Barfußschuh steigst, sonst hast du ein paar Tage ekligen Muskelkater in den Waden. Eine Ausnahme bildet ein Schuhhersteller mit Schuhen, die keinen Drop haben, aber maximal gedämpft sind.

Damit kommen wir bereits zum nächsten Aspekt. Der »Drop« hat nichts mit der Dämpfung zu tun. Obwohl die Schuhe mit mehr Sprengung höher und komfortabler aufgebaut sind, zielt der Niveauunterschied vom Absatz zur Zehenbox in erster Linie auf das Abrollverhalten und die verschiedenen Laufeigenschaften ab.

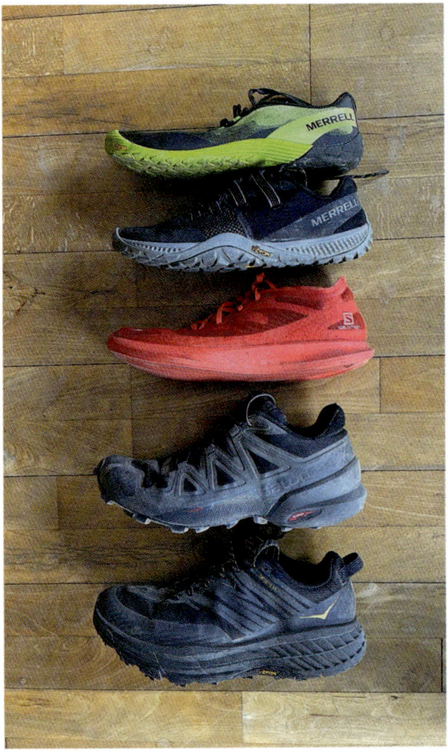


Ein Trailrunner hat mehr als ein paar Schuhe.

*Tipp: Welche Schuhe für dich die richtigen sind, solltest du vor dem Kauf mit einem Fachmann besprechen und intensiv testen. Oft gibt es dafür im Fachhandel Laufbänder.*

# Darf es etwas größer sein?

37

## Größe der Trailschuhe

Neben den üblichen Kriterien wie Passform, Einstieg in den Schuh, Schnürung etc. kommt es beim Trailrunning-Schuh auch auf die Schuhgröße an. Die Größe der Laufschuhe spielt auf dem Trail eine andere Rolle als auf der Straße. Es geht viel bergab und ab und zu stößt man gegen einen Stein oder eine Wurzel. Lastwechsel und eine große Dynamik sind weitere Wesensmerkmale des Traillaufens. Auch die Beschaffenheit der Strecke spielt eine Rolle. Für diese Anforderungen benötigen deine Füße etwas mehr Platz als üblich, ohne im Schuh zu »schwimmen«. Die Größe der Trailrunning-Schuhe solltet ihr daher bis zu zwei Nummern größer als bei der normalen Schuhgröße wählen. Weitere Kriterien sind die Passform des Schuhs: schmal oder weit? Aber auch die Größe der Zehenbox und der Abstand der Zehen zur Schuhspitze sind entscheidend. Wenn es bergab geht und deine Zehen immer vorne gegen die Schuhe stoßen, dann bereitet das Laufen nach kurzer Zeit kein Vergnügen mehr und die Zehen werden sich an den Folgetagen blau verfärben – was meistens den Verlust des Nagels nach sich zieht. Des Weiteren kann es zu unnötigen Druckstellen kommen.

*Tipp: Achtet darauf, die Schuhe ein bis zwei Nummern größer zu kaufen und die Nägel zu kürzen, um blaue Fußnägel zu vermeiden.*

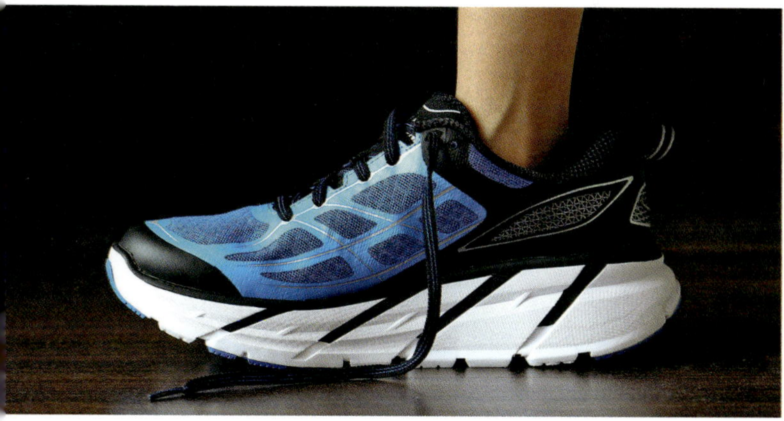

Trailrunning-Schuhe müssen etwas zu groß sein.

# Schuhpflege

## 38

## Sonst riecht's wie nasser Hund

Wenn das Schlammbad beim Traillauf wieder ausgiebig war und du im heimischen Hausflur in der eigenen Pfütze stehst, wirst du dich fragen: Wie bekommst du die Schuhe je wieder sauber, geschweige denn trocken? Das geht einfach. Am besten entfernst du zunächst die Zwischensohle aus dem Schuh und trocknest diese separat. Entferne als Nächstes den groben Schmutz und bürste alles möglichst sauber ab. Im Extremfall musst du unter dem Wasserhahn nachhelfen. Wichtig ist, dass du den Dreck aus den Poren spülst, da sonst das Gewebe hart, spröde und brüchig werden kann. Wirf die Schuhe niemals in die Waschmaschine und trockne sie niemals in der Sonne, da die Schuhe durch diese »Behandlung« beschädigt werden. Zum Trocknen stopfst du, gereinigt oder nicht, die Schuhe mit Zeitungspapier aus, damit sie frei von Gerüchen trocknen können. Sollten sie später doch noch riechen, dann sprühe sie mit einem Desinfektions- und geruchshemmenden Spray ein. Das hilft immer. Gore-Tex-Schuhe solltest du nach der Reinigung und gemäß der Anleitung imprägnieren. Auf die Frage, was du mit den verdreckten Schuhen und Klamotten im heimischen Hausflur machst, wirst du dir selbst eine Antwort überlegen müssen! Vielleicht wechselst du die Schuhe doch besser, bevor du ins Auto steigst oder in den Hausflur gehst?

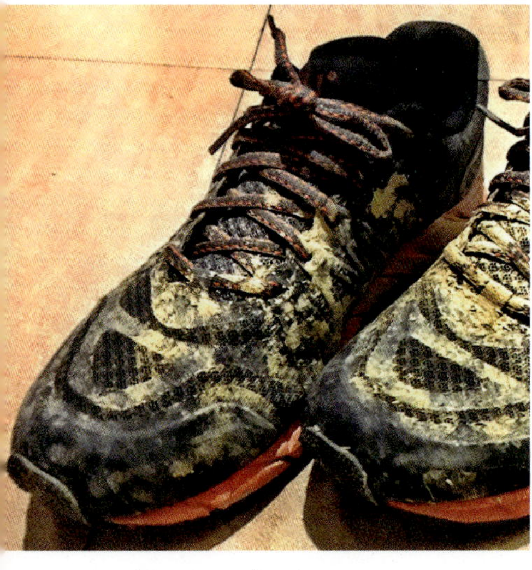
Auf die richtige Pflege kommt es an.

*Tipp: Du wechselst die schmutzigen gegen saubere Schuhe bereits nach dem Lauf und verstaust das dreckige Paar in einer geeigneten Box im Kofferraum. Schuhpflege ist jedoch wichtig. Entweder nach dem Trail im Bach oder zu Hause unter dem Wasserhahn.*

# 39

# Belastungsprobe

## Wie lange halten Trailschuhe?

Trailschuhe sind einer größeren Belastung ausgesetzt als der normale Straßenlaufschuh. Matsch, spitzes Gestein, hervorstehende Wurzeln, eine sehr hohe und wechselnde Dynamik setzen den Sohlen und Geweben erheblich zu. Die üblichen Falten im Vorfußbereich des Schuhs sind die ersten Stellen, die reißen. Die Stollen der Sohlen werden immer kleiner und das Gewebe der Polsterung im Bereich des Sprunggelenks weist mit der Zeit die ersten Löcher auf. Die abgenutzten Stollen geben auch Aufschluss darüber, wie dein Laufstil ist. Achte mal darauf. Der Verschleiß ist normal und diese Schäden haben seltener etwas mit Qualitätsmängeln als mit den Trails und mit der Schuhpflege oder deinem Laufstil zu tun. Du solltest die Schuhe nach dem Lauf unbedingt von anhaftendem Schmutz mit Wasser und einer Bürste reinigen und zum Trocknen mit Zeitungspapier ausstopfen – ich spreche da aus leidvoller Erfahrung. Für den Folgetag musst du eben das zweite oder dritte Paar Laufschuhe nutzen. Trotz dieser hohen Beeinträchtigungen im »Trail-Alltag« halten deine Laufschuhe zwischen 600 und 800 Kilometer. Wer also in der Woche 100 Kilometer mit drei Paar Laufschuhen läuft, trägt jedes Paar zwischen 18- bis 24-mal. Im Umkehrschluss bedeutet das, du kannst nie genug Trailschuhe besitzen! So soll es sein.

*Tipp: Nutze mehr als ein Paar Laufschuhe.*

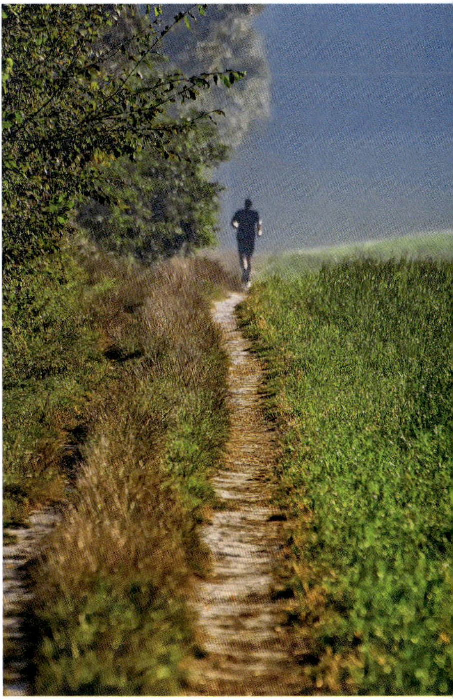

Die Anforderungen sind vielfältig – Trailrunning-Schuhe müssen lange halten.

# Old Shoe

40

## Wohin mit den treuen Begleitern?

Irgendwann sind die treuen Wegbegleiter alt und abgenutzt, unansehnlich und nicht mehr komfortabel. Dann folgt die eine Frage, die uns immer wieder beschäftigt. Wohin damit? Wenn deine Schluppen trotz guter Pflege das Lebensende erreicht haben, dann gibt es verschiedene Möglichkeiten damit umzugehen und trotzdem die Umwelt zu schonen. Vielleicht kannst du die Schuhe für andere Dinge nutzen, wie Gartenarbeit oder für die Spaziergänge mit den Hunden? Eine Möglichkeit ist, die gereinigten (!) Schuhe in den Altkleidercontainer zu geben. Manche Geschäfte nehmen deine Schuhe zurück, natürlich beim Kauf neuer Trailschuhe im Gegenzug. Wenn gar nichts mehr geht und du nur noch ein Paar Schuhe in der Hand hältst, die lediglich durch einige Fäden Mesh mit der Sohle verbunden sind, dann bietet sich nur noch der Hausmüll an.

*Tipp: Verwende die Laufschuhe immer weiter, um die Umwelt zu schonen. Viele Schuhhersteller sind bluesign® system Partner und stehen für eine nachhaltige Herstellung von Textilien. Die Zertifizierung verhindert nicht den Abfall, unterstützt aber den Gedanken der Kreislaufwirtschaft.*

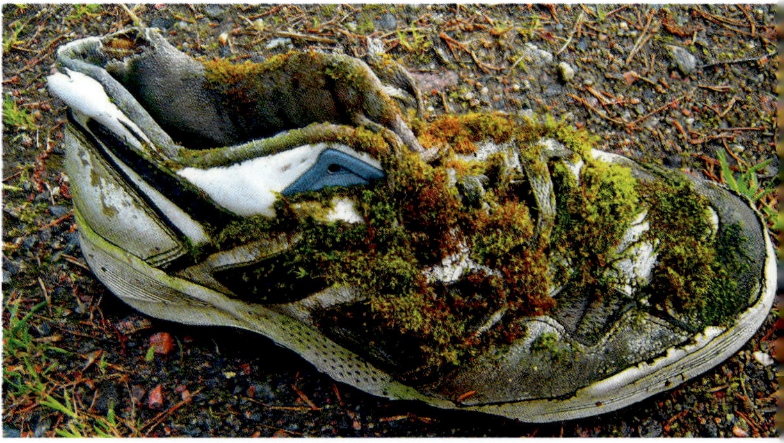

This is the end: Wenn die treuen Begleiter keinen Schritt weiterkönnen.

# Rucksack, Laufweste oder Laufgürtel

41

## Ohne geht es nicht

Wer länger unterwegs ist, der lernt den Gürtel oder den Rucksack als treuen Begleiter zu lieben und zu schätzen. Die Gürtel gibt es mit Aufnahmen für Trinkflaschen und Taschen zum Verstauen weiterer Riegel, Schlüssel oder Handys. Manche gibt es von üppig ausgestattet bis sehr minimalistisch, aber mit hoher Aufnahmekapazität durch einen hohen Stretchanteil des Materials. Manche Belts sind sehr vielseitig und durch das Mesh schnelltrocknend. Vorne kannst du deine Startnummer befestigen, hinten befinden sich Schlaufen zum Befestigen der Trailstöcke und in den Meshtaschen verstaust du dein Zubehör. Laufwesten und besonders Rucksäcke sind allein wegen ihrer Größe vielseitiger. Sie gibt es in verschiedenen Volumen. In allen Fällen bekommst du frontseitig zwei Trinkflaschen bis je 500 Milliliter unter. Taschen nehmen deine Gels, dein Mobiltelefon, Schlüssel, eine Action-Cam oder Riegel auf. Mit zunehmender Größe hast du auf der Rückseite eine Tasche, die einen Trinkbeutel, englisch Bladder, von 1,5 Liter bis 2,0 Liter Flüssigkeit aufnehmen kann. Den Schlauch dazu führst du über die Schulter nach vorne. Nachteil: Trotz Isolierung wird die Flüssigkeit in der Rückentasche je nach Jahreszeit sehr kalt oder warm. Das im Schlauch verbliebene Getränk schmeckt bei Wärme erbärmlich oder friert im Winter im Trinkschlauch und am Mundstück ein – kein Scherz! Einige Hersteller bieten daher isolierte Trinkblasen, Schläuche und Softflasks an. Das funktioniert nach eigener Erfahrung einigermaßen. Ein anderer Aspekt ist, dass die Blase enorm viel Platz im Rucksack wegnehmen kann, sodass weniger Platz für andere Utensilien und Kleidung bleibt. Bei Ultras kannst du in der Regel auf die Blase verzichten und auf die Softflasks umstellen, da du jederzeit an den Verpflegungsstellen oder unterwegs am Wasserfall nachfüllen kannst. Auf der Strecke solltest du beim Nachfüllen am Bach darauf achten, dass du oberhalb der Viehweide nachfüllst, da du dir sonst den Magen verderben wirst. Gegen derartige Verunreinigungen helfen Flasks mit Filtersystemen auch nicht mehr. Weitere gefüllte Reserveflaschen kannst du in deinem Dropbag verstauen, den dir der Veranstalter an den dafür vorgesehenen Verpflegungspunkten aushändigt.

*Tipp: Puste die im Schlauch verbliebene Flüssigkeit in den Beutel zurück.*

# Ich packe in mein Köfferchen

## 42 Packliste für den Rucksack

Der Inhalt des Rucksacks hängt immer von der Distanz, vom Gelände und beim Wettkampf von den Regularien ab. Bei manchen Wettbewerben gibt es klare Vorgaben, was in den Rucksack muss. Diese Vorgaben werden seitens des Veranstalters penibel kontrolliert. Da die Reglements variieren, empfehle ich dir, die Vorgaben jedes Mal aufs Neue zu studieren und zu befolgen. Ich habe hier eine vierstufige Liste für Laufstrecken bis zum Ultra-Marathon im Mittelgebirge und Gebirge zusammengestellt – ohne Gewähr. Ziel sollte es sein, so wenig wie möglich Gewicht mitzuschleppen, ohne auf die notwendige oder vorgeschriebene Ausrüstung zu verzichten. Wärme, Regen und starker Wind schrecken uns nicht ab. Alles andere, wie plötzlich eintretende Un-

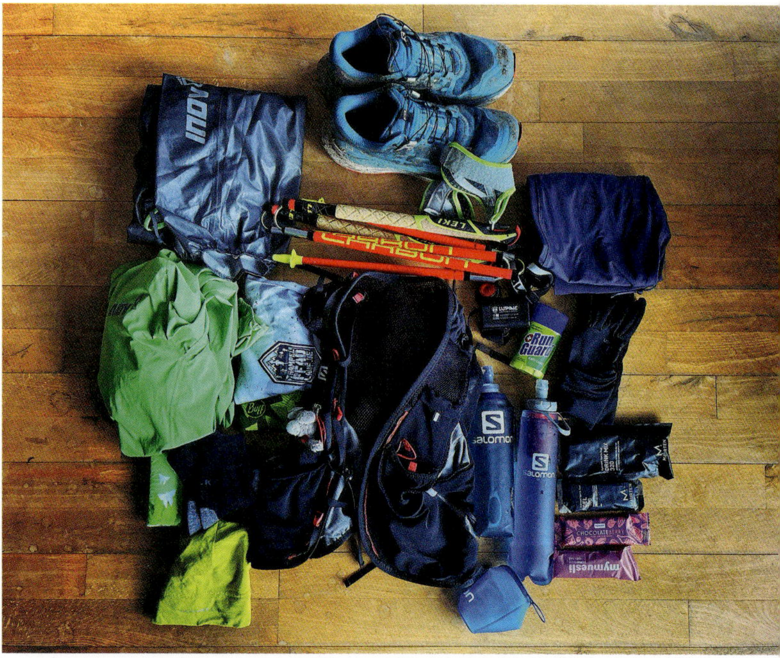


Was nimmt man bei der Langdistanz alles mit?

wetter, Hagel oder Schneefall und Eiskälte sowie weitere Extremwetterlagen, ist bei der nachfolgenden Auflistung unberücksichtigt! Damit du es vermeidest in ein Unwetter hineinzulaufen, solltest du vor dem Start die aufkommende Wetterlage mit der Wetter-App überprüft oder mit dem Hüttenwirt besprochen haben!

Für die Kurzstrecke bis zehn Kilometer genügt normalerweise ein Laufgürtel mit Taschen aus Mesh.

| | **Kurz-strecke** | **Halb-marathon** | **Marathon** | **Ultra-Marathon** |
|---|---|---|---|---|
| Softflasks, 250 ml | ● | | | |
| Softflasks, 500 ml | | ● | ● | ● |
| Mobiltelefon (geladen) | ● | ● | ● | ● |
| Sportbrille, wetterabhängig | ● | ● | ● | ● |
| Windjacke, wetterabhängig | ● | ● | ● | ● |
| Rettungsdecke | ● | ● | ● | ● |
| Tape | | ● | ● | ● |
| Trillerpfeife | ● | ● | ● | ● |
| Regenhose (+ 10 000 Wassersäule) | | | ● | ● |
| Regenjacke (+ 10 000 Wassersäule) | | | ● | ● |
| Stirnband | | | ● | ● |
| Handschuhe, wetterabhängig | ● | ● | ● | ● |
| Stirnlampe, je nach Tageszeit | ● | ● | ● | ● |
| Faltbecher | | | ● | ● |
| Peronalausweis | ● | ● | ● | ● |
| 20 € für Taxi, Getränke etc. | ● | ● | ● | ● |
| Rettungskit | | ● | ● | ● |
| Riegel, Gel | | | ● | ● |
| Trailstöcke | | ● | ● | ● |
| Mütze, wetterabhängig | ● | ● | ● | ● |
| Haus- und Fahrzeugschlüssel | ● | ● | ● | ● |
| Longsleeve (Wetter, Reglement) | | | ● | ● |
| Stirnlampe zur Reserve | | | | ● |
| Laufgürtel | ● | ● | | |
| Laufweste | | | ● | |
| Laufrucksack | | | | ● |

# Da geht noch was rein

## Rucksack packen und richtig tragen

43

Das ist ganz schon viel Zeug. Wie verstaust du nun das ganze Zubehör in deinem Rucksack oder der Laufweste? Die Laufweste hat sich als weiches Behältnis mit großem Tragekomfort etabliert. Ihr schlüpft eben wie in eine Weste hinein und schließt sie über der Brust mit Gummibändern. Mittlerweile haben die Hersteller auf die unterschiedlichen Bedürfnisse bei der Passform der Schultergurte reagiert und diese der unterschiedlichen Anatomie von Läuferinnen und Läufern angepasst. Es gibt bei den meisten Laufwesten an sich keine großartigen Möglichkeiten, diese zu individualisieren. Achte darauf, dass die Weste nicht in den Achselhöhlen einschneidet, sonst hast du wunde Stellen, die keiner braucht. Bei den größeren Rucksäcken, die auch zum Speedhiken in Verbindung mit dem Trailrunning getragen werden, sieht das anders aus. Hier bieten die Hersteller zahlreiche Möglichkeiten, den Rucksack euren Bedürfnissen anzupassen, die Brustgurte, die die Schulterriemen zusammenhalten, zu verstellen oder das Rückenteil in der Höhe zu verschieben.

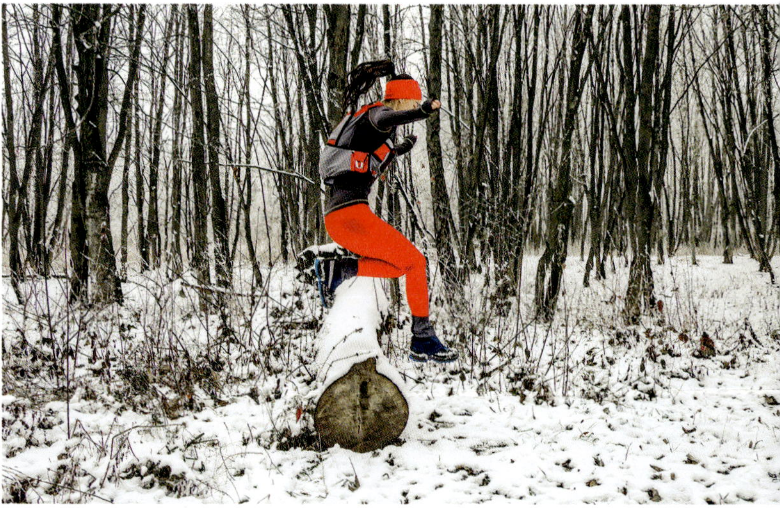

Wenn der Rucksack voll ist, kommt es auf das Gewicht an.

## Beim Packen den richtigen Schwerpunkt setzen

Für das richtige Packen gilt grundsätzlich: Komprimiere so viel wie möglich. Dazu solltest du alles, was schwer ist, möglichst nah am Körper und weiter unten im Rucksack verstauen. Du behältst damit den-Schwerpunkt nah am Körper und der Rucksack bleibt bei dynamischen Richtungswechseln körpernah. Idealerweise hast du leichte Kleidung. Lege diese so zusammen, dass du sie aufrollen und in einer der Taschen verstauen kannst. Damit die Kleidung auch bei längerem Regen trocken bleibt, verstaust du sie in einem Ziplock-Beutel oder Drypack. Mützen oder Stirnbänder trägst du in der Regel in einer der Meshtaschen. Ob du Softflasks oder einen Trinkbeutel mit 1,0 bis 1,5 Liter mitnimmst, ist deine individuelle Entscheidung. Bedenke aber, dass der »Bladder« viel Platz wegnimmt. Beim Fastpacking, also der Kombination aus Laufen und schnellem Wandern, musst du eventuell noch weitere Utensilien mitnehmen – und einen größeren Rucksack ab 25 Liter einplanen.

*Tipp: Damit der Rucksack auf dem Rücken nicht hin- und herhüpft, verpacke alle Utensilien komprimiert und verstaue die schweren Sachen nah am Körper. Statt eines größeren Rucksacks genügt für den Anfang in den meisten Fällen eine Laufweste mit maximal fünf Liter Volumen.*

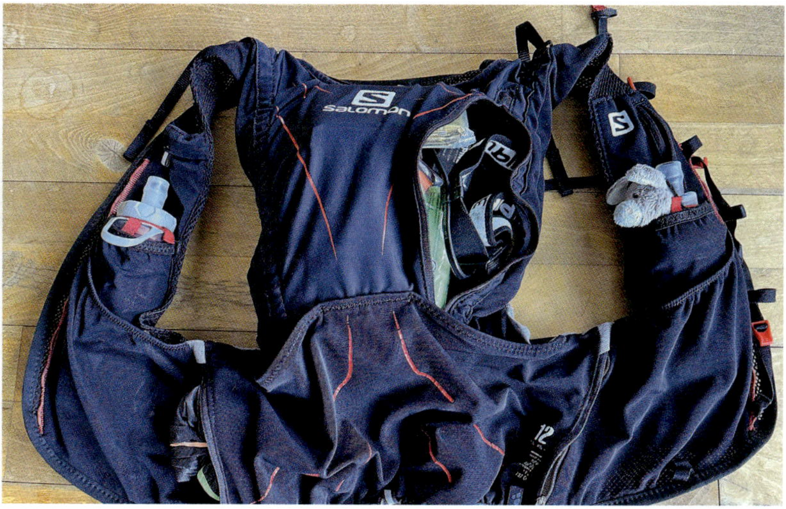


Damit es nicht auf dem Rücken schaukelt, muss der Rucksack richtig befüllt werden.

# Trailstöcke

## 44 Der Rhythmus, mit dem man mitmuss

Ich habe sehr lange mit mir gerungen und mich gefragt, ob ich Stöcke für das Trailrunning benötige. Lohnt sich das? Nach langem Hin und Her habe ich mich entschlossen: erst einmal gründlich recherchieren. Im Anschluss daran habe ich mir nach circa zwölf Monaten Hin und Her endlich einen Ruck gegeben und sie in Zusammenhang mit dem Swiss Alpine in Davos bestellt. Erst mal nur zum Testen, sagte ich mir. Und ich habe es nicht bereut. Aber der Anschaffung gingen viele Überlegungen voraus.

### WANN SETZT MAN DIE STÖCKE EIN?

Bei längeren Strecken und bei vielen, langen und steilen Up- und Downhills.

### STOLPERT MAN ÜBER DIE DINGER?

Es kommt vor, dass man mit dem Fuß dagegenstößt, aber der Fuß schubst den Stock zur Seite – ohne dass man selbst die Balance verliert und stürzt.

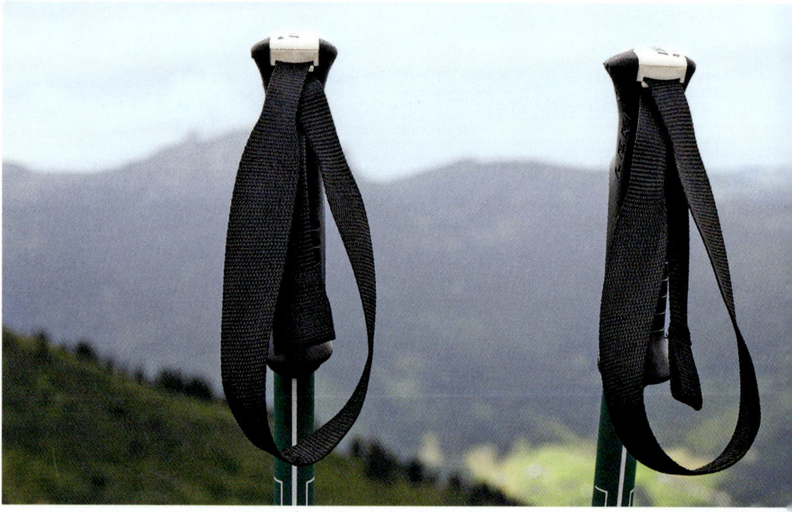

Zwei Schlaufen zum Glück: Trailrunning-Stöcke

## WIE SCHWER DÜRFEN DIE STÖCKE SEIN?

Die Stöcke werden über eine längere Distanz in der Hand gehalten und genutzt. Oder sie sind am Rucksack befestigt. Daher solltest du in jedem Fall auf das Gewicht achten. Meine aktuellen Stöcke sind aus Carbon gefertigt und mit 175 Gramm pro Stock ultraleicht.

## LAUFE ICH GENUG DERARTIGE ROUTEN?

Die Frage kannst nur du beantworten. Es kommt auf die Distanz und die Topografie an. In den Bergen ergeben die Trailrunning-Stöcke in jedem Fall Sinn, da du dich sehr gut auf ihnen abstützen kannst.

## WELCHE BAUART SOLLTE ES SEIN? FIXLÄNGE, FALTBAR UND VARIABEL EINSTELLBAR, NUR FALTBAR?

1 Die Fixlänge entspricht deiner Körpergröße, dazu gibt es Maßangaben seitens der Hersteller. Sie sind nicht faltbar, aber der Griffbereich ist verlängert, sodass du bei steilen Abschnitten den Stock ein Stück weiter unten anfassen kannst.

2 Die nächste Variante ist ein Stock, der in der Länge variabel einstellbar, aber ansonsten starr ist.

3 Bei der dritten Version ist der Stock faltbar und du kannst ihn in der Länge auf deine Bedürfnisse einstellen. Keiner wird während der Läufe die einmal fixierte Länge permanent der Topografie anpassen. Eine Ausnahme gibt es jedoch, wenn du dir die Stöcke mit dem Partner teilst, ihr aber getrennt laufen geht. Dann benötigt ihr nur ein Paar, dass ihr der jeweiligen Körpergröße anpassen könnt.

4 Zu guter Letzt: der Stock mit festgelegter Länge. Aber faltbar. Die Vorteile sind die fixe Länge und die Faltfunktion. Diese Kombination ermöglicht es dir den Stock in einen Köcher, an einem Laufgürtel oder an der Weste zu fixieren und du hast die Hände frei.

Den Kauf der Faltstöcke habe ich keinen Tag bereut. Das erste Mal in den Schweizer Alpen eingesetzt, merkte ich bergauf wie bergab eine deutliche Entlastung meiner Beine, insbesondere bei sehr steilen Abschnitten. Im Umkehrschluss werden Arme und Schultern mehr belastet. Du solltest in deinem Krafttraining, wenn noch nicht erfolgt, künftig auch den Oberkörper trainieren. Einsteigen kannst du auf zunächst zwei, drei leichteren Einheiten in der heimischen Umgebung, um dich an die Sticks zu gewöhnen. Ich musste bei einem meiner Läufe beinahe eine Rotte Wildschweine abwehren. Zur Selbstverteidigung könnten sie notfalls auch dienen. Die faltbaren Trailstöcke mit einer fixen Länge sind mit einer gewissen Toleranz für die jeweilige Körpergröße passend. Bei vielen Stöcken sind nur einfache

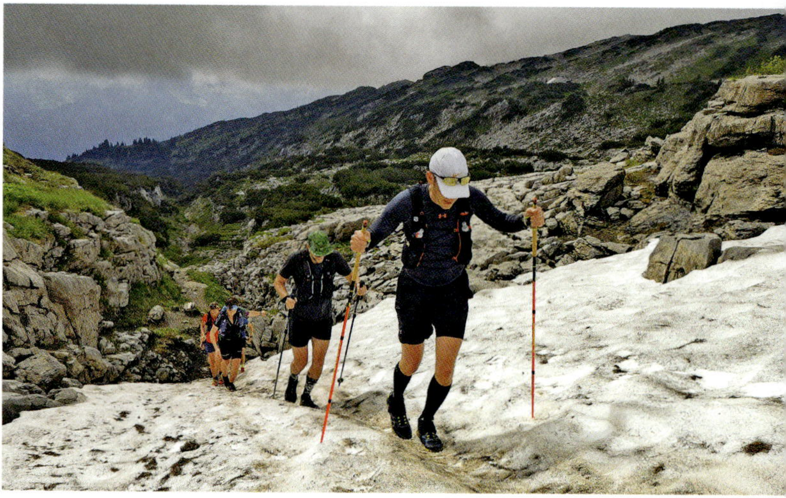

Stöcke entlasten die Muskulatur und bieten Halt in unsicherem Gelände.

Schlaufen angebracht. Diese scheuern bei langen Läufen schnell am Handgelenk oder zwischen Daumen und Zeigefinger. Die Schlaufen anderer Hersteller sind an der Hand jeweils mit Klett und Flausch fixiert und über einen Kunststoffring zwischen Daumen und Zeigefinger mit dem Stock verbunden. Dieser Ring wird jeweils am Stock eingehängt. Jederzeit lässt sich diese Schlaufe samt Ring während des Laufens mithilfe eines Daumendrucks auf den Griff lösen – einfach und genial.

## WIE LÄUFT MAN MIT DEN STÖCKEN?

Reine Übungssache! Entweder alternierend, also wechselnd, das heißt rechter Fuß und linker Stock nach vorne. Anschließend linker Fuß und rechter Stock nach vorne. Oder parallel beide Stöcke nach vorne, während du normal weiter gehst oder läufst. Diese Fortbewegungsart ist bei Downhills hilfreich. Wenn man Hindernisse überspringen möchte, kann man die Stöcke hinter dem Hindernis aufsetzen und mit den Füßen vorweg zwischen den Stöcken durchschwingen, um hinter dem Hindernis wieder aufzusetzen. Eine dritte Variante ist bei schneller Fortbewegung, die Stöcke nur bei jedem dritten Schritt einzusetzen.

*Tipp: Gehe einfach mal ins Gelände und probiere es aus. Vielleicht kannst du dir ein paar Stöcke von Freunden leihen. Die Beschreibungen oben wirken sehr technisch, und doch wirst du vieles intuitiv richtig machen.*

45

# Sportbrille

## Mit Brille wär' das nicht passiert

Wind und Niederschlag, Staub, Insekten und Zweige, Temperaturen und UV-Strahlung. Eine Sportbrille muss den vielfältigen Anforderungen an äußeren Einflüssen des Wetters und der Sportart genügen. Daher gibt es für jede Sportart eine spezielle Brille oder du kaufst ein Rahmengestell, auf das du verschiedene Scheiben montieren kannst. Grund für diese unterschiedlichen Brillen ist, dass du mit unterschiedlichen Geschwindigkeiten unterwegs bist. Um den Luftaustausch hinter den Scheiben zu gewährleisten und die Schweißbildung im Bereich der Augen zu reduzieren, werden die Scheiben je nach Sportart unterschiedlich stark gelocht. Da die Scheiben durch die Öffnungen entsprechend luftdurchlässig sind, beschlagen sie nicht und du bist sicher auf deinem Weg unterwegs. Mit dieser Methode wird dem Temperaturunterschied zwischen dem Außen- und dem Innenbereich zwischen Scheibe und Augen entsprochen. Das macht sich insbesondere im Winter bemerkbar, wenn deine Augen vor der kalten Witterung geschützt werden. Ergänzend wird die UV-Strahlung sehr gut geblockt. Du wirst nicht geblendet und im Winter tränen beim rasanten Downhill die Augen nicht mehr. Insbesondere sind die tränenden Augen bei hohem Tempo, beim Laufen oder Radfahren gefährlich für dich. Ergänzend schützt dich eine Brille, während du durch das Unterholz oder an tief hängenden Ästen vorbeiläufst.

*Tipp: Temperaturunterschiede oder wechselnde Lichtverhältnisse sind für das Auge enorm anstrengend. Ein paar tieffliegende Kleintiere oder Zweige, die durch Vorauslaufende zurückpeitschen, können die Freude an deinem Lauf erheblich beeinträchtigen.*

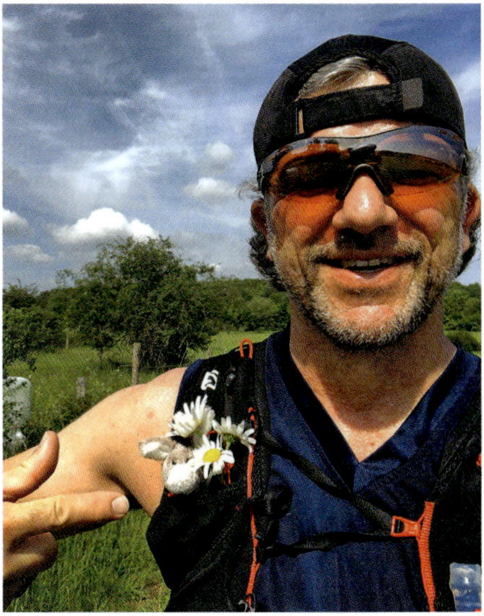

Nicht alles kann man mit einer Brille abwehren.

# Money, Money, Money

## Was kostet die Trailrunning-Ausrüstung?

46

Wer frisch anfängt und eine Grundausstattung an Laufbekleidung hat, der muss sich über die Basics wie Shirt und Longsleeve oder Hosen in verschiedenen Längen keine großen Gedanken machen. Wer hier insbesondere bei den Shirts Neues ausprobieren möchte, dem möchte ich wärmstens Merino-Shirts ans Herz legen (s. a. Kapitel 31-33). Die hier aufgelisteten Preise orientieren sich an den Herstellerpreisen, Kleidung und Zubehör können als Sonderangebote oder gebraucht auch preiswerter erworben werden. Bei der nachfolgenden Auswahl wurden sozial verantwortungsvoll handelnde Unternehmen berücksichtigt. Es gibt auf den einschlägigen Social-Media-Kanälen passende Foren für gebrauchte Sportbekleidung. Schau auch mal dort vorbei. Manchmal kann man ein Schnäppchen machen.

### Zu billig kann auf die Dauer teuer werden.

Eine neue Windjacke startet bei circa 80 € und kann bis zu 200 € kosten. Sie sollte vor allem leicht und sehr klein im Packmaß sein. Der Preis für Regenjacken mit verstellbarer Kapuze und vernünftigen Reißverschlüssen liegt zwischen 160 € und 350 € für die Premiummodelle. Auch diese Jacken sollten gut zu komprimieren sein, nicht zu weit geschnitten, aber doch groß genug, um unter Umständen eine Laufweste darunter zu

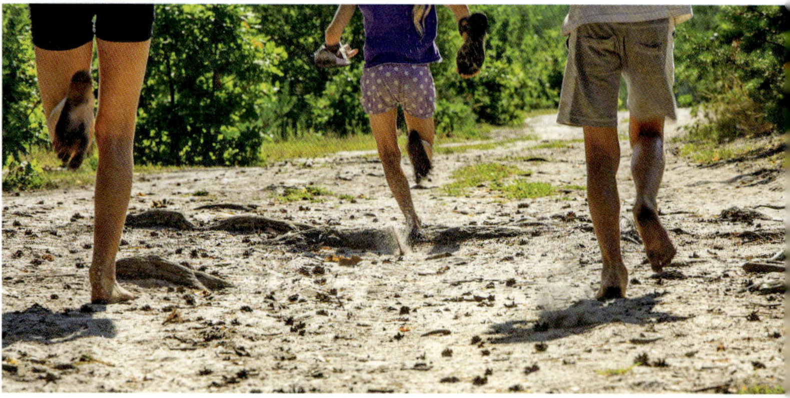

Auch wenn Trailschuhe teuer sein können, solltet ihr nicht am falschen Ende sparen.

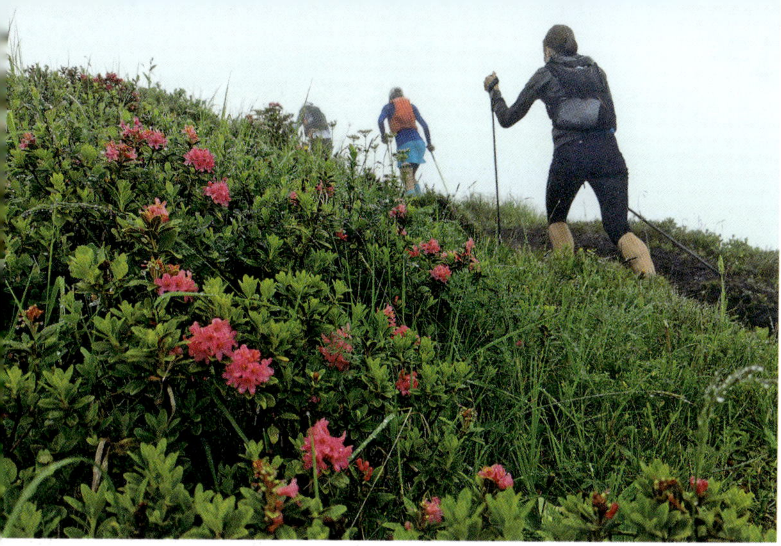

Die Kosten der Ausstattung orientieren sich auch am Bedarf.

schützen. Vernünftige und leichte Laufsocken, die für den rechten und den linken Fuß gestrickt werden, beginnen bei 15 € bis 20 €, während die wasserdichten Strümpfe bei circa 40 € liegen. Ein Laufgürtel beginnt bei circa 40 € und die Laufweste startet im unteren Preissegment bei circa 80 €. Der Laufrucksack mit zehn Litern Volumen kann bis zu 180 € kosten. Die Trailrunningstöcke (s. a. Kapitel 44) kosten je nach Ausführung zwischen 100 € und 180 € pro Paar. Zu Buche schlägt die Pulsuhr, je nach Hersteller werden hier bis 600 € plus Brustgurt aufgerufen – im Premiumbereich. Die Stirnlampe für die ambitionierten (Nacht-)Läufer unter euch liegt im Bereich um 180 €. Kosten für Caps, Schlauchschals oder Softflasks lasse ich hier mal völlig unberücksichtigt. Gerade die Softflasks gehören häufig zum Lieferumfang der Weste oder des Rucksacks. Final kommen die Trailschuhe dazu, die zwischen 140 € und 180 € pro Paar kosten. In der Regel haben die meisten von uns zwischen drei und fünf Paar zu Hause, die unterschiedlich stark verschlissen sind oder verschiedenen Trailqualitäten gerecht werden, von hart bis weich und sehr matschig. In Summe betrachtet, kommt da im Laufe der Jahre einiges an Werten zusammen.

*Tipp: Keiner kauft gleich alles auf einmal. Außerdem gibt es verschiedene Anlässe, zu denen man sich was schenken lassen kann. Der Gutschein könnte als Geschenk die beste Lösung sein, da er dir beim Kauf einen gewissen Handlungsspielraum lässt.*

# Wettbewerbe

## 47 Ich schwöre! Das. Mache. Ich. Nie. Wieder.

Jeder Muskel in deinem Körper schmerzt. Du hast Hunger, obwohl dir übel ist. Du hast Durst ohne Ende, und jeder Schluck scheint wieder zurückzuwollen. Irgendwie läufst du unrund. Stehen ist eine blöde Idee. Das Sitzen verschafft Abhilfe, bis auch das wehtut und du zu allem Überfluss nicht mehr allein auf die Beine kommst. Wir Läufer sind schon arme Schweine, oder? Nichts geht mehr und das Wehklagen ist groß. Als hätte uns jemand dazu gezwungen die Kilometer im Laufschritt zu absolvieren. Nichts davon. Und mit einem Augenzwinkern muss jeder, der bereits an einem Wettbewerb teilgenommen hat, zugestehen, dass er den Zeitpunkt und das Gefühl kennt, als er sich an einen anderen Ort ohne Mühsal und Schmerzen gewünscht hat. Oder hast du dich während einer Veranstaltung noch nie gefragt, warum mache ich diesen Sch… hier eigentlich? Bist du gut trainiert, dann kannst

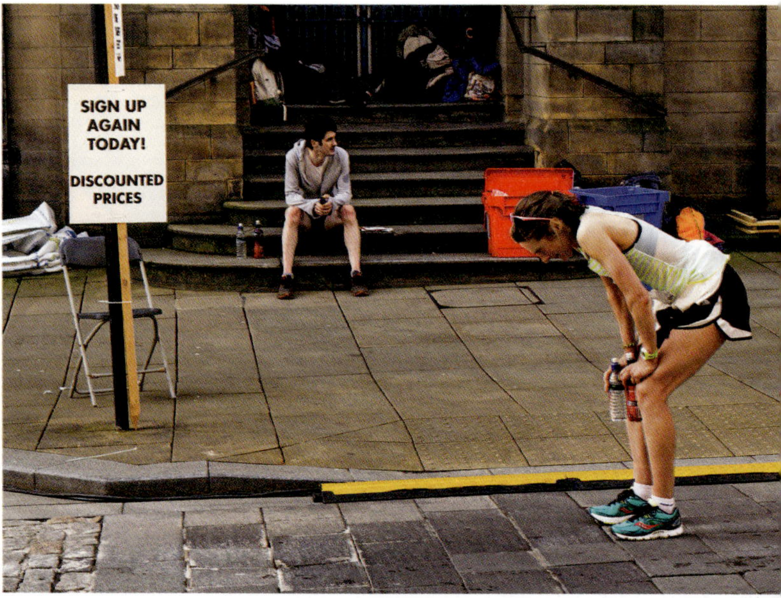


Ohne Worte

du die Tiefpunkte bis zu einem gewissen Punkt tolerieren, abfedern und dich aus einem Motivationsloch selbst rausziehen. Aber wie gesagt, niemand hat dich gezwungen. Du hast an genau diesem Wettbewerb teilnehmen wollen. Die einzige Möglichkeit ist: Steh dazu und zieh es durch. Die Gründe für deine Misere können vielfältig sein: Du hast Magen-Darm-Probleme. Du bist schlecht trainiert. Du hast dich beim Start durch die allgemeine Euphorie von der Pace der anderen mitreißen lassen. Oder du bist zwischendurch gestürzt … Aber eigentlich ist es egal. Spätestens ab dem Punkt, wo es schmerzt, solltest du den Rest der Strecke in einzelne Etappen, in Zwischenziele unterteilen, damit du auch mental wieder zu dir findest. Das finale Ziel ist zunächst zweitrangig. Deine angestrebte Zeit wirst du kaum noch schaffen – so ehrlich muss man sein. Was solltest du tun? Bewältige diesen Kilometer, den du gerade läufst oder gehst. Dann die nächsten fünf Kilometer. Und so weiter – im doppelten Wortsinn. Gehe, wenn es sein muss. Gehe schnell. Auch die lange Distanz ist nur eine Distanz, die mit jedem Schritt kleiner wird. Der Stolz auf dich und die Freude, die liegen jenseits der Ziellinie und nicht davor. Der DNF (**D**id **N**ot **F**inish) ist am Ende schmerzhafter als der aktuelle physische Schmerz. »Whatever comes, just don't stop«, schreibt Phil Knight.

## Im Trailrunning bist du niemals alleine!

Es sei denn du bist verletzt, in diesem Fall ist die Abwägung eine andere. Die Gesundheit geht immer vor. Dein »Learning«: Beim nächsten Wettbewerb lässt du es langsam angehen und du findest gleich zu Beginn zu deinem Tempo. Viele der Typen, die dich am Anfang fröhlich überholen, wirst du im weiteren Verlauf wiedersehen, sobald du sie überholst. Versuche auch während des Laufens ausreichend zu trinken und zu essen. Wie viel das sein sollte, weißt du aus deiner Trainingsphase im Vorfeld zur Laufveranstaltung. Während des Laufs ist es immer gut, das Gespräch mit den anderen Teilnehmenden zu suchen. Einerseits, um festzustellen, ob das bei deiner Geschwindigkeit noch möglich ist, und andererseits, um bei längeren Strecken etwas abgelenkt zu sein. Kannst du kaum reden, dann bist du etwas zu schnell und du solltest die Geschwindigkeit etwas drosseln. Erst auf den letzten fünf Kilometern gibst du Gas. Dann lässt du alle Zurückhaltung sausen und holst alles aus dir raus. Du verbrennst die letzten Körner, um lachend über die Ziellinie zu hüpfen.

*Tipp: Damit du beim nächsten Wettbewerb keinen Einbruch erlebst und wieder auf der Strecke »verendest«, trainiere künftig fokussierter und halte dich sklavisch an deinen Trainingsplan.*

# Live-Tracking

48

## You'll never walk alone

Die meisten von uns haben oder sollten einen Notfallkontakt in ihrem Mobiltelefon eingetragen haben. Oder? Ergänzend dazu ist es gerade bei den Geländeläufen wichtig, das Live-Tracking zu aktivieren. So kann dein Kontakt (Partner, Ehepartner etc.) insbesondere im Notfall checken, wo du bist, wenn es mal wieder länger dauert. Machen wir uns nichts vor, teilweise sind wir allein unterwegs und selbst bei bekannten Strecken kann immer etwas passieren. Das Live-Tracking gibt dir ein gutes Gefühl während deiner Touren. Darüber hinaus ermöglichen manche Veranstalter von Wettbewerben das Live-Tracking, um den Lieben zu Hause oder den Begleitpersonen an der Rennstrecke einen Überblick zu geben, wo du dich gerade befindest. Entweder um dir zuzujubeln, dich zu versorgen oder einfach nur von zu Hause zu sehen, wo du gerade bist. Wem das Tracking auf dem Smartphone zu viel ist, der kann mit den Beacons von Strava ähnliche Möglichkeiten schaffen.

*Tipp: Live-Tracking solltest du wenigstens für die sportlichen Aktivitäten in der freien Natur aktivieren, um im Notfall gefunden zu werden. Wichtig: Der Akku sollte immer voll sein, bevor du startest. Nimm zu längeren Touren einen Lade-Akku mit.*

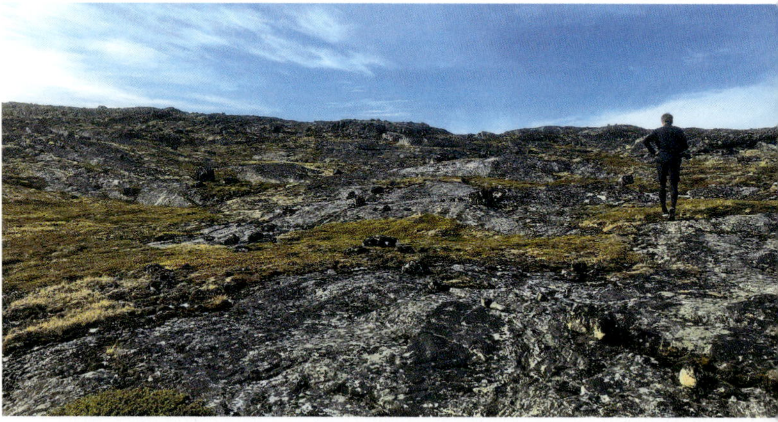

Das Live-Tracking sollte für den Notfall immer eingestellt sein.

# Ernährungsplan

49

## Essen wie die Profis

Vegetarisch, vegan, omnivor, pescetarisch, Low-Carb, Low-Fat, Paleo, ketogen … Es gibt so viele verschiedene Ernährungsformen, wo soll man da beginnen oder aufhören?

Wichtig ist, dass man sich nicht willkürlich einem Dogma unterwirft, es sei denn, du hast Nahrungsmittelunverträglichkeiten. Grundlegend solltest du für dich feststellen, welche Unverträglichkeiten du hast, notfalls musst du einen Allergietest machen lassen. Die Ermittlung deines Gesamtenergiebedarfs ist der nächste Schritt. Dieser Wert ist sehr eng mit deinen sportlichen Ambitionen verknüpft. Aber bei dem allgemein verbreiteten Fokus auf unsere Ernährung sollten wir immer bedenken: Die Ernährung ist nur ein Baustein unserer gesamten Leistungskette.

### Kalorienverbrauch als Übersicht

Zur Einordnung kannst du dich an folgendem groben Raster orientieren

- Freizeit- oder Breitensportler: bis zu 7 Stunden Sport und ein sportbedingter Mehrverbrauch von bis zu 7000 Kilokalorien pro Woche
- Leistungssportler: mehr als 7,5 Stunden Sport pro Woche mit bis zu 3000 Kilokalorien Mehrumsatz pro Tag
- Hochleistungssportler: mehr als 5000 Kilokalorien Mehrumsatz – pro Tag!

Bei deiner Ernährung solltest du wissen, dass es im Grunde um drei Energielieferanten geht:

- Kohlenhydrate
- Fette
- Eiweiße

Eiweiße (Proteine) ermöglichen den Substanzaufbau von Muskeln. Die Kohlenhydrate und Fette sind die berühmten »Körner«. Sie sind die Brennstoffe deines Energiestoffwechsels, und zwar sowohl physisch wie auch mental. Die umfassende Nährstoffversorgung gewährleistet daher eine hohe Ermüdungsresistenz und eine große Regenerationsfähigkeit. Daneben spielen die Omega-Fettsäuren eine große Rolle. Sie unterstützen neben weiteren Faktoren die Anreicherung deines Blutes mit Sauerstoff. Sie erhöhen die Bewegungskoordination, sie verbessern die Regeneration und unterstützen den Muskelaufbau.

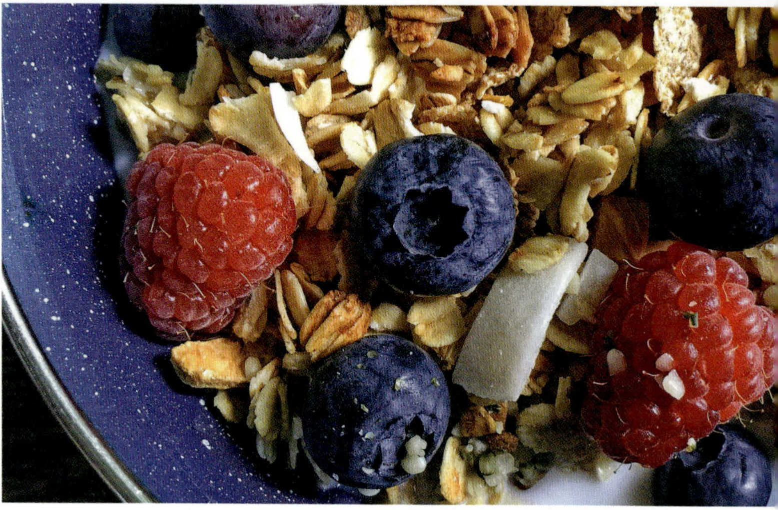

Eine ausgewogene und gesunde Ernährung ersetzt Nahrungsergänzungsmittel.

Fakt ist: Was du durch deine jeweilige Ernährungsvariante an Nährstoffen reduziert aufgenommen hast, musst du anderweitig substituieren, also ersetzen – nicht unbedingt mit Nahrungsergänzungsmitteln. Diese sollten aufgrund des hohen täglichen Grundenergiebedarfs eher den Hochleistungssportlern vorbehalten bleiben.

## Formerhalt durch ausgewogene Ernährung

Neben den drei Energielieferanten spielen Vitamine und Mineralien oder Mineralstoffe eine große Rolle. Die Mineralstoffe sind in unserem Körper für die Balance des Flüssigkeitshaushalts von zentraler Bedeutung. Trinkst du ausreichend, dann kann der Körper die Mineralstoffe verarbeiten und andererseits unterstützen sie den Körper dabei, das zugeführte Wasser zu binden. Beispielhaft sei hier die Kaliumkonzentration genannt. Ist diese zu niedrig, dann wird die Aufnahme von Glykogen in die Muskeln ausgebremst.

Damit wir die in den Fetten, Kohlenhydraten und Eiweißen verborgene Energie verarbeiten können, um ein Bein vor das andere zu setzen, benötigen wir die Mineralstoffe. Die Makronährstoffe werden ab der Nahrungsaufnahme beginnend mit dem Kauen systematisch zerlegt und abgebaut, um daraus ATP zu bilden. Dieses Molekül mit drei Phosphor-Atomen liefert dem Muskel die benötigte Energie. Wir können jedoch nur 25 % der in der Nahrung steckenden Energie in ATP umwandeln. Egal in welcher Art du dich ernährst, wir müssen essen und trinken, um leistungsfähig zu

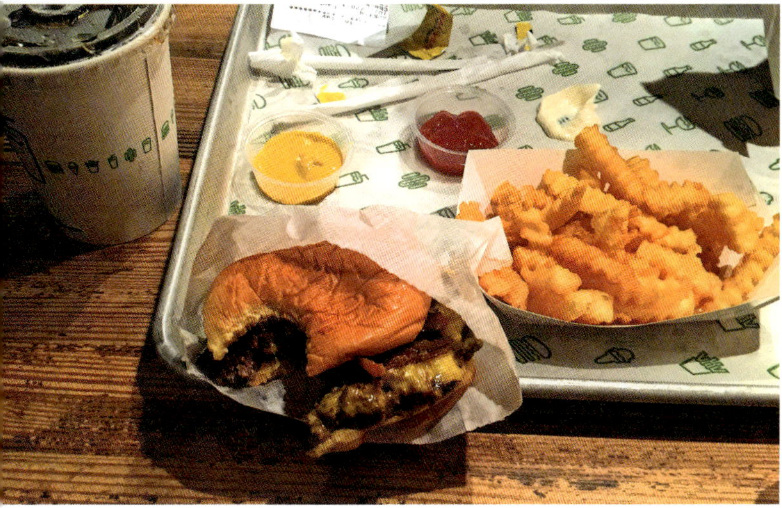

Der Burger kann zum Ernährungsplan dazugehören, muss es aber nicht.

sein und zu bleiben. Nimmst du also kein tierisches Eiweiß zu dir, dann wäre als Beispiel die proteinhaltige Erbse in verschiedenen Darreichungsformen eine Option.

## Bessere Leistung mit einem Ernährungsplan!

Kalzium kann durch Hafermilch aufgenommen werden. Bei den Gels und Energieriegeln gibt es mittlerweile vegetarische und vegane Alternativen, und die schmecken außerordentlich gut. Wer sich nicht vor Bienenpipi ekelt (ich liebe Honig!), der kann sogar Riegel und Gels mit nachhaltig produziertem Honig kaufen. Damit kommen wir auch schon zum Ende: Informiere dich über die Inhaltsstoffe und den Mehrwert der von dir favorisierten Ernährungsweise, über Salate, Öle oder Nüsse. Stelle dir deinen individuellen Ernährungsplan mit Spurenelementen, Kohlenhydraten, Eiweißen etc. zusammen und reagiere vor allem auf die Signale deines Körpers während der Trainingseinheiten.

*Tipp: Stelle deinen Ernährungsplan mit deiner täglichen Ernährung und den Getränken, inklusive Alkohol, und auch mit Vermerk zur täglichen Motivation und den Ergebnissen zusammen. Wie ging es dir während des Trainings oder Laufs? War die Einheit zu schwer oder leicht? Wenn du alles notiert hast, wirst du im Verlauf der darauffolgenden Monate herausfinden, was dir guttat, was dich ausgebremst hat und was bei dir funktioniert hat. Im Anschluss veränderst du den Plan nach deinen Bedürfnissen.*

# Das große Fressen

50

## Essen während des Laufs

Während des Laufens zu essen, ist so eine Sache und doch nötig. Dabei ist man immer wieder mit den gleichen Fragen konfrontiert. Was isst man am besten? Wie viel isst man? Wann isst man? In welchen Abständen nimmt man idealerweise Nahrung zu sich? Welchen Aggregatzustand sollte die Nahrung haben – fest oder (zäh-)flüssig? Greife ich beim Verpflegungspunkt beherzt zu oder nehme ich am besten meine eigene Verpflegung mit? Wenn dir auf den letzten fünf Kilometern eines Marathons permanent Sahne- und Buttercremetorten vor dem geistigen Auge schweben, dann bist du definitiv unterzuckert. Gar nicht oder sehr wenig essen ist also auch keine Lösung. Woran liegt das? In unserem Körper wird die Energiebereitstellung von Fetten und von Kohlenhydraten parallel ermöglicht. Je nach Belastung ändert sich allenfalls der jeweilige Anteil. Fett ist in deinem Körper genug vorhanden. Was entleert wird, sind die Kohlenhydratspeicher. Eiweiße hingegen werden auch bei intensiver Belastung zur Energiegewinnung im einstelligen Prozentbereich hinzugezogen.

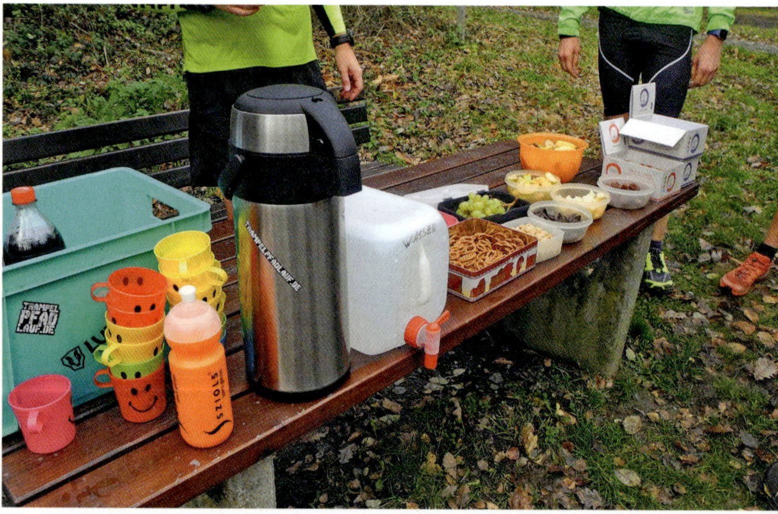


Bei offiziellen Läufen werden die Basics für Teilnehmer gestellt.

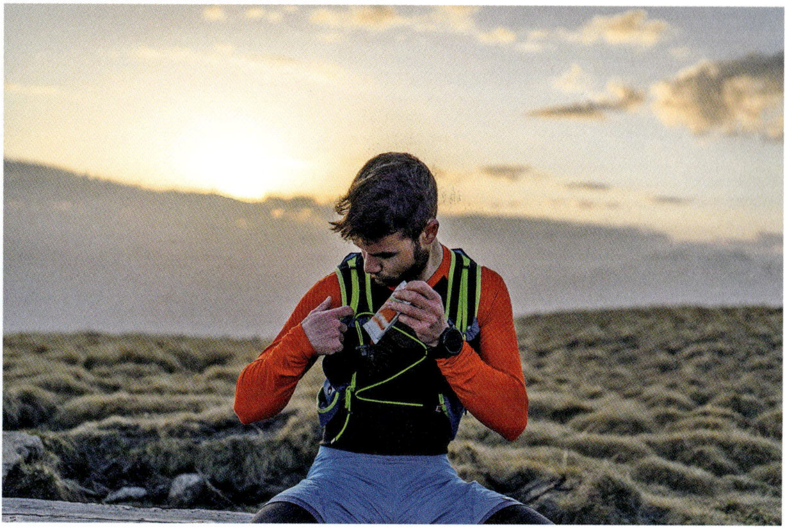

Gerade bei der Langstrecke ist eine ergänzende Verpflegung sinnvoll.

## Kohlenhydratspeicher auffüllen

Um die Kohlenhydratspeicher wieder aufzufüllen, benötigt dein Körper pro Stunde circa 60 Gramm Kohlenhydrate, dazu solltest du ausreichend trinken. Der Hintergrund ist: Machst du das nicht, dann wirst du in den Hungerast fallen, weil die Speicher leer sind. Du bist völlig unterzuckert (s. a. Kapitel 55). Zu viel essen ist aber auch nicht gut, das kannst du bei anderen beobachten. Mancher lässt sich insbesondere bei Wettbewerben das Essen noch mal »durch den Kopf gehen«. Wer sich mit anderen Sportlern austauscht, der weiß um die vielfältigen positiven als auch negativen Erfahrungen, die andere gesammelt haben. Verpflegung bis zur Halbmarathon-Distanz ist eigentlich nicht nötig, solange du nicht komplett unterzuckert an den Start gehst. Also greifst du – wenn überhaupt – zum allseits beliebten Gel. Du drückst dir die zähflüssige Masse in den Mund und denkst, das war's, der Mund bleibt für immer verklebt. Mit einiger Anstrengung würgst du das Gel runter und spülst mit viel Wasser nach. So, der Bedarf an Nahrung und Flüssigkeit ist gedeckt. Nur: Diese Gelverpackung klebt. An den Fingern! Und nachher in der Tasche. Das Zeug an sich verklebt alles und dazu hartnäckig – überall. Bei 99 % der Produkte ist es zwingend nötig, während oder nach dem Verzehr etwas zu trinken, um die hochviskose Masse zu verdünnen. Ich bin bekennender Gegner von Gels und es gibt für mich nur die schwedische Marke Maurten, die wirklich gute Gele herstellt. Diese Gele sind trotz vernünftiger Zusatzstoffe nahezu geschmacksneutral, angenehm zu schlucken und rufen ausnahmsweise keinen Würgereiz bei mir hervor.

## Ich esse, also laufe ich

Ab Halbmarathon aufwärts ist die Versorgung mit Nahrung in jedem Fall sinnvoll, denn ab Kilometer 30, wenn dein Körper das Glykogen aus deiner Muskulatur zieht, sollte dich der Mann mit dem Hammer möglichst nicht aus den Latschen hauen. Welche Nahrung du bis zu diesem Punkt und danach zu dir nimmst, ist komplett individuell. Mein Ratschlag: Teste auf deinen Trainingsläufen, welche Nahrung dir bekommt, ob du damit den gewünschten Effekt erzielst und ob dir das Zeug nach Kilometer X auch noch guttut. Die Nahrungsaufnahme beginnt bei den meisten Läufern mit Gels sowie Riegeln aus Vollkorngetreide, Glukose und Saccharose und geht weiter mit Zusatzstoffen in Getränken, über Salztabletten bis hin zu einer breiten Auswahl Verpflegung an der Labestation.

## Lerne dosiert zu essen

Das Fett aus Nüssen und Schokolade kann dazu führen, dass die Verwertung der Kohlenhydrate erschwert wird, kurz: Das Zeug liegt dir im Magen. Die oft großartige Warenauslage am Verpflegungspunkt erinnert immer an die Grabbeltische im Supermarkt. Wer vorher mit seinen Fingern in den Keksen war, will man nicht wissen. Ohne Zweifel, es wird immer nachgelegt und jeder nimmt was mit. Daher sind die Sachen weitestgehend frisch. Es ist eben auch eine Kopfsache. Die Erfahrung hat gezeigt: Lieber in kleinen Portionen essen, damit der Magen den Inhalt verarbeiten kann. Vermeide es, komplett ausgehungert am Verpflegungspunkt einzutreffen, um dir dann den Magen vollzuschlagen. Gerade auf dem Trail mit dem Auf und Ab kann das massiv nach hinten losgehen. Die Nahrung kann dich ausbremsen oder mindestens dafür sorgen, dass du mit einem »Backstein« im Magen weiterläufst. Im schlimmsten Fall verteilst du den Mageninhalt in die Vegetation durch Brechreiz oder Durchfall. Trainiere daher das Essen und die richtige Menge idealerweise während der Trainingsläufe, um optimal auf den Wettkampf vorbereitet zu sein.

*Tipp: Die Aufnahme von Kohlenhydraten vor dem Wettbewerb ist wichtig. Die allseits beliebten und angebotenen Nudeln (Pasta-Party) eignen sich sehr gut, aber sie lassen sich schwerer verdauen. Mit Reis ist die Menge der Kohlenhydrate vergleichbar, aber mit dem Blick auf eine unbeschwerte Verdauung bist du besser aufgestellt.*

# 51

# Saufen bis zum Umfallen

## Trinken während des Laufs

Wenn dein Körper arbeitet, dann schwitzt er. Einerseits, um die 75 % Wärme abzubauen, die wir bei der Verwertung unserer Nahrung produzieren. Andererseits, um unseren Körper während der sportlichen Aktivitäten zu kühlen. Während deiner Läufe verbrauchst du je nach Wetterlage mindestens 500 Milliliter pro Stunde inklusive der Mineralstoffe. Während der Läufe zu trinken und die Elektrolyte wieder aufzufüllen ist ein Muss. Klar,

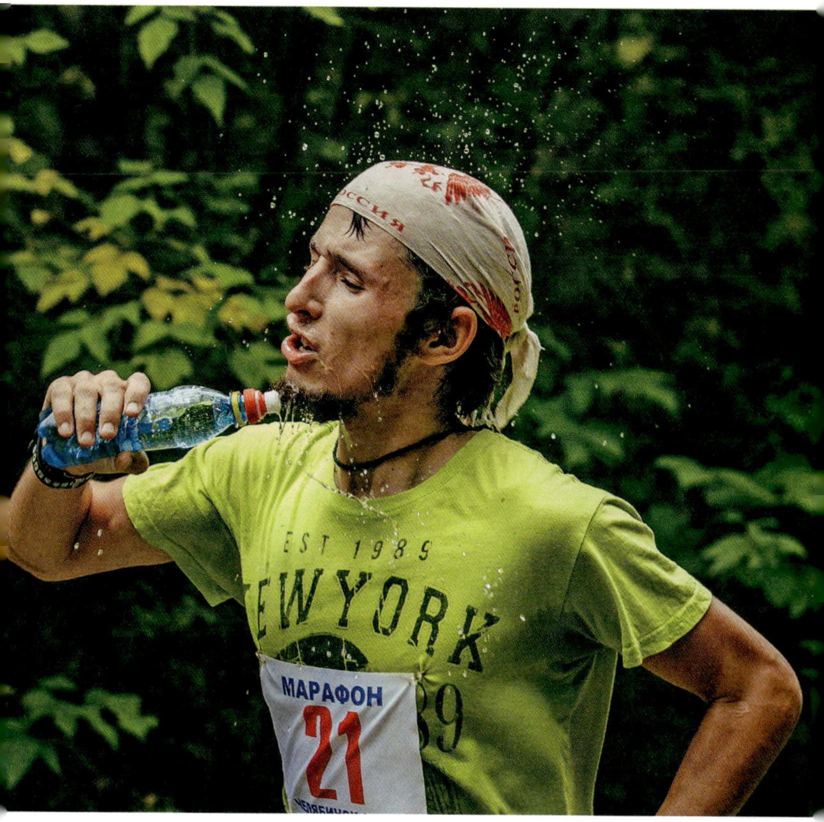


Wasser: Als Getränk und Erfrischung ist Wasser in Maßen sinnvoll.

fünf bis zehn Kilometer spulst du auf einer Rille ab und insbesondere während des Wettkampfes hält der Schluck Wasser auf. Aber selbst dieser erfrischt, du musst ja nicht gleich den kompletten Becher leeren. Hinzu kommt, dass dein Blut immer dicker wird, je weniger du trinkst.

## Jetzt wird es zäh

Die verminderte Flüssigkeitszufuhr führt dazu, dass Muskeln und Organe unzureichend mit Sauerstoff und Nährstoffen versorgt werden. Im weiteren Verlauf verliert deine Muskulatur ihr Leistungsvermögen. Viele werden bei entspannten Trainingseinheiten, dem LDL (**L**angsamer **D**auer-**L**auf), und auch bei der Halbmarathon-Distanz ganz ohne Getränk unterwegs sein. Am Ende jedoch wird dir der Flüssigkeitsausgleich definitiv fehlen. Nimm immer etwas zu trinken mit, und wenn es nur 250 Milliliter im Laufgürtel sind. Normales Leitungswasser genügt bei den kurzen Distanzen, eventuell verlängert mit etwas Apfelsaft für den Geschmack und wegen des darin enthaltenen natürlichen Zuckers. Diese Mischung genügt auch für die HM-Distanz und kostet vergleichsweise wenig. Bei längeren Distanzen solltest du darauf achten, gleichmäßig und vor allem regelmäßig in kleinen Schlucken zu trinken. Manchem genügt das Iso-Getränk, andere nutzen Zusatzstoffe, die selbst mit Kohlenhydraten, Salzen und Koffein angereichert sind und die es dem Körper erleichtern, weitere Kohlenhydrate über die Nahrung aufzunehmen. Salztabletten sind bei langen Einheiten in jedem Fall sinnvoll. Du darfst nicht vergessen, nach den langen Distanzen dafür Sorge zu tragen, dir sowohl die ausgeschwitzten Elektrolyte als auch Eiweiße und Kohlenhydrate wieder zuzuführen.

## Die Wasservergiftung

Zu viel des Guten kannst du aber auch mit dem Trinken erzielen. In diesem Fall spricht der Fachmann von einer Hyperhydration oder einer Wasservergiftung. Die ist an sich schon problematisch. Meistens geht mit der Wasservergiftung die Hyponatriämie einher. Damit ist gemeint, dass der Natriumspiegel sinkt, dein Salzhaushalt kippt. Die Niere kann das aufgenommene Wasser nicht so schnell verarbeiten, wodurch ein Natriummangel entsteht. Muskelkrämpfe und Bewusstlosigkeit können die Folge sein. Zu viel Wasser ist also auch brandgefährlich.

*Tipp: Wichtig für die Teilnahme an Wettbewerben ist: Egal was du trinken willst – Iso und Cola oder alkoholfreies Weizenbier –, du solltest alles vorher im Training getestet haben. Die goldene Regel: keine Experimente während des Wettbewerbs.*

# Getränkebehälter

52

## Flasche oder Blase?

Wohin mit den Getränken? Die Sportartikelhersteller bieten uns dazu verschiedene Behältnisse an. Die allgemein bekannten Trinkflaschen aus Kunststoff mit 150 bis 500 Milliliter Fassungsvermögen sind mit einem drehbaren Deckel und einem Mundstück zum Herausziehen versehen. Der Deckel lässt sich gegen einen mit kurzem Trinkschlauch auswechseln. Dieser Flaschentyp passt sich jedoch nicht deinem Körper an, da der Behälter unflexibel ist. Trinkflaschen mit einem weichen und formbaren Behälter sind da schon bequemer. Sie sehen aus wie schlanke Tüten mit drehbarem Mundstück und sind teilweise mit Trinkhalm versehen. Diese Flaschenform gibt es ergänzend mit einem Filter, um gering verschmutztes Wasser vor dem Genuss zu reinigen. Wem das nicht reicht, der kann auch auf Trinkblasen (engl.: Bladder) zurückgreifen. Diese Blasen werden bei der Laufweste in der rückwärtigen Tasche eingehängt und sicher befestigt verstaut. Wie ich selbst leidvoll erfahren habe und leider vergessen hatte, müssen die Trinkblasen eingehängt werden, da sie sonst verrutschen und kaputt gehen. Das ist ärgerlich, da das Wasser in einem kleinen Rinnsal austritt, den Rücken aufweicht und das nasse T-Shirt den Rücken aufscheuert. Beim Kauf der Behälter gibt es sonst nicht viel zu beachten, außer dass sie BPA-frei sein sollten. BPA steht für Bisphenol A und wird seit den 1960er-Jahren in nahezu allen Kunststoffprodukten, außer seit 2011 in der EU in Schnullern und Babyflaschen, als Weichmacher eingesetzt. Das Zeug wirkt sich auf das Hormonsystem des Menschen aus und wird durch Lebensmittel oder Sonneneinstrahlung aus dem Behälter ausgefällt und auf den Inhalt übertragen. Dies kann unter Umständen zu Herzkreislauferkrankungen, Leberproblemen und Diabetes führen. Für die Läufer, die immer auf den angebotenen Becher mit Getränk zugreifen, bieten die Hersteller weiche faltbare Becher zur Wiederverwendung an. Mit diesen Bechern reduzierst du deinen Müll proaktiv.

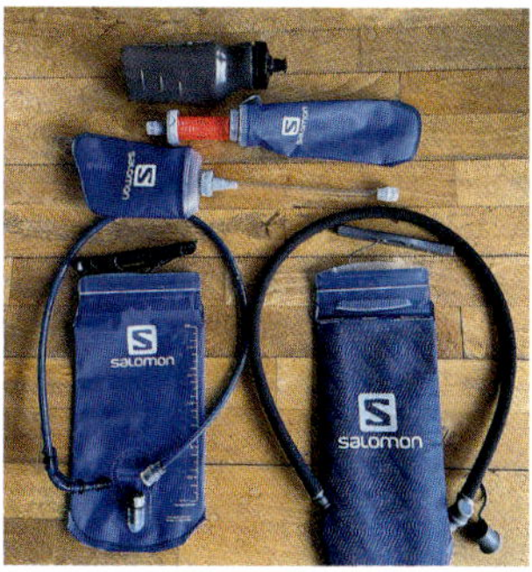

Den richtigen Trinkbehälter wählen

*Tipp: Der billige Kauf kann der teure sein. Daher lieber von Anfang an auf die Qualität des Kunststoffes achten.*

# Trinksysteme

## 53 Füllen und Reinigen

Eine Sache, die ich gerne früher gewusst hätte: Mich nervte während der Läufe das permanente und allgegenwärtige Rauschen und Schwappen des Wassers in den Flaschen und im Trinkbeutel. Grund dafür ist die im Behälter enthaltene Luft. Sie muss raus. Ich wusste lange Zeit nicht, wie ich die Luft rausbekomme.

Bei den Flasks ist es relativ einfach, du füllst sie bis zum Anschlag und drehst den Deckel drauf, fertig. Bei der Trinkblase musst du anders vorgehen, um die Luft rauszubekommen. Nutze dazu den Aufbau der Trinkblase. Fülle sie über die große Öffnung oben zum Beispiel nur zur Hälfte und verschließe sie anschließend. Der Stutzen und der Schlauch sind im unteren Bereich der Blase angebracht. Drehe die Blase nun um 180° auf den Kopf, sodass der Stutzen oben ist. Sauge über den Trinkschlauch die komplette Luft aus der Blase heraus. Leert sich der Beutel während des Laufs, schwappt das Wasser in diesem »Vakuum« weniger und vor allem geräuscharm. Die Trinksysteme gibt es in zwei verschiedenen Ausführungen. Einmal wie auf dem Bild dargestellt, in nicht isolierter Ausführung. Diese eignet sich weniger für den Winter. Der Inhalt friert mindestens im Schlauch fest. Allerdings fast diese Blase zwei Liter Flüssigkeit. Daneben siehst du eine Blase mit Isolierung. In diese kannst du ein Getränk bis knapp 60° einfüllen. Vorsicht beim Befüllen und Schließen des Behälters! Der am Bladder befestigte isolierte Schlauch friert auch nicht so schnell zu. Klar, die Flüssigkeit bleibt nicht heiß, aber die Isolierung und die eigene Körpertemperatur sorgen dafür, dass sich das Getränk nur sehr langsam den äußeren Bedingungen anpasst. Somit ist für längere Zeit der Trinkgenuss sichergestellt. Diese Isolierung gibt es nicht nur für Trinkblasen, sondern auch für die Flasks. Aufgrund des geringeren Volumens kühlen diese natürlich vergleichsweise schneller aus.

### Was haben Omas Dritte mit der Trinkblase zu tun?

Wie reinigst du die Trinkbeutel? Reinigst du die Behälter nicht, wird es sehr schnell eklig, selbst wenn du immer nur Wasser einfüllst. Mit der Flaschenbürste allein geht das zwar, aber auch nur unzureichend. Bevor du mit der Flaschenbürste das ganz große Besteck rausholst, nimm nach jedem Lauf pro Flask und Blase je eine Tablette Gebissreiniger – du weißt schon, die Brausetabletten für Omas Dritte, erhältlich in jedem Super-

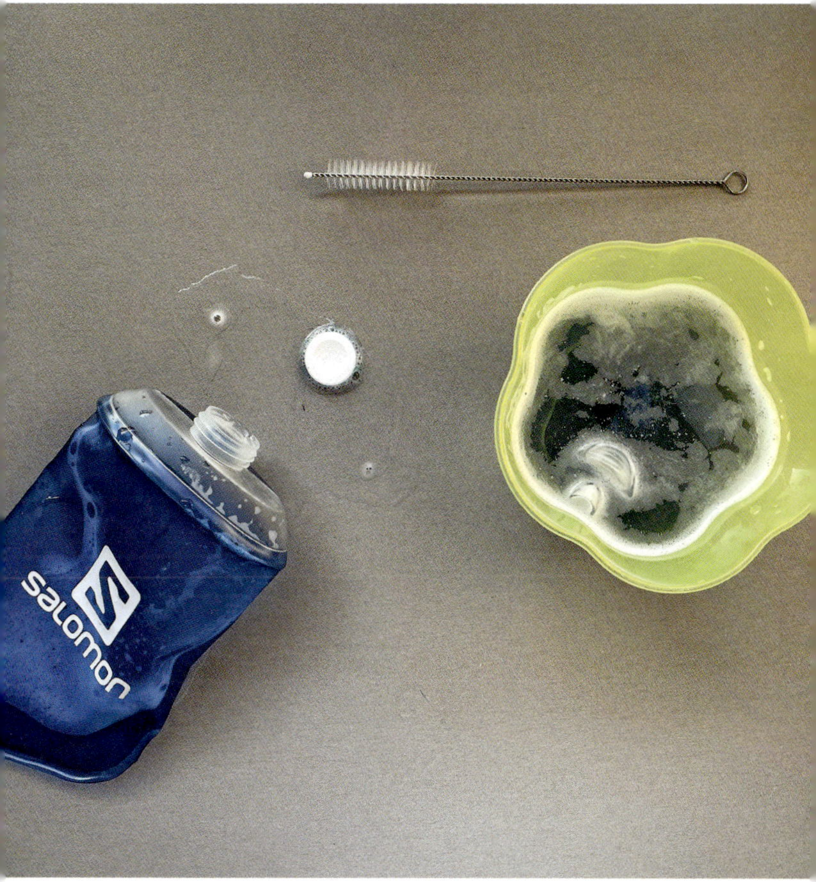


Die Pflege der Trinkbehälter solltest du aus hygienischen Gründen ernst nehmen.

markt. Peinlich an der Kasse, aber was macht man nicht alles für sein Hobby? Diese Tabletten löst du im jeweiligen Behälter auf, damit schon mal die Keime abgetötet sind. Die Kleinteile der Mundstücke bekommen demontiert eine separate Behandlung in einem Glas oder einem Becher. Im Anschluss kommt die Bürste zum Reinigen der Behälter und des Trinkschlauches zum Einsatz. Jetzt brauchst du alles nur noch trocknen zu lassen.

*Tipp: Hygiene ist wichtig. Nutze dazu die Gebissreiniger von Oma. Die Beutel und Flasks ergänzend umstülpen, um die Innenseite gründlich zu reinigen. Die Mundstücke zerlegt reinigen.*

# Abfall

54

## Verlasse die Natur, wie du sie vorfinden möchtest

Verpackungsmüll hast du bei längeren Strecken zwangsläufig dabei und spätestes bei den klebrigen Gels hat die Umverpackung ihre Existenzberechtigung. Am Verpflegungspunkt kannst du statt der Einweg-Kunststoffbecher deinen faltbaren Becher, den du immer bei dir trägst, ersetzen. Es sollte selbstverständlich sein, dass du deine Kunststoffverpackungen und vieles mehr nach Gebrauch in deinem Rucksack verstaust und nicht einfach auf der Strecke fallen lässt. Leider sehen das manche Sporttreibende weniger kritisch. Auch Papiertaschentücher für die unterschiedlichsten Verwendungszwecke haben in der freien Natur nichts zu suchen. Die Speedhiker und Wanderer nehmen sogar eine kleine Plastikschaufel mit, um für die eigenen Hinterlassenschaften samt Klopapier/Taschentuch ein Loch zu graben. Verantwortung und Achtsamkeit gehören in der Natur dazu und sind selbstverständlich.

*Tipp: Entsorge die Umverpackung bereits zu Hause und verpacke die Riegel in wiederverwendbare Beutel, damit unterwegs nichts verloren geht.*

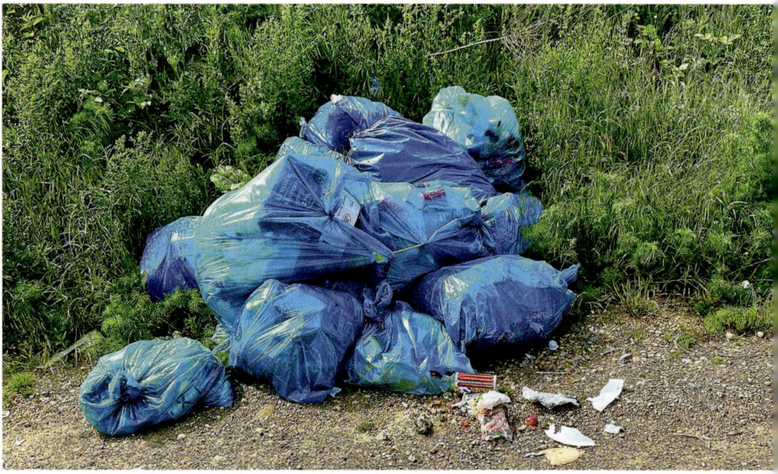

Hinterlasse nichts als Fußspuren und nimm nichts außer Erinnerungen mit.

# Hungerast

55

## Voll vor die Wand gelaufen

Du läufst und läufst und läufst – und auf einmal hast du das Gefühl, jemand habe den Stecker gezogen. Nichts geht mehr! Die Beine sind lahm, sie schmerzen und wollen einfach nicht weiter. Deine mentale Kraft geht nach und nach verloren und irgendwie ist dir sogar schwindelig. Willkommen im Hungerast. Was genau ist passiert in deinem Körper? Der Körper zieht bei einer körperlichen Anstrengung die Kohlenhydratreserven aus Muskeln, Leber und Gehirn. Deine Leber versorgt dein Gehirn und die Blutkörperchen, das Rücken- und das Nierennebenmark mit Glykogen. Durch die Ausschüttung von Insulin hält dein System den Blutzuckerspiegel konstant auf einem Niveau von 60 bis 120 mg/ml. Sind die Kohlenhydratspeicher leer, entzieht der Körper die Glukose dem Blut. Fällt nun der Blutzuckerspiegel unter einen Wert von 40 mg/ml, dann nennt man dies Hypoglykämie oder Unterzuckerung. Letzteres klingt weniger sperrig. Das heißt für dich: Ende Gelände. Jetzt wird es auch gefährlich für dein Gehirn und dein Nervensystem. Schweißausbrüche, Übelkeit oder Schwindelattacken können auftreten. Du wirst müde und bist unkonzentriert, du zitterst und kommst keinen Meter mehr weiter. Wenn es so weit gekommen ist, musst du mit normalem Zucker oder auch Cola wegen des hohen Zuckergehalts gegenhalten. Und du musst Kohlenhydrate in Form von Trockenobst, Schokolade und vielem mehr wie Vollkornbrot oder eben Energieriegel zu dir nehmen. Nur so treibst du deinen Blutzuckerspiegel wieder hoch. Auf eine Fortsetzung des Laufs kannst du zwar hoffen, aber vernünftiger wäre es, an diesem Punkt abzubrechen.

*Tipp: Du solltest zwei bis drei Stunden vor dem Training oder Wettbewerb etwas essen. Ist dein Lauf länger, dann musst du unterwegs die bereits genannten Mengen Kohlenhydrate essen, um einer Unterzuckerung vorzubeugen.*

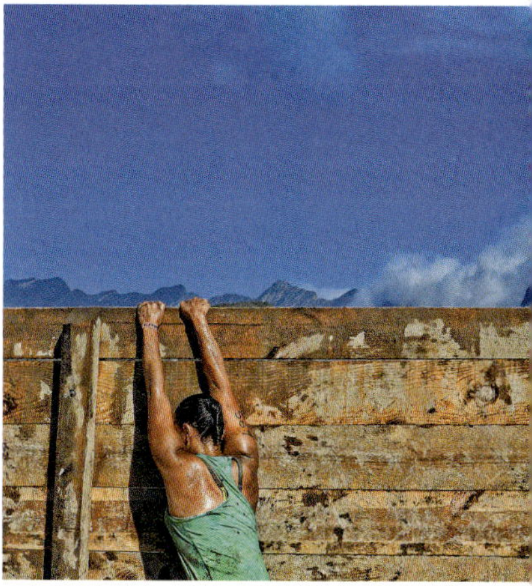

Buchstäblich vor die Wand gelaufen

# Essen danach

56

## Schmankerl nach dem Lauf

Endlich, das Ziel ist in Sicht und die kulinarischen Köstlichkeiten in Form von Salzgebäck und Kuchen, Bratwürsten und Suppe, Bier und Cola türmen sich vor deinem geistigen Auge zu einer gigantischen Belohnungswelle auf. Essen, so weit das Auge reicht, liegt auf endlosen Tischen, die unter der Last zusammenzubrechen drohen. Aber, entweder hast du einen Riesenhunger oder dir ist bedauerlicherweise schlecht. Häufig ist weder das eine noch das andere der Fall. Nach einer längeren Laufeinheit kann es auch gut 30 bis 60 Minuten dauern, bis du überhaupt ein Hungergefühl entwickelst. Trotzdem, auch wenn es schwerfällt, du musst nach dem Laufen etwas essen, es sei denn, du willst abnehmen. Und viel trinken. Alles andere wird sonst zu kontroversen Diskussionen mit der Familie führen, wenn du wieder vor den Essenszeiten der Familie unterwegs warst und im Anschluss nichts isst. Bist du dazu für die Küche verantwortlich und hast weder Hunger noch Lust zum Kochen, dann kommt es zur Rebellion. Ich spreche da aus Erfahrung.

### Nach dem Lauf essen? Wenn ja, was und wann?

Bei Getränken sieht das schon etwas anders aus. Flüssigkeit geht immer, sogar in kleinen Schlucken in Form eines alkoholfreien Hefebiers. Damit kommen wir auch zum Punkt. Die Nahrung sollte nicht zu schwer

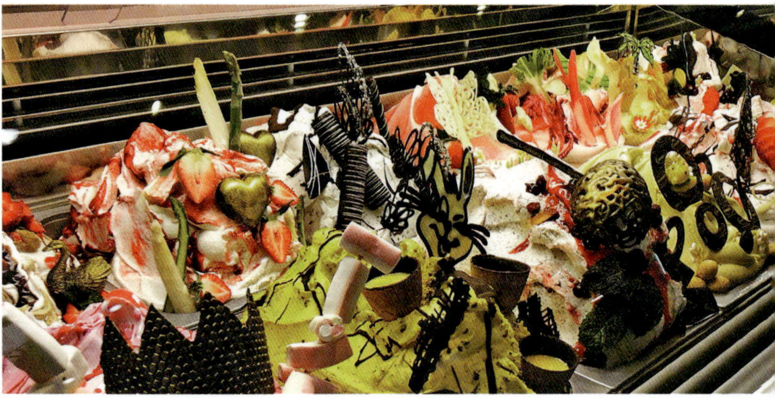

Die Belohnung wartet nach der Ziellinie auf dich.

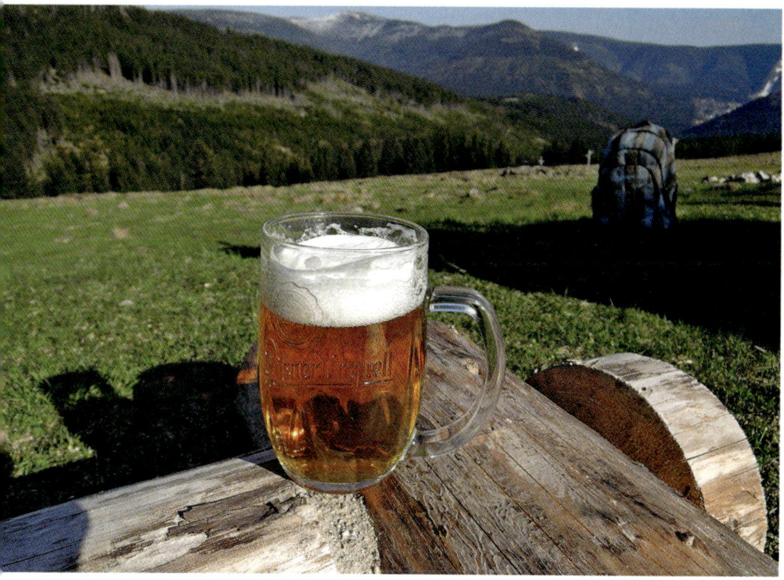

Das Bier auf der Almhütte: Man gönnt sich ja sonst nichts.

sein – auch wenn du während des Laufs von Sahne- und Buttercremetorten oder »Pommes Schranke« geträumt hast. Vor allem das alkoholfreie Hefeweizen trägt in hohem Maße zur Regeneration bei. Der Magen kann auch gar nicht so schnell die Nahrung verarbeiten, die wir nach drei, vier, fünf oder mehr Stunden Laufen verschlingen wollen. Aber auch hier gilt, nutze das anabole Fenster 45 bis 60 Minuten nach der Laufeinheit, um deinem Körper die nötigen Nährstoffe wie Eiweiße zuzuführen. Das können Joghurt, Quark oder Hähnchen und Lachs sein. Dieses Nahrungseiweiß trägt dazu bei, dass sich deine Muskelfasern regenerieren und die Substanz wieder aufgebaut wird. Wer Probleme mit dem Essen hat, der kann die Eiweiße auch über Getränke zu sich nehmen. Mit Milch, Molke oder Buttermilch, idealerweise mit eigenen natürlichen Zutaten und ohne Industriezucker angereichert, geht das ganz gut. Auch eine Banane als festes Nahrungsmittel, vielleicht in Verbindung mit Milch oder Quark, leistet mit ihren Inhaltsstoffen wertvolle Aufbauarbeit.

*Tipp: Mach es am besten wie in den Stunden während des Laufs: Iss nicht zu viel und nicht zu schwer. In jedem Fall solltest du den Flüssigkeitshaushalt mit (stillem) Wasser oder eiweißhaltigen Getränken ins Gleichgewicht bringen, auch um den Muskelkater in den Folgetagen wenigstens etwas zu reduzieren.*

# Muskelkater

57

## The day after

Als wäre der Lauf nicht schon schmerzhaft genug gewesen, kann der Folgetag mit dem Muskelkater unerwartet holprig starten. Ein richtig gemeiner Muskelkater ist schon eine ekelhafte Sache, besonders wenn man nach dem erfolgreich gelaufenen Trail-Marathon die Treppe nicht mehr auf den Beinen, sondern auf dem Po runterrutscht. Regelmäßig sorgt die Gangart für sehr viel Schmunzeln bei den Laufkollegen und anerkennendes Klopfen auf den Tischen, wenn man beim gemeinsamen Laufwochenende mit hochgezogenen Schultern, schmerzverzerrtem Gesicht und weit ausgebreiteten Armen das Gleichgewicht suchend durch den Raum zum Frühstückstisch wankt. Willkommen am Tag danach! Muss man nicht mögen, aber die Aufmerksamkeit des ganzen Frühstücksraums gehört dir. Applaus! Aber wie heißt es so schön, gibt dir das Leben Zitronen, bestell Tequila dazu. Mit anderen Worten, dreh den Spieß um und lass dich bedienen!

## Kleine Risse – große Schmerzen

Was ist passiert? Der Muskelkater tritt entgegen der früheren Auffassung nicht durch zu hohes Lactat als Milchsäure in der Muskulatur auf, sondern durch Mikrorisse in den Muskelfasern. Diese Risse ziehen Wassereinlagerungen nach sich, die nach einer gewissen Zeit aus dem Muskelgewebe ausgespült werden. Da der Muskel selbst kaum Schmerzrezeptoren hat, tritt der Muskelkater auf, sobald das Wasser aus dem Muskel ausgespült wird und auf die äußeren Nervenbahnen trifft – viele Stunden später. Dieser Vorgang erklärt die Verzögerung des Auftretens der bekannten Symptome. Für uns als Trailläufer ist interessant, dass der Muskelkater häufiger beim Bergab- als beim Bergauflaufen verursacht wird. Was hilft? Vorbeugende und nachträgliche Dehnungen helfen kaum und können sogar weitere Irritationen der Muskeln herbeiführen. Du kannst nach dem Duschen Kompressionsstrümpfe anziehen und einen »Recovery-Shake« trinken – wenigstens fürs Gemüt. Andere Alternativen sind die im Kapitel zuvor bereits erwähnten natürlichen Eiweiße von Fisch, Geflügel oder Milch. Der Grund ist: Die Eiweiße, die der Körper verarbeitet hat, müssen ihm wieder zugeführt werden. Die vorgenannten Produkte sind tierischen Ursprungs und natürlich nicht für Veganer geeignet. Die greifen entweder auf vegane Nahrungsergänzungsmittel oder Gemüse mit hohem Eiweiß-

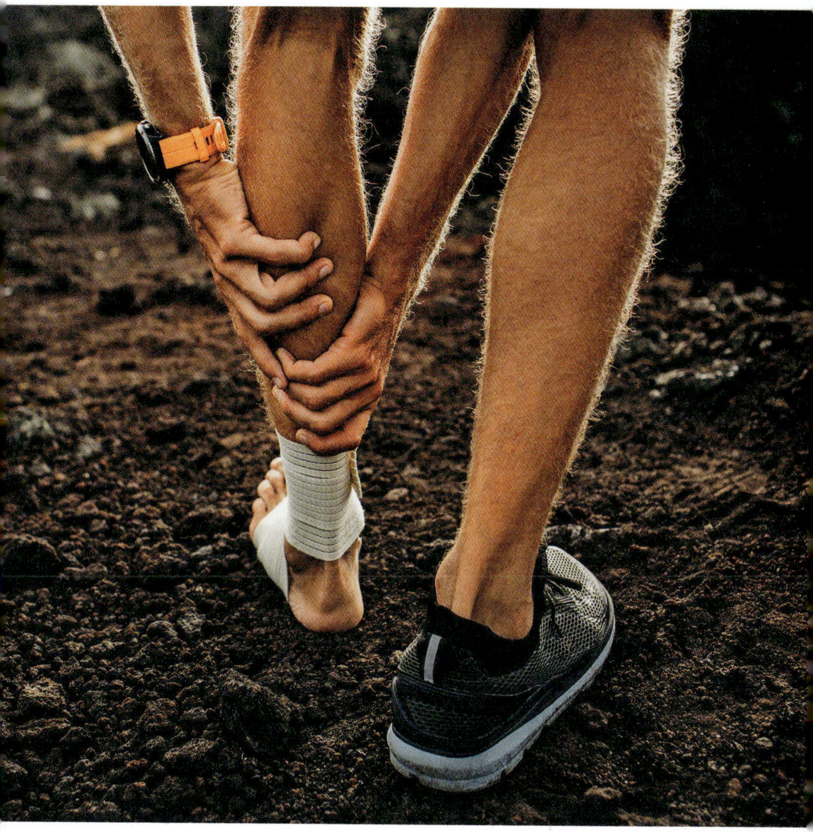

Eine Zerrung ist unangenehm und bremst dich unnötig aus.

gehalt, zum Beispiel Erbsen, zurück. Ist der Muskelkater einmal da, bleibt er auch erst mal, wie ein ungebetener Gast. Da kann man anbieten, was man will, der geht auch nicht einfach so. Mit dieser Erfahrung erlernt man besser ganz langsam und erneut das Gehen und beginnt zu schätzen, was Regeneration heißt – Ruhe!

*Tipp: Mit sanften Massagen, Saunagängen und eiweißhaltiger Nahrung erzielst du nach der Beanspruchung die besten Ergebnisse. Ziehe ergänzend nach harten und langen Einheiten oder Wettkämpfen gleich nach dem Duschen Kompressionssocken oder -hosen an. Da du nach einer langen Laufstrecke sowieso erst mal ein paar Tage pausieren solltest, deckt sich diese Auszeit weitestgehend mit dem sanften Ausklingen des Muskelkaters.*

# Tempo

## 58 Laufen oder gehen?

Wer sich auf einen Trailmarathon, ein »Vertical« und so weiter vorbereitet, der findet in den einschlägigen Social-Media-Kanälen die lässigsten Läufer, die scheinbar schmerz- und ermüdungsfrei die Strecke durchrennen. So weit, so gut. Das stimmt aber nur in den seltensten Fällen und häufig ist es mehr Schein als Sein. Grundsätzlich sind jeder Tag, jeder Lauf und jedes Gelände anders. Auch die Spitzenläufer erwischen mal einen schlechten Tag, aber das zeigt uns keiner in den Videos. Mit anderen Worten, auch die Elite geht – zugegeben seltener als wir. Und eine Sache kommt noch hinzu: Die Favoriten gehen sehr schnell, und das macht den Unterschied aus. Die Elite sieht

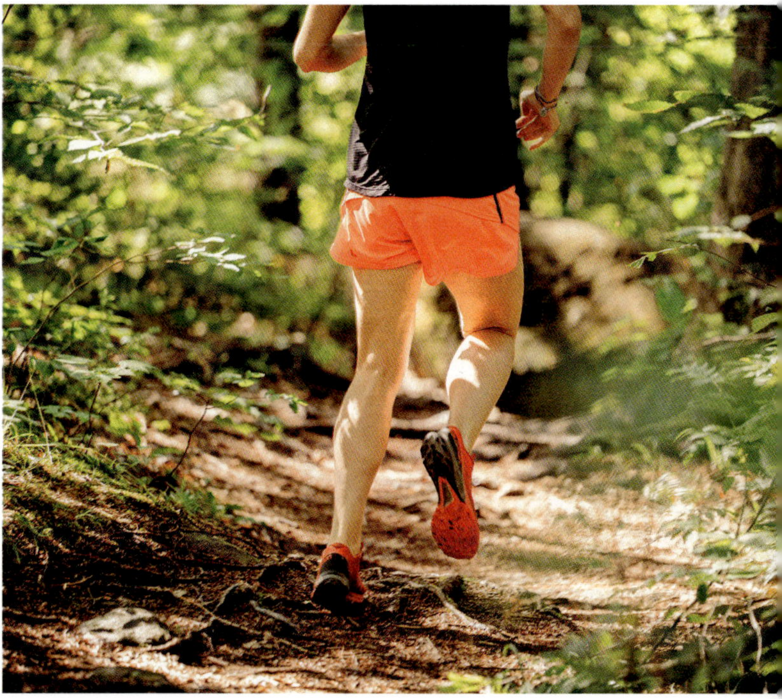

Manchmal genügt es langsam zu laufen, statt zu gehen.

das Gehen nicht als Erholungsphase und zieht durch, während die Masse der Teilnehmer froh ist, einmal gehen zu können – langsam und in sich gekehrt oder laut feiernd. Egal ob im langsamen Tempo oder etwas schnelleren Schrittes, Hauptsache man muss nicht laufen. Auch bergauf wird nicht alles gelaufen, aber hier wird mit massiver Unterstützung der Hände auf den Oberschenkeln die Kraft anders genutzt und sehr schnell den Berg hochgegangen. Mit den Händen drückst du auf den vorderen Bereich deiner Oberschenkel. Dabei unterstützt du die Beine beim Abdruck nach hinten. Variiere das Tempo nach deinen Möglichkeiten und dem Trainingsstand. Deine Bewegungsabläufe und die Grundlagen für mehr Geschwindigkeit trainierst du weit vor dem Lauf-Event mit den ABC-Einheiten, Tempo- und Intervall-Läufen. Die Geschwindigkeit bildet die Grundlage für deine Ausdauerhärte im Wettkampf.

*Tipp: Du und dein Trainingsstand sind der Maßstab, der im Gelände zählt.*

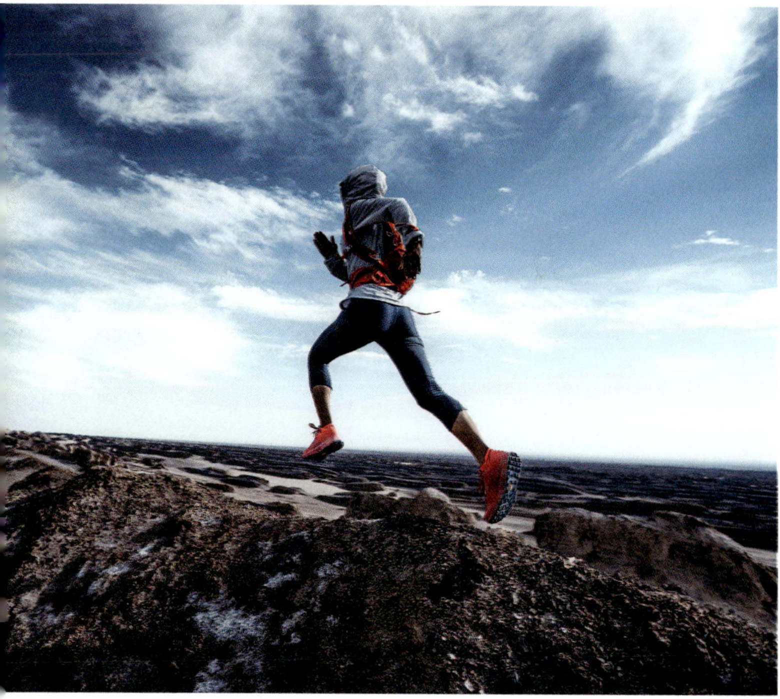

Raumgreifende Schritte kosten auf dem Trail viel Kraft.

# Blinded by the light

## 59 Laufen in der Dunkelheit

Du läufst durch die Stille des Abends und der Nacht. Du siehst nicht viel mehr von deiner Umgebung, als das, was der Lichtkegel deiner Stirnlampe um dich herum erhellt. Bei selbstorganisierten Nachtläufen und bei Ultras, die häufig in der Nacht starten und während der Nacht oder am folgenden Morgen enden, gehören Stirnlampen und teilweise eine Reservelampe zur Pflichtausrüstung. Die leistungsfähigen Strahler bringen 1000 Lumen mit, verfügen über mehrstufige Leuchtmodi und erhellen bei Bedarf den Weg vor einem sehr deutlich, manchmal sogar zu stark bis konturlos. Dazu bieten einige noch ein Rotlicht auf der Rückseite. Die Kapazität der Leuchten wird über einen aufladbaren Akku gespeist. Diese Lampen sind teuer und haben nichts mit den Produkten vom Discounter oder Kaffeeröster zu tun, aber sie bieten lang anhaltende Sicherheit bei optimaler Lichtstreuung. Bevor du investierst, frage dich, ob sich die Anschaffung für dich lohnt.

### Neuland entdecken

Nachtläufe leben vom Reiz des Unbekannten, von der Einsamkeit und der Ruhe in der freien Natur. Irgendwo im Gebüsch blitzt ein Augenpaar auf. Ein Tier dreht sich um und läuft weg. Am hellen Spiegel der Schenkel erkennst du das Reh. Der Lichtspot, den deine Lampe auf den

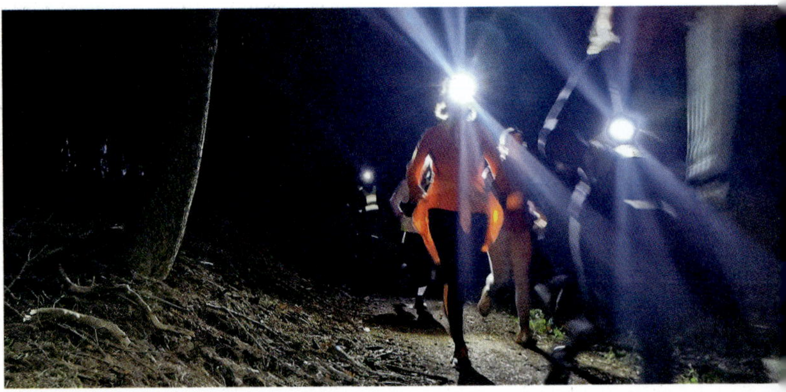

Laufen bei Nacht: eine andere Dimension

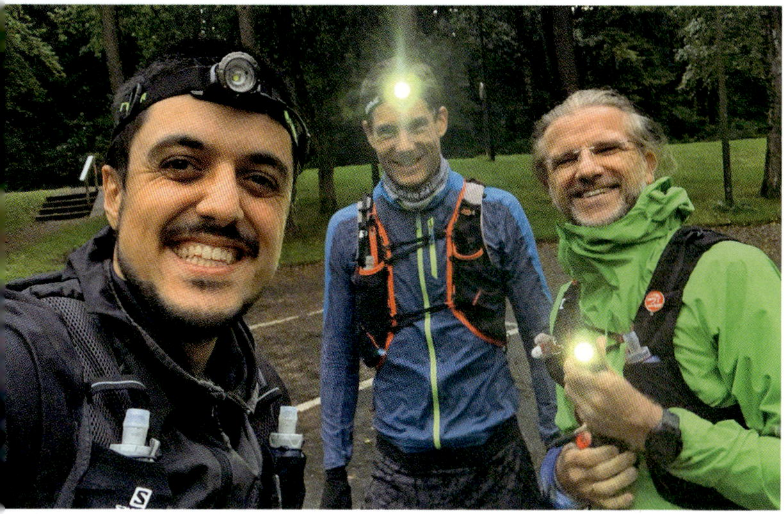

Laufen bei Nacht: ein Fest, wenn man sich kennt

Bereich vor dir wirft, ist genau der Bereich, den du auch bei Tag wahrnimmst, wenn du konzentriert läufst. Trotzdem ist es sensationell und in der Dunkelheit irgendwie anders, geheimnisvoller. Das Laufen bei Dunkelheit hat einen besonderen Reiz, da die Wahrnehmung eine völlig andere ist. Man reagiert sensibler. Du bist aufmerksamer und wacher. Und selbst bekannte Strecken können wie Neuland wirken. Jeder Schritt ist eine neue Erfahrung und deine Aufmerksamkeit ist noch mal höher. Es macht sehr viel Spaß, allein oder mit einem kleinen Kreis befreundeter Läufer durch den Wald zu rennen. Wichtig ist, dass man sich kennt und in etwa einschätzen kann, wie die Mitläufer vor dir reagieren. Gerade auf dem Single-Trail ist trotz gebotenem und erhöhtem Abstand zum vor dir Laufenden Zuverlässigkeit enorm wichtig. Und natürlich begegnet man im Wald auch Rehen – aber meistens nur sehr kurz. Denn sie nehmen uns schon wahr, bevor wir in ihre Nähe kommen. Gleiches gilt natürlich für die in Mitteleuropa wieder heimisch gewordenen und leider so gefürchteten Wölfe. Ich habe leider noch nie einen gesehen.

*Tipp: Starte einfach mal in der Dämmerung und laufe in die Dunkelheit hinein. Die Stimmung und die Wahrnehmung verändern sich mit jedem Meter. Bei den Nachtläufen gehört es während einer kurzen Pause zum guten Ton, den Strahler in den Himmel zu richten oder bei statischen Leuchtkörpern die Lampe mit der Hand abzudecken, um die Mitläufer nicht zu blenden.*

# Müdigkeit

60

## Zeit für eine Pause

Wenn du nach einem langen Arbeitstag in den Abend hineinrennst oder von der Nacht und der blauen Stunde heraus in das Morgenlicht eintauchst und schon einige Kilometer in den Beinen hast, dann können die Kondition und die Aufmerksamkeit nachlassen. Der Körper und der Geist werden matt und träge, alles fühlt sich zäh an und die Wahrnehmung ist lückenhaft. Kohlenhydratspeicher leeren sich, und das kann sich massiv auf deine Entscheidungsfähigkeit auswirken. Der Kopf ist leer und du funktionierst nur noch – du bist müde, ausgelaugt und fühlst dich wie ferngesteuert. Jeder deiner Schritte ist mechanisch und der Lauf hat nichts mehr mit den trainierten Bewegungsabläufen zu tun. Beim Ultra ist das sicherlich die beste Zeit am Wegesrand, unter einem Baum oder in den eingerichteten Versorgungsstationen einen kleinen »Power-Nap« einzulegen, da du sonst unterwegs einen Sekundenschlaf haben wirst – in den Bergen wird das rasch zur Gefahr. Mindestens aber solltest du langsamer und bedächtiger weitermachen, bis du ein wenig regeneriert hast – alles andere könnte gefährlich werden. Und führe dir vor Augen: Nicht jetzt wird das Rennen entschieden, aber das Rennen ist für dich vorbei, wenn du verunfallst.

*Tipp: Die Langstrecke solltest du gut planen und dabei auch längere Pausen zum Regenerieren von vornherein in den Lauf einplanen.*

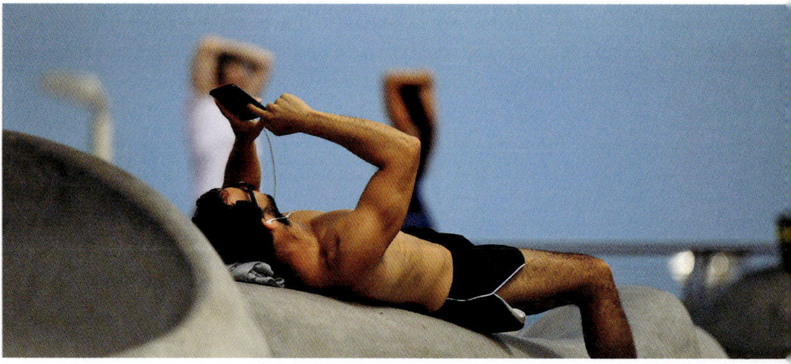

Auch die Pausen gehören zum Training.

# Mentale Fitness

61

## Positiv denken!

Manchmal musst du durch die Hölle gehen, um dein Ziel zu erreichen. Dann geh weiter, warum solltest du in der Hölle stehen bleiben? Die Ermüdung macht sich insbesondere auf der Langdistanz mit vielen Höhenmetern bemerkbar. Aber eins ist klar: Die Strecke wird nur kürzer, wenn du weiterläufst, auch wenn es noch so weh tut. Wenn du jedoch mitten im Tal der Tränen stehst, dann halte dir vor Augen, dass du an diesem Wettbewerb teilnimmst, weil du dich bereits Hunderte Kilometer weit vor dem Lauf darauf vorbereitet hast. Jetzt und ab diesem Punkt liegen nur noch die letzten Kilometer, die letzten Etappen bis zum Ziel vor dir. Das bedeutet: Denke bei deinen Läufen immer in Bildern. Du musst lernen, bereits in den Trainings in Bildern zu denken und dein Unterbewusstsein mit positiven Erinnerungen zu stärken, um in den Phasen der Erschöpfung auf diese mentale Stärke, auf diese positive Bildsprache zurückgreifen zu können. Diese mentale Stärke ist ein Muskel, den du ebenso trainieren musst wie deine physischen Muskeln. Die positive Einstellung wird dich durch den Lauf und durch die schweren Phasen in deinem Wettbewerb bringen.

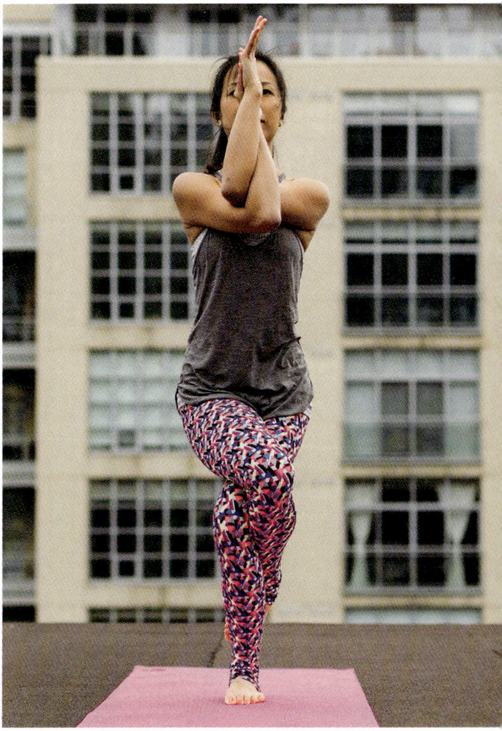

Mental strength: Wenn es anstrengend wird, ist der Fokus wichtig.

*Tipp: Denke dran, jede Etappe ist nur ein Zwischenziel zu deinem Erfolg.*

# Wetterumschwung

62

## Sonne und Wolken

Die Sonne blinzelt nur noch zwischen den dunklen Wolken hindurch. Erste Tropfen fallen und du holst deine Regenkleidung heraus. Auch bei bester Vorbereitung kann es einen erwischen und ein Unwetter zieht auf. Mit Gewitter, Nebel, Sturm und Schneefall insbesondere in den Bergen ist nicht zu spaßen. Sollte es zu einem richtigen Unwetter kommen und das Weitergehen zu gefährlich sein, dann suche dir einen schützenden Unterstand. Versuche deinen Kontakt im Tal zu erreichen und sende ihm deine Position zu. Verlasse dich auf deinem Weg nicht nur auf ein System. Um das Wetter und die damit einhergehenden Umstände bestmöglich einschätzen zu können, hat Redundanz die oberste Priorität. Halte Rücksprache mit den Hüttenwirten, nutze ergänzend die Wetter-Apps und höre dir die lokalen Wetterberichte an. Viele der hochwertigen Laufuhren bieten ergänzend die Anzeige von barometrischen Informationen. Auch während des Laufs kannst du also den Luftdruck ablesen. Reagiere darauf und gehe kein Risiko ein, um für dich und deine Begleiter das optimale Lauferlebnis zu erzielen. Aber nicht nur schlechtes Wetter kann eine Herausforderung sein. Wer viel läuft, schwitzt viel. Das macht sich insbesondere im Sommer bemerkbar. Daher solltest du unbedingt auf ausreichend Sonnenschutz, also Sonnencreme, ein Cap und auf die Flüssigkeitszufuhr mit Elektrolyten achten.

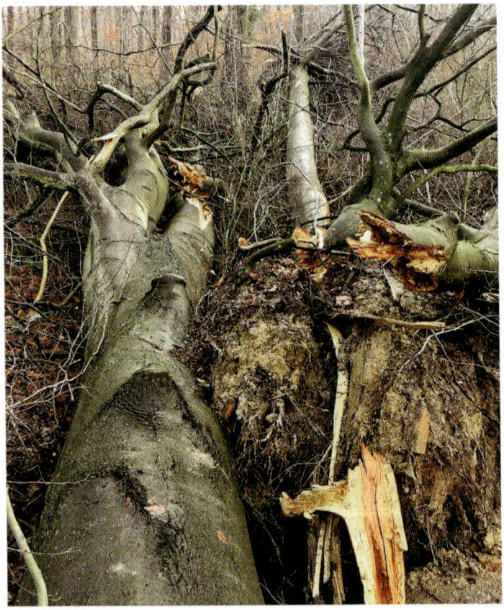

Während des Unwetters und danach stellen umstürzende Bäume eine Gefahr dar.

*Tipp: Bereite dich frühzeitig auf deine Läufe vor und informiere dich tagesaktuell zur Wetterentwicklung vor Ort.*

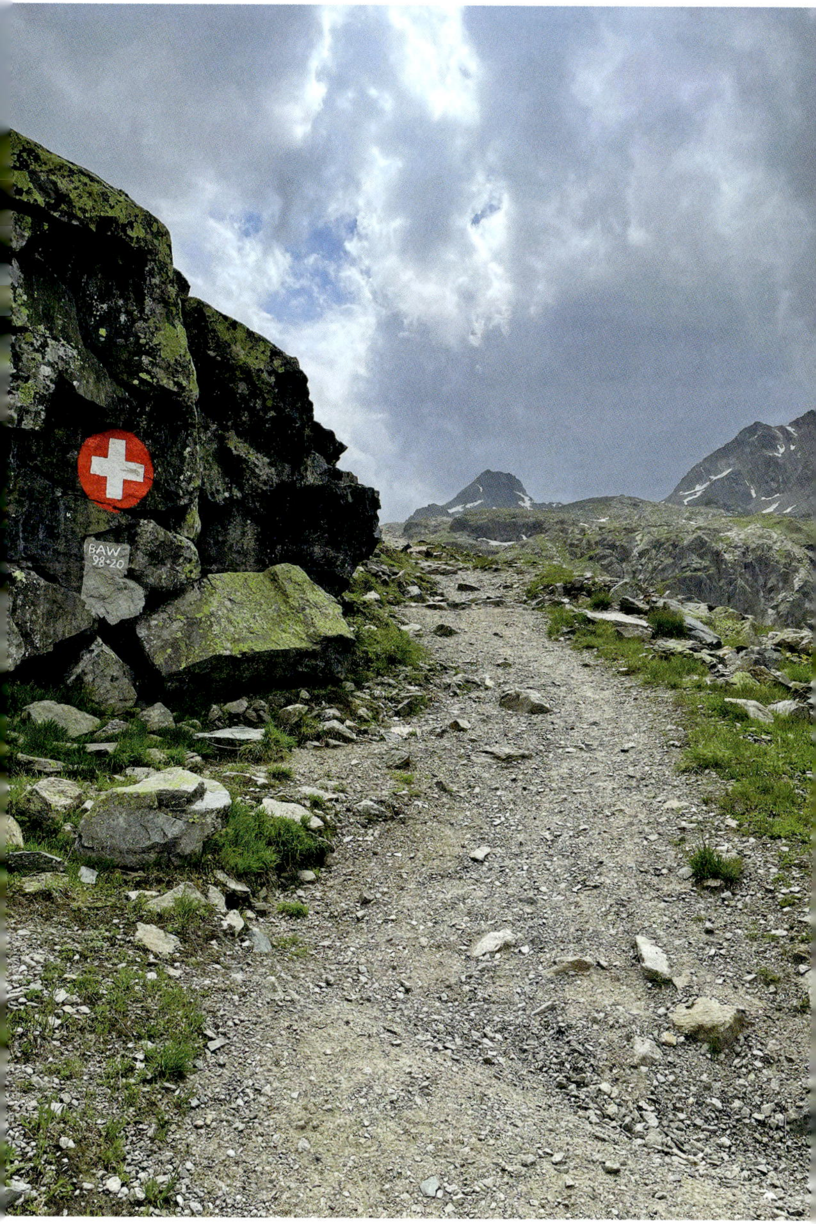

Schnell, aber mit Ansage: der Wetterumschwung in den Bergen

# Laufen im Winter

63

## Eiszeit

Laufen im Schnee oder während es schneit ist wunderbar und belebend. Du betrittst einen vielleicht noch unberührten Weg und glitzernd breitet sich im Gegenlicht der Sonne ein Teppich aus funkelnden Schneekristallen vor dir aus, die beim Betreten unter deinen Fußsohlen knirschen. Stille um dich herum. Dein Atem kondensiert zu kleinen Wölkchen, während deine Füße neugierig den Weg im Schnee ertasten. Wenn du noch einen Hund dabeihast, der durch die schneebedeckte Wiese einem Ball hinterherjagt und den Schnee aufwirbelt, dann ist das Glück perfekt, oder? Ein bisschen Romantik darf sein. Und auch auf ausgetretenen und mit Schnee bedeckten Pfaden mit überfrorenen Flächen ist das Laufen fantastisch, wenn auch herausfordernd. Gelenke, Bänder und Sehnen sind hier großen Belastungen ausgesetzt und die Rutschgefahr ist insbesondere auf Stein enorm. Für das Training im hohen Schnee bieten sich einerseits Schneeschuhe an oder einfach die Langlaufski. Anschnallen und ab in die Loipe damit. Ein besseres Ausgleichstraining gibt es doch fast gar nicht.

## Vorsicht, sonst kommst du ins Rutschen

Dazu tust du dir als geübter Läufer nur Gutes. Dein Immunsystem wird gestärkt und die kalte Luft bringt deinen Körper dazu, mehr Abwehrzellen zu bilden. Um die Körpertemperatur aufrecht zu erhalten und die Durchblutung der Organe zu gewährleisten, verbrennt dein Körper ganz nebenbei noch mehr Kalorien als sonst. Wenn du auch im Winter laufen willst, solltest du kein Laufanfänger sein, da du sonst deine Lunge zu stark belastest. Allen anderen empfehle ich die passende Funktionskleidung in mehreren Lagen zu tragen. Für Schnee und Eis empfehle ich dir Spikes oder Grödel. Sie verhindern das Rutschen und sind je nach Hersteller sehr belastbar. Aufpassen solltest du auch im Sommer bei Schneefeldern. Hier ist Vorsicht geboten und ich empfehle dir bewusst einen Weg zu bahnen, wenn es noch keinen Pfad gibt. Geh aufrecht und nicht zum Berg geneigt, da du sonst durch deine Schräglage die Rutschgefahr erhöhst – das Gegenteil von dem, was du anstrebst. Auch beim Betreten von Alt-Schneefeldern empfiehlt der Deutsche Alpenverein dringend das Grödel anzuziehen.

Wenn du Stöcke dabeihast, nutze sie, um dich zusätzlich abzusichern. Solltest du trotzdem wegrutschen und es geht mit Schwung über das Schnee-

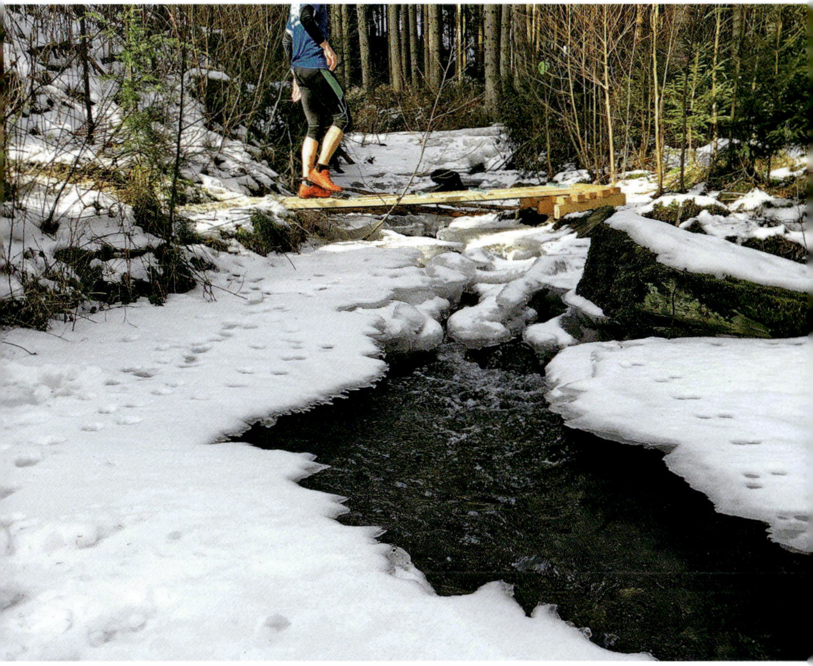

Laufen im Winter, ein Fest für die Sinne

feld bergab, dann sofort von der Rückenlage über die Längsachse des Körpers in die Bauchlage drehen. Füße und Hände mit Kraft in den Schnee stemmen, damit die Rutschpartie sehr schnell ein Ende findet. Ansonsten landest du mitunter schmerzhaft im Geröllfeld darunter.

## Schütze deine Hände

Da in den Alpen auch im Sommer Schnee fallen kann, gehören bei längeren Touren, neben einer Regenjacke und Regenhose, eine Mütze und ein Paar Handschuhe ins Gepäck. Ziehe dir vor dem Begehen eines Schneefeldes die Handschuhe an und das Grödel über die Schuhe. Solltest du ins Rutschen geraten und in der Liegestützstellung bremsen müssen, dann sind die behandschuhten Hände gut geschützt und werden nicht schmerzhaft aufgerissen.

*Tipp: Das Laufen im Winter auf Schneefeldern oder vereisten Wegen kann herausfordernd und will erlernt sein. Bereite dich, auch mit passender Funktionskleidung (s. a. Kapitel 32), bestmöglich darauf vor.*

# Die Welt der Ultra-Läufer

## 64 Interview mit Holger Lapp

Um dir einen Einblick in die Welt der Ultra-Läufer zu geben, habe ich ein Interview mit Holger Lapp vom Trampelpfadlauf geführt. Er ist im vergangenen Jahr neben manch anderem Ultra den Eifelsteig mit 320 Kilometern nonstop und supported gelaufen.

### WIR KENNEN UNS JA BEREITS EINIGE JAHRE, ABER WIE BIST DU ZUM ULTRA-TRAILRUNNER GEWORDEN?

Das fing ganz klassisch über Straßen- und Volksläufe an, mit der Firma oder allein. Es folgte der Monschau-Marathon, und dann fiel mir die Werbe-CD zum Transalpine Run 2011 in die Hände – ich wurde sofort neugierig. Wir haben den Transalpine als Etappenlauf und mit acht Tagen über die Alpen zunächst als eine Art Urlaub betrachtet, und so haben wir uns auch vorbereitet. Bis wir merkten, wir benötigen ein intensiveres Training. Im Verlauf der Zeit lernten wir weitere Läufer kennen. Ich beteiligte mich an der Brocken-Challenge, den MIUT (Madeira Island Ultra-Trail) mit damals nur 100 Läufern und 40 % Abbruchquote.

### DIE LANGSTRECKEN SIND JA IMMER EINE GRÖSSERE BELASTUNG. WIE MUSS ICH MIR DAS BEI EINEM ULTRA-TRAIL VORSTELLEN?

Physisch stellt der Lauf die verkürzte Form des menschlichen Lebens mit allen Ups & Downs dar. Psychisch ist es genauso. Du bist euphorisch, niedergeschlagen oder du denkst sogar ans Aufhören. Eine Herausforderung ist das allgemeine Erschlaffen und die Müdigkeit. Temporär tut dir immer irgendwas weh. Du hast Hunger und kannst nicht essen. Du hast Durst, willst aber nicht trinken. Und du hast immer den Zieleinlauf vor deinen Augen. Beim allerersten Ultra war ich mental freier und gelöster. Nach und nach denkt man mehr über bereits gelaufene Läufe nach. Bei unbekannten Events ist das Überraschungsmoment größer.

### WENN MAN DIE LEIDENSFÄHIGKEIT EINES ULTRA-LÄUFERS ZWISCHEN 1 UND 10 EINORDNEN MÜSSTE, WO WÜRDEST DU IHN EINORDNEN.

Die würde ich nicht zu niedrig ansetzen. Man muss schon einiges aushalten können. Bei einer 8 sollte man liegen, um durchzuhalten.

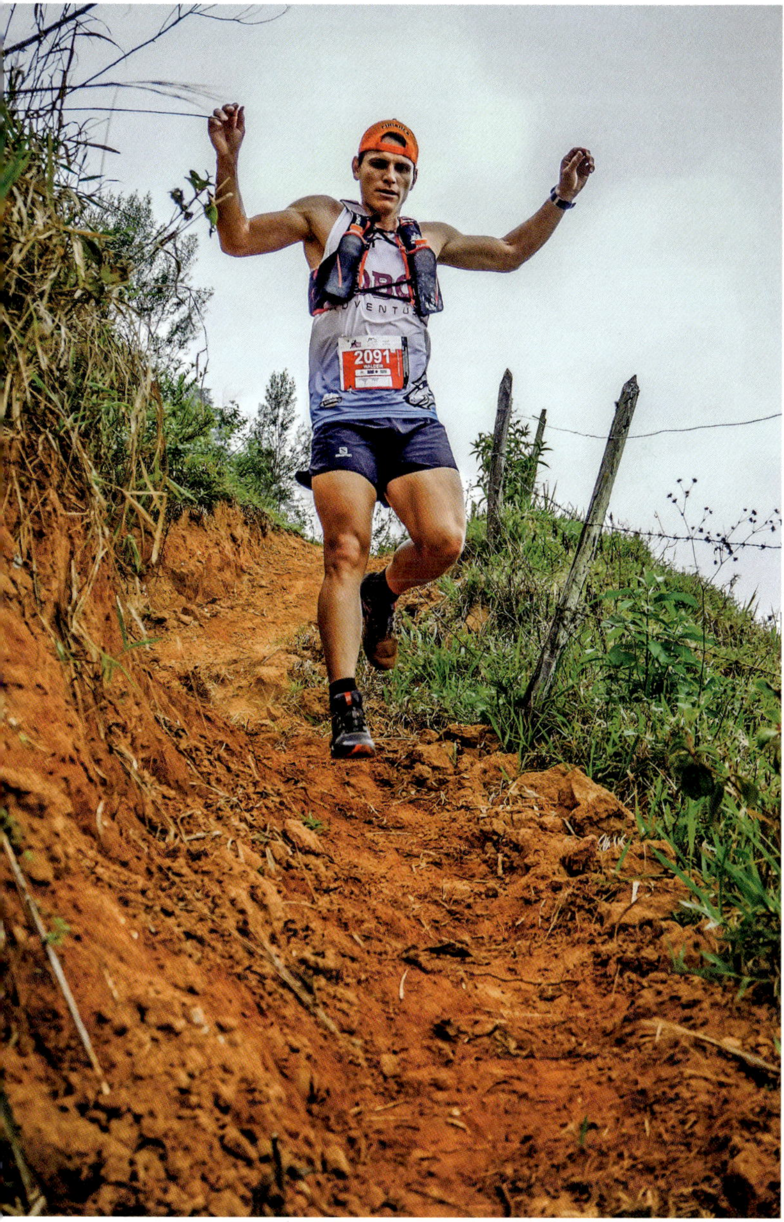


Koordination, Wachsamkeit und Kraft: Der Downhill fordert ganzheitlich.

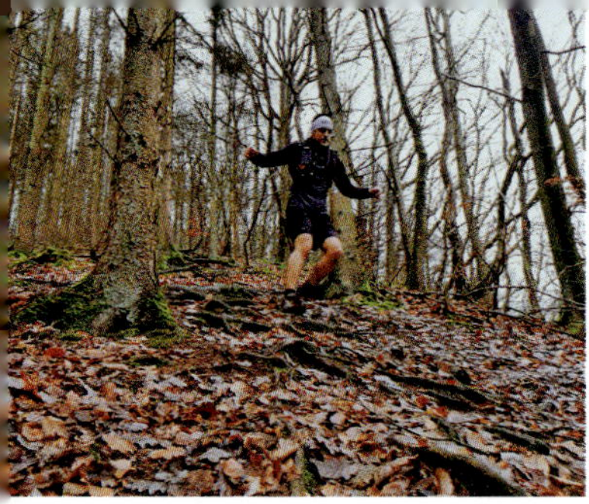

Beim Downhill musst du dir selbst bewusst sein.

### WIE SEHEN DIE TAGE NACH DEM WETTKAMPF AUS?

Die Tage danach teilen sich in hemmungslose Nahrungsaufnahme auf, Spazierengehen, Pausieren und wieder Essen und Trinken. Das versöhnt auch die Lebensgefährten und Ehepartner.

### DU HAST ZUVOR VERSCHIEDENE TIEFS WÄHREND DER LÄUFE ANGESPROCHEN. WIE KOMMT MAN AUS DIESEM KELLER WIEDER RAUS?

Du weißt, ungeachtet der momentanen Situation, du kannst wesentlich mehr. Um mich mental schnell zu regenerieren, unterteile ich die Strecke in kleine Einheiten, um mich selbst zu überlisten. Ich denke aber auch immer wieder an vergleichbare Situationen, aus denen ich mich bereits erfolgreich rausgezogen habe.

### WIE BEREITEST DU DICH AUF EINEN ULTRA VOR?

Grundsätzlich kann man sagen, wer viel laufen will, muss viel laufen. Im Schnitt laufe ich pro Woche 90 bis 100 Kilometer mit vier- bis fünftausend Höhenmetern. Ich muss meine Form für den Event daher nur optimieren. Die Woche ist bei mir unterteilt in Kraft, Dehnen und Laufen. Kraft gewinne ich über das Sling-Training. Ich fahre wenig Rad und wandere stattdessen sehr viel als Ausgleich. In Spitzenwochen vor dem Lauf erhöhe ich den Umfang der Läufe auf 120 Kilometer mit vier- bis fünftausend Höhenmeter. Oder auf 160 Kilometer für einen 100-Miler.

### GIBT ES EINE FAUSTFORMEL FÜR DIE DAUER DER VORBEREITUNG?

Bei einem Wettbewerb mit 160 Kilometern beginne ich circa sechs Monate vor dem Startschuss mit dem spezifischen Training.

### DU BIST DEN EIFELSTEIG MIT 320 KILOMETER »SUPPORTED« IN ZWEI TAGEN UND ZWEI NÄCHTEN NONSTOP DURCHGELAUFEN. KANNST DU DIR VORSTELLEN, DEN LAUF SELBSTVERSORGT ZU LAUFEN?

Ohne Corona ja, solange man sich unterwegs verpflegen kann.

### WAS ZIEHT MAN BEI DEN LANGDISTANZEN AN?

Ich wechsle kaum die Kleidung. Im Dropbag habe ich ein Paar Schuhe. Meistens lasse ich aber dasselbe Paar an und laufe durch. Ich wechsle im

Sinne von An- und Ausziehen allenfalls die Strümpfe, die Armlinge oder die Jacke. Meine Füße schmiere ich am Verpflegungspunkt allenfalls mit »Sidas« ein, um sie zu schützen.

### BEI DIESEN DISTANZEN SCHEIDET MAN MEHR ALS SCHWEISS AUS. WIE GEHST DU MIT DEM THEMA HYGIENE UM?

Ich habe feuchte Reinigungstücher für den Schritt und die Hände dabei. Mit »Bodyglide« creme ich den Schritt erneut ein.

### WAS NIMMST DU NEBEN DER PFLICHTAUSRÜSTUNG AUF EINEM LAUF MIT?

Wie gesagt, Pflichtausrüstung: Erste-Hilfe-Set, Rettungsdecke, Shakedry-Jacke, Schlauchtuch, Lampe und Ersatzakku oder Ersatzlampe, Stöcke, Ersatzsocken, Bodyglide, »Clif Blocks«, ähnlich wie Gummibärchen aber mit Salz, Gel von Maurten, zwei Flasks mit Wasser, Flask Nummer drei inklusive Iso, Rucksack beziehungsweise die Laufweste.

### DIE VORBEREITUNGSZEIT NIMMT SEHR VIEL ZEIT IN ANSPRUCH. WELCHEN STELLENWERT HABEN DIE EHEPARTNER?

Wir sind ja permanent unterwegs, daher ist der Stellenwert nicht zu unterschätzen. Steht der Partner nicht zu deinem Hobby, wird es schwierig. Er sollte im Alltag und in den Urlauben nicht zu kurz kommen.

### DAS KANN ICH BESTÄTIGEN. WELCHE KOSTEN KALKULIERST DU FÜR EINEN LAUF EIN?

Im europäischen Ausland inklusive aller Kosten wie Teilnehmergebühr, Anreise, Hotel etc. zwischen 600 und 800 Euro.

### ICH WEISS, DU HAST FÜR 2022 NOCH LÄNGERE DISTANZEN GEPLANT. BEI MIR IST ES DER DOLOMITI EXTREME IM JUNI. WELCHE LÄUFE STEHEN AUF DEINEM KALENDER?

Das sind der 100-Miler in Berlin. Der Streckenverlauf ist allerdings flach. Darüber hinaus plane ich noch einen 100-Miler mit 11 000 Höhenmetern in Bulgarien. Mal sehen.

*Vielen Dank, Holger!*

*Tipp: Wer sich zu Ultra-Trails eingehend informieren möchte, dem empfehle ich die Website der Deutschen Ultramarathon-Vereinigung e. V. (s. a. Kapitel 80).*

# Ultra-Trails

65

## Über alle Grenzen hinaus

Wer an Trailrunning denkt, denkt in erster Linie an die Distanzen bis zum Marathon. Das reicht den meisten auch. Trotzdem gibt es Läufe und Wettbewerbe, die weit darüber hinausgehen und über 600 Kilometer lang sein können. Solche Läufe macht keiner aus dem Stand oder mit sechs Wochen »Marathon-Vorbereitung«, wie einem manchmal vorgegaukelt wird. Zur Vorbereitung dieser Läufe gehören ausgiebige Trainingseinheiten, die neben den Klassikern wie Intervall und ABC auch extensiv das Tempo trainieren. Darüber hinaus musst du auch die Langdistanzen absolvieren, um die Ausdauerhärte zu trainieren. Ultras sind kein Spaziergang und führen dich bei aller Faszination an deine Grenzen oder weit darüber hinaus. Kilian Jornet, Courtney Dauwalter, Mira Rai, François D'haene und viele mehr stehen stellvertretend für Sportler, die derartige Ultra-Distanzen laufen. Ob die Herausforderung, einen Ultra zu laufen, dein Ding ist, wirst du wissen, wenn du einen Marathon absolviert hast und denkst, da geht noch mehr! Viele der Ultra-Trailläufe gehen über Distanzen von 50, 70, 90 und mehr Kilometer mit 2000 bis 5000 Höhenmetern. Es gibt »100-Miler« (161 Kilometer), bei denen du 11 000 Höhenmeter absolvieren musst. Der 100-Miler wird auch als der Ritterschlag für Trailläufer bezeichnet. Mit anderen Worten: Es gibt keine Grenzen. Der Tor des Géants in den Alpen ist zum Beispiel mit 330 Kilometern Länge in einer Etappe zu bewältigen. Welche Grenzen du für dich ausloten willst, wirst du im Laufe der Zeit und mit zunehmender Erfahrung herausfinden. Wichtig ist: Was immer du planst, bereite dich gut darauf vor (s. a. Kapitel 16). Als Auszeichnung erhältst du neben den Medaillen etc. für manche Läufe sogenannte ITRA-Punkte (s. a. Kapitel 91). Erst sie berechtigen dich zur Teilnahme an anderen Läufen wie dem UTMB.

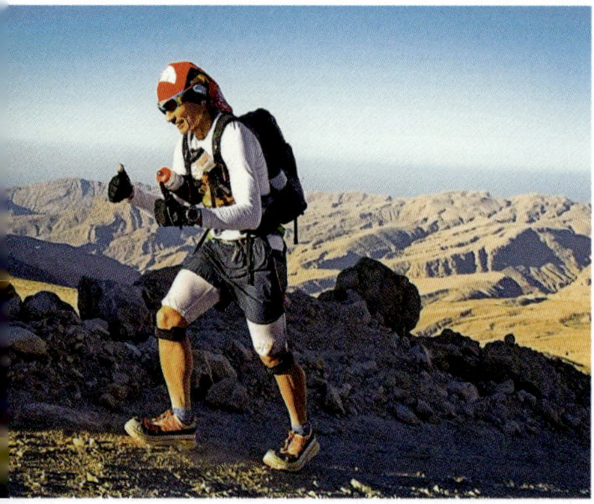

Den Ultra-Trail läufst du auch gegen dich selbst.

# Der Zauberlehrling

66

## Interview mit Philipp Reiter

Philipp ist Salomon-Athlet und in der Szene der Trailläufer als »Zauberlehrling« bekannt, seit er seinen ersten Transalpine-Run mit einem erfahrenen Partner gelaufen ist, der optisch an einen Zauberer erinnerte. So wurde der damals 18-jährige Philipp Reiter zum Zauberlehrling.

### PHILIPP, WIE BIST DU ZUM TRAILLÄUFER GEWORDEN?

Wir waren sehr früh als Kinder in der Natur. Wenn ich so zurückblicke, dann waren meine Eltern prägend für diese Entwicklung. Aber auch die mich umgebende Kulisse der Alpen. Mich begeistern nach wie vor die Naturerlebnisse in den Bergen da draußen. Durch unsere Eltern haben wir gelernt, die Natur wertzuschätzen. Klettern, Wandern, Mountainbiken gehört und gehören für mich einfach zum Leben dazu wie die Luft zum Atmen. Im Winter, wenn der Schnee die Berge und die Täler bedeckt, dann ist es für mich die absolute Freiheit auf den Ski – frei und ungebunden. Diese Freiheit ist aber auch beim Traillaufen das Besondere. Du kannst im unmittelbaren Erleben die Gedanken und die Welt um dich herum loslassen oder neu ordnen.

### WAS MACHT FÜR DICH DEN BESONDEREN REIZ BEIM TRAILLAUFEN AUS?

Weißt du, wenn ich den Hochstaufen, mit 1771 Meter der Hausberg von Bad Reichenhall, nehme: Ich laufe da rauf und schalte völlig ab. Jeder Tag, jede Stunde und zu jeder Jahreszeit herrscht dort eine andere, wechselhafte Stimmung. Beim Trailrun sorgen die Strecke, die damit verbundene Herausforderung und die Natur an sich für die Abwechslung. Es ist Basic. Du spürst deinen Körper ganz anders. Deine Wahrnehmung wird immer fokussierter und die Auswirkungen des Laufs und auf deinen Körper, die Muskulatur, deinen Geist machen was mit dir. Du wirst achtsamer. Du kommst anders zurück – wie neu geboren. Auch wenn du vielleicht angespannt gestartet bist, ordnet sich während des Laufs deine Welt neu. Beim Touren-Ski spüre ich die ultimative Freiheit, weil ich gehen kann, wohin ich will. Das ist im übrigen Leben, in das man sehr eingebunden sein kann, eher selten der Fall. Beim Trailrun hast du wenige gesellschaftliche Normen. Kein Korsett engt dich ein und du läufst in Koexistenz mit anderen und der Natur. Last but not least finde ich es beeindruckend, wenn man die

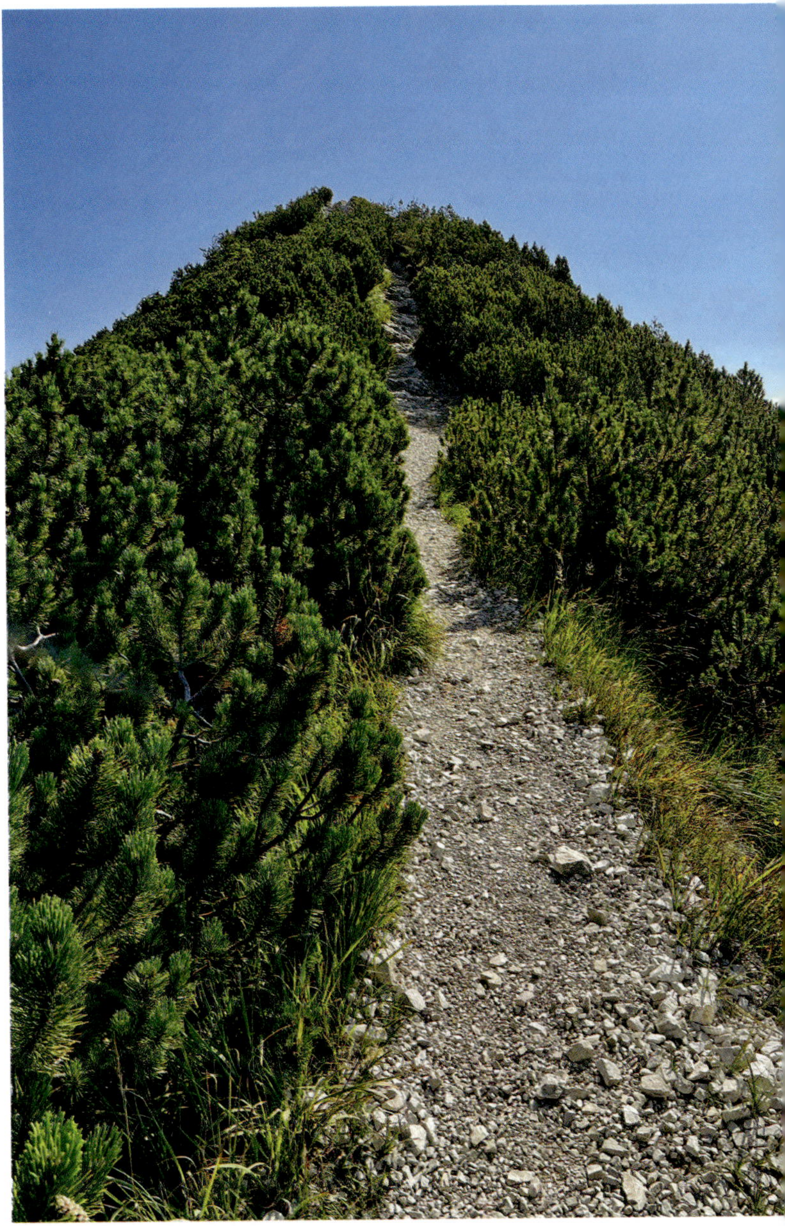

Mit jedem Gipfel kommst du deinem Ziel näher.

Veränderungen des eigenen Körpers durch den Trainingsfortschritt bemerkt. Durch das Training kannst du mehr Leistung fordern und sie später abrufen.

### WAS WAREN DEINE LEARNINGS AUS DEM ERSTEN TRAIL-WETTBEWERB?

Nach der Lockerheit der ersten Wettkämpfe schwindet die Unbedarftheit mit der Zeit. Die Lässigkeit geht verloren, vielleicht auch, weil man sich immer mehr unter Druck setzt. Jeder, der Sport ernsthaft betreibt, muss wissen, Ehrgeiz kann sich auch negativ auf die Leistung und die Gesundheit auswirken. Das Positive meiner sportlichen Karriere war die mentale Stärke. Sie gibt mir die Kraft für große Herausforderungen – auch abseits des Sports.

### MIT EINEM UNVERSTELLTEN BLICK ZURÜCK, WAS WÜRDEST DU HEUTE ANDERS MACHEN IM TRAINING, IM WETTBEWERB, GESUNDHEITLICH?

Nun, nachdem ich 2016 längere Zeit durch eine Plantarfasziitis verletzt war, steht für mich immer die Gesundheit im Vordergrund. Ich würde heute intelligenter an mir und meinem Training arbeiten. Für uns als Sportler ist es elementar wichtig, auf den eigenen Körper zu hören und den Umfang darauf abzustimmen. Nur, ab einem gewissen Punkt schaffst du das nicht mehr allein. Dann benötigst du professionelle Unterstützung. Das wäre auch meine Empfehlung an andere Sportler, wenn man den Traillauf oder eine andere Sportart professionell betreiben will: Nimm dir einen Coach dazu.

### WAS BEDEUTET ES DIR, MIT ANDEREN AUF DER STRECKE ZU SEIN?

Wir sind zwar nur Gäste in der Natur, aber mit der Zeit wirst du ein Teil der Natur. Allein oder in der Gruppe, das Erlebnis Trailrun macht immer einen Riesenspaß. Aber wir müssen das Lauferlebnis von zwei Seiten betrachten. Beim »Adventure-Run« über längere Distanzen steht eher das Quatschen im Vordergrund. Da nimmst du dir mehr Zeit für die Strecke, legst hier mal eine Pause ein oder schaust öfter mal ins Tal. Wenn ich mit anderen ein Training mache und 1000 Höhenmeter auf kurzer Distanz zurücklege, dann sieht das anders aus. Beim Training pushen wir uns und fordern uns heraus, als gäbe es kein Morgen. Da bleibt dir nicht mehr viel Luft zum Reden, allenfalls beim Downhill.

### WELCHER TYP LÄUFER BIST DU? DER GENIESSER, DER WETTKAMPF-ORIENTIERTE ODER DER LÄUFER, DER DEN BEIFALL BRAUCHT?

Schwer zu sagen. Beim Wettkampf muss es eine Strecke sein, die mich begeistert, sonst mag ich eher nicht antreten. Strecken, die technisch anspruchsvoll sind, bei denen du dir keinen Fehltritt erlauben darfst, sind mein Ding. Landschaftlich reizvoll darf es ein, auch eine Umrundung ist wunderbar – das fixt mich an. Selbstverständlich ist der Zieleinlauf immer wieder einmalig. Besonders wenn die Familie anwesend ist und einen auf den letzten Metern noch mal anfeuert alles zu geben, insbesondere wenn man führt. Ansonsten sind die Zeiten für mich eher bei einem FKT (**F**astest **K**nown **T**ime) relevant. Und wenn du schon Erster bist, dann bleibst du natürlich dran.

### WELCHE VORAUSSETZUNGEN BRAUCHT ES, DAMIT EIN TRAILRUN FÜR DICH ZUM BESONDEREN ERLEBNIS WIRD?

Ganz klar steht für mich das Naturerlebnis im Vordergrund. Wenn du in den Morgenstunden zum Gipfel des Hochstaufen hochrennst und dort über den Wolken zum Predigtstuhl oder Hochthron rüberblickst, über dir nichts anderes als der Himmel, dann sind das die magischen Momente, die du mit nichts auf der Welt tauschen möchtest.

### WELCHE AUSGLEICHSSPORTARTEN MACHST DU?

Der Sport ist für mich Lebensinhalt und bietet mir ein hohes Maß an Freiheiten, die ich im Büro nicht hätte. Ein Ausgleich zum Laufen ist für mich in jedem Fall wichtig, schon deswegen, weil die Beinmuskulatur vielfältiger angesprochen wird. Das Laufen an sich ist fordernd und fördert in erster Linie die Beinvorderseite. Die Rückseite der Oberschenkel trainierst du sehr gut beim Radfahren. Insbesondere mit Klickschuhen kannst du durch das »Ziehen« während der Bewegung die Beinrückseite ansprechen. Im Winter sind die Ski-Touren mein Ding und ein hervorragender Ausgleich für meinen Alltag.

### WIE VERBINDEST DU DAS FOTOGRAFIEREN MIT DEM TRAILRUN? GEHT BEIDES GLEICHZEITIG?

Spannendes Thema. Wenn ich mit dem Equipment unterwegs bin, dann filme oder shoote ich für andere und nicht für mich. Oder ich mache eine Rennberichterstattung. Auf diesen Läufen schleppe ich gut und gerne zehn bis zwölf Kilogramm im Laufrucksack mit Kameras, Wechselobjektiven, Gimbal und Drohne mit mir rum. Hier kommt es darauf an, die richtige Balance im doppelten Sinne zu finden. Einerseits der Lauf mit dem Equipment und andererseits mit ansprechenden Motiven und Einstellungen die Grundlage für einen überzeugenden Film zu ermöglichen.

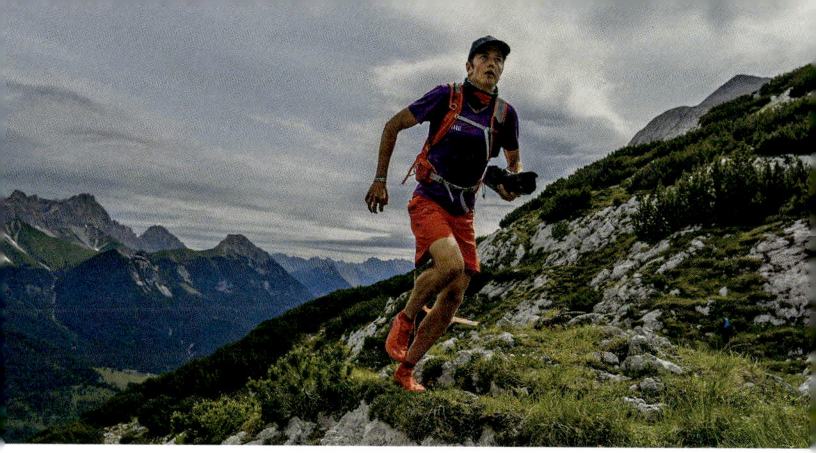

Phillip Reiter: Uphill mit der Kameraausrüstung

## DU HAST FÜNF TIPPS. WELCHE MÖCHTEST DU ANDEREN TRAILRUNNERN MIT AUF DEN WEG GEBEN?

Erstens: Gute Schuhe sind das A und O. Du musst dich sicher fühlen, Grip haben und gut im Schuh stehen können. Shirts, Tights sind eher sekundär. Zweitens: Ein weiterer Aspekt ist der Laufrucksack oder die Laufweste. Sie muss sitzen wie eine zweite Haut. Der Inhalt sollte während des Laufes nicht hin und her hopsen. Das ist anstrengend und kostet Energie. Nummer drei ist, auf den eigenen Körper zu hören, trotz der angestrebten Ziele. Was sagt dir dein Körper? Fehlt einfach nur die Motivation oder brauchst du eine Trainingspause, weil du erschöpft bist? Es ist enorm wichtig, die Signale unterscheiden zu können und darauf zu reagieren. Viertens: Jeder sollte mal im Berchtesgadener Land gelaufen sein. Fünftens: Laufen ist die einfachste und natürlichste Art der Fortbewegung. Das Angebot ist groß, aber ich rate jedem entspannt an den Sport heranzugehen und weniger wissenschaftlich. Prüfe, was für dich am besten geht.

## WAS SIND DEINE NÄCHSTEN PROJEKTE?

Die Rennen als aktiver Sportler sind für mich Geschichte. Ich laufe als Kameramann mit und verfolge meine Filmprojekte. Ein Spezl und ich wollen die historische Besteigung der Eiger-Nordwand nachmachen und die Schwierigkeiten der damaligen Pioniere am eigenen Leib nacherfahren. Dann wollen wir zu mehreren, u. a. mit Laura Dahlmeier, die Seven Summits der Alpen in einer Woche mit Skiern absolvieren.

*Danke Philipp und viel Erfolg!*

# Gesundheit

## 67 Achtsamkeit geht vor

Unsere Gesundheit ist unser höchstes Gut. Auch Profis wie Philipp Reiter weisen immer wieder darauf hin. Wir sollten sie weder durch besondere Wettersituationen noch durch Erkältungen oder grippale Infekte gefährden. Bereits leichte Halsschmerzen können Anzeichen für eine Erkältung sein. Warum weise ich darauf hin? Weil die körperliche Anstrengung bereits bei leichten Erkältungssymptomen Folgeerkrankungen wie Herzrhythmusstörungen nach sich ziehen könnte. Richtig, Konjunktiv. Aber will man das wirklich riskieren?

### Höre auf deinen Körper

Generell werden immer mal wieder Schmerzen während der Läufe auftreten. Bei einer ausgewogenen und auf die sportlichen Herausforderungen ausgerichteten Ernährung kannst du vielen Beschwerden wie Ermüdungsbrüchen vorbeugen. Ansonsten gilt: Lieber mal einen Ruhetag zusätzlich einlegen, auch wenn du deswegen gegenüber deinem Trainingsplan zurückfällst und dich mies fühlst. Alles andere musst du bezüglich des Laufsports ohnehin mit deinen Fachärzten besprechen. Vielleicht machst du das bei der nächsten sportmedizinischen Untersuchung oder beim nächsten Belastungs-EKG. Als Prophylaxe vor dem Wettbewerb eingenommen wirken Schmerztabletten nicht und leistungssteigernd sind sie auch nicht, das ist nachgewiesen. Während des Laufs oder Wettbewerbs Schmerzmittel einzunehmen, sollte jeder genau abwägen, denn manche Schmerzmittel führen neben anderen Nebenwirkungen zu Müdigkeit, die bei einem fokussierten, technisch anspruchsvollen Traillauf kontraproduktiv ist. Zipperlein wie Schmerzen in der Fußsohle oder an der Ferse können sich sehr schnell zu einer Plantarfasziitis entwickeln oder die Achillessehne in Mitleidenschaft ziehen. Danach ist definitiv erst mal Pause und richtig weg geht das Problem auch nicht mehr. Ein weiteres Zentrum des Schmerzes können die Knie sein. Wir Läufer hören das nicht gerne, aber die Minisken und Knorpel unterliegen einem natürlichen Verschleiß, den wir mit unseren extensiven Läufen auch noch fördern. Achtet auch auf kleinere Signale und beurteilt, ob sie sich länger halten und einen Arztbesuch nötig machen. Manchmal resultieren die Schmerzen aus Muskelverspannungen oder Sehnenreizungen. Dann helfen erst mal die Faszienrolle oder Dehnübungen.

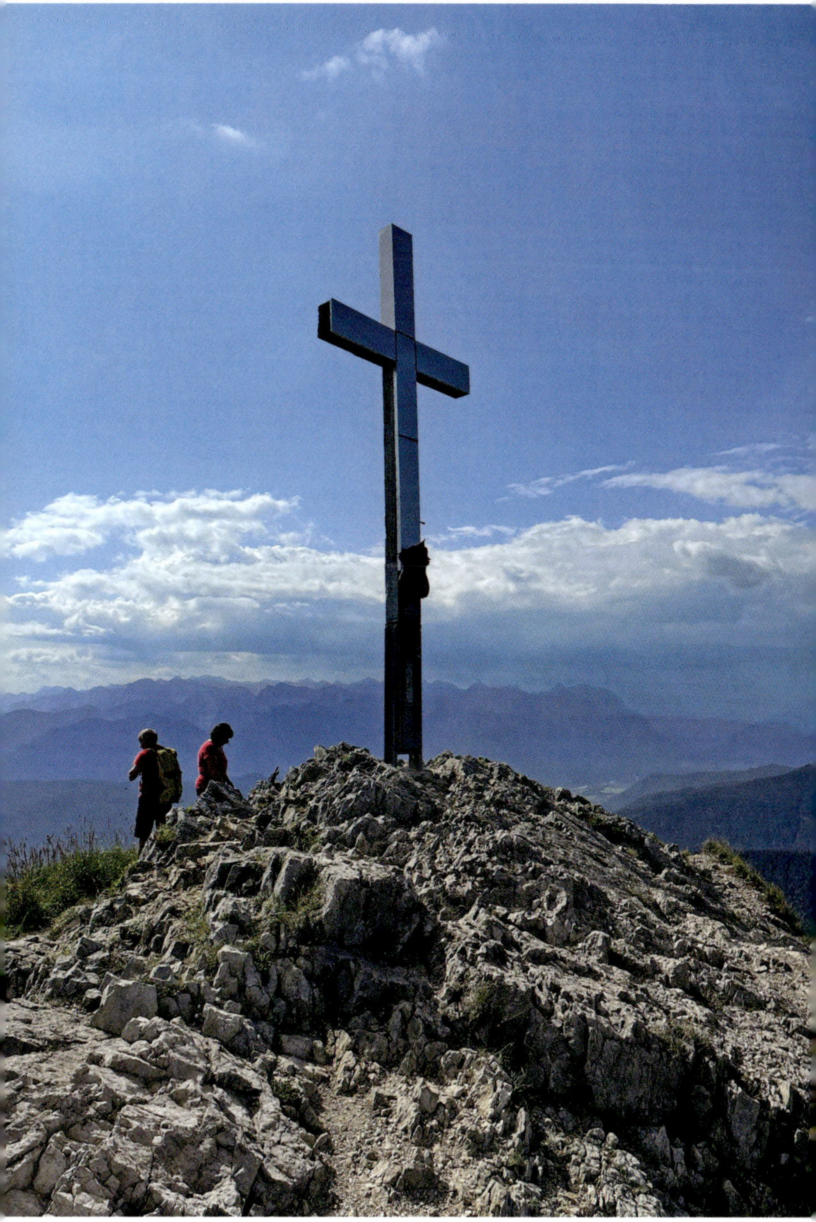

Am Gipfelkreuz hast du deinen Zwischensieg erlaufen.

# Unfallgefahr

## 68

## Vorsicht ist die Mutter der Porzellankiste

Es regnet seit Tagen ohne Unterbrechung. Der Boden ist aufgeweicht und der Schlamm ist butterweich. Steine blinzeln feucht zwischen dem Laub hervor und lassen erahnen, wie glatt die Oberfläche ist. Bei schlechtem Wetter und im Gelände, besonders im Herbst und Winter, sind die Gefahren auf Felsen und Wurzeln nicht sofort erkennbar, da sie von Laub verdeckt sind. Schnell ist man ohnehin unterwegs. Der Schlamm spritzt auf und das Laub füllt die Unebenheiten zwischen feuchten Wurzeln und Steinen. Ebenso können Eis und Schnee den Lauf sehr rasch zu einem Erlebnislauf der besonderen Art werden lassen, wenn der Winter über alles eine weiße Decke gebreitet hat. Selbstverständlich bist du erfahren und weißt, wie du unvorhergesehene Bewegungsabläufe ausgleichst. Und doch kann es auf nassem oder vereistem Felsen oder dem Wurzelpfad rasend schnell zum Kontrollverlust kommen und der Sturz nicht mehr abzuwenden sein. Das geschieht unmittelbar und der nasse Fels ist glatt wie Eis. Dann gibt es kein Halten mehr und du bist schneller in der Horizontalen als dir lieb ist. Achtet auf euch.

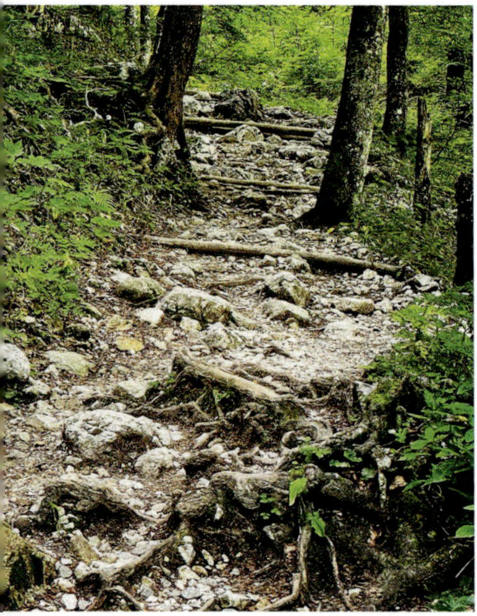

Für Technikliebhaber: der Stein- und Wurzelpfad

Unangenehm sind auch Stürme. In der Regel kündigen die Wetter-Apps oder die Warn-App Nina Extremwetterlagen an. Bleibe bei diesem Wetter lieber zu Hause und schiebe das Athletik-Training dazwischen. Wer zwei oder drei Tage nach einem Sturm durch den Wald rennt, wird sehen, wie extrem ein Sturm wüten kann.

*Tipp: Du solltest während des Sturms, bei Schnee oder großer Nässe auch Tage nach dem Unwetter nicht im Wald sein, da Bäume durch die aufgeweichten Böden oder unter der Schneelast weiterhin umfallen können.*

# Wolf gelaufen

69

## Es brennt wie die Hölle

Du stehst mit Stolz erfüllt auf dem Weg und weißt, du hast deinen langen Lauf oder Wettbewerb geschafft. Klar schmerzen die Beine ein wenig, die Fußsohlen brennen und der Rücken muss noch mal gedehnt werden. Du klopfst dir auf die Schulter und merkst, an den Brustwarzen und am Hosenbund scheuert es ein wenig. Ach, ist nur ein bisschen wund. Aber spätestens unter der lang ersehnten Dusche kommt es zum Urschrei. Wenn das heiße Wasser über deine entzündeten Brustwarzen oder über den Bauch in den Schritt hinab läuft, brennt es wie Feuer. Wer die Probleme nicht kennt, der läuft noch nicht lange. Schweiß, Feuchtigkeit, salzverklebte Haare, nasse Kleidung und die permanente Reibung führen dazu, dass die Haut mindestens gereizt wird oder das Fleisch im unteren Rücken, im Schritt oder auf den Schultern offen liegt. Das tut weh. Willkommen im Club. Die Nippel mit Leukoplast oder Kinesiotape abkleben, um sie zu schützen, lernt man als Erstes. Wer über eine längere Strecke mit der Laufweste unterwegs ist, der klebt auch die Schultern ab. Alternativ kannst du auch ein enges Sportunterhemd anziehen, um da schlimmste zu verhindern. Aber was machst du im Schritt? Ganz einfach schmieren. Entweder verwendest du Vaseline, allerdings wird sie auf Erdölbasis hergestellt und reibt sich langsam in die Kleidung, oder du nutzt ein vergleichbares Produkt mit natürlichen Inhaltsstoffen. Diese gibt es mittlerweile auch als Stick, vergleichbar mit dem Deo-Roller. Einfach nach Bedarf rausdrehen und alles sorgfältig eincremen. Diese Prozedur solltet ihr wiederholen, nachdem ihr unterwegs aus wichtigem Grund im Gebüsch verschwunden seid.

*Tipp: Es brennt spätestens beim Duschen wie Hölle. Schütze die gefährdeten Bereiche unbedingt vor dem Lauf.*

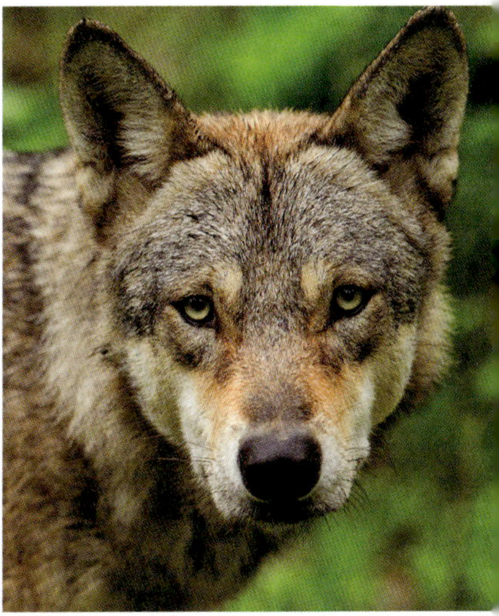

Einen Wolf laufen: Gott sei Dank nur eine Floskel

# Blasen

## 70 Auf Eiern laufen

Blasen (engl.: Blister) können zum Begleiter werden, wenn die Schuhe zu eng oder zu klein gewählt wurden. Ein anderer Urheber ausgeprägter Blasen können die Strümpfe oder Verunreinigungen und Beschädigungen innerhalb des Laufschuhs sein. Die Schuhe solltest du wie im Kapitel 35 beschrieben um eineinhalb bis zwei Größen größer wählen als die normalen Straßenlaufschuhe. Trotzdem müssen sie deine Füße sicher halten und schützen. Moderne Strümpfe sind so gefertigt, dass sie für den rechten und linken Fuß gestrickt werden, also die Form des Fußes abbilden. Trotzdem solltest du sie nicht einfach anziehen und 30 Kilometer losrennen. Laufe neue Strümpfe erst einmal ein. Das gilt im Übrigen auch für die Trailschuhe. Vermeide Falten und das Verdrehen der Socken, denn das kann Blasen hervorrufen. Den Kleinkram, den du auf dem Trail mit dem Schuh einsammelst, kannst du entweder durch Trailschuhe eindämmen, deren Wulst am Einstieg etwas dicker ausgeprägt ist oder durch »Gaiter«. Die Gaiter sind »Überzieher« für den Einstieg am Schuh. Die kleinere Öffnung wird oberhalb des Sprunggelenks befestigt und die größere Öffnung am Schuh selbst. Beides, die Wulst und die Gaiter, verhindern das Eindringen von lästigen Fremdkörpern.

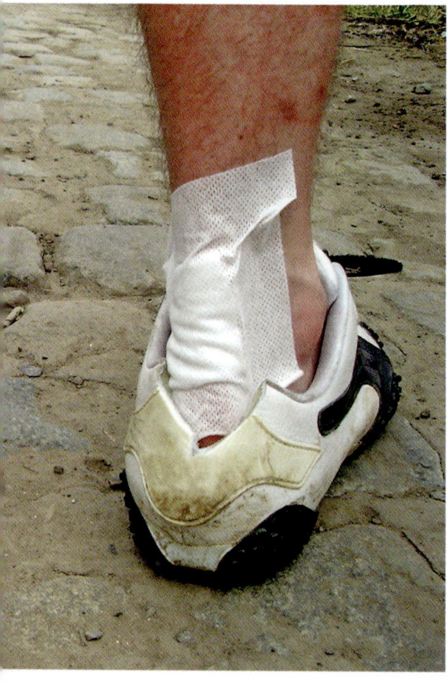
Vorbeugen ist besser!

*Tipp: Beuge den Blasen vor, denn sie sind lästig und begleiten dich etwas länger. Notfalls klebst du bei längeren Etappen mit Leukoplast oder Kinesiotape die empfindlichen Stellen ab.*

# Blaue Fußnägel

71

## Ganz ohne Nagellack

Wer viel läuft, hat selten schöne Füße. Irgendwas ist immer. Hornhaut, Blasen, Abschürfungen oder blaue Zehennägel. Letzteres kann an zu kleinen Schuhen liegen oder an einem weniger ökonomischen Laufstil. Die Läufer, die auf der Ferse aufkommen und anschließend mit dem Vorfuß auf dem Boden »platschen«, werden sich nach dem Lauf ebenso über farbige Fußnägel freuen dürfen, wie jene, die lange Fußnägel haben. Aber auch die Läufer, die häufiger gegen Steine stoßen, erleben im Nachgang ein fröhliches Farbenspiel. Der Fachmann spricht in diesem Fall von einem subungualen Hämatom, einer Nagelbettblutung oder einem Bluterguss. Der Nagel hebt sich ein wenig, die Schwellung nimmt dann auch wieder ab. Es kommt vor, dass sich der Nagel ablöst. Bei starken und pochenden Schmerzen ist es mitunter nötig, den Nagel zu durchbohren. Bitte auf keinen Fall selbst machen, da sich die Wunde unter dem Nagel entzünden kann. Welche Gründe auch für die Blutblase unter dem Fußnagel verantwortlich sein mögen, du hast jedenfalls länger etwas davon. Pediküre kann blaue Fußnägel verhindern. Aber es gibt auch einen kleinen Trost, der blaue Fleck wächst mit dem Wachstum der Nägel langsam, aber sicher heraus – zwei bis fünf Millimeter pro Monat. Allerdings kann es im Verlauf dazu kommen, dass der Nagel etwas deformiert zurückbleibt. Aber ansonsten sind auch die blauen Nägel bald Geschichte.

*Tipp: Blaue Fußnägel kann man meistens vermeiden. Treten sie trotzdem auf, akzeptiere es, wähle geschlossene Schuhe oder trage Nagellack auf.*

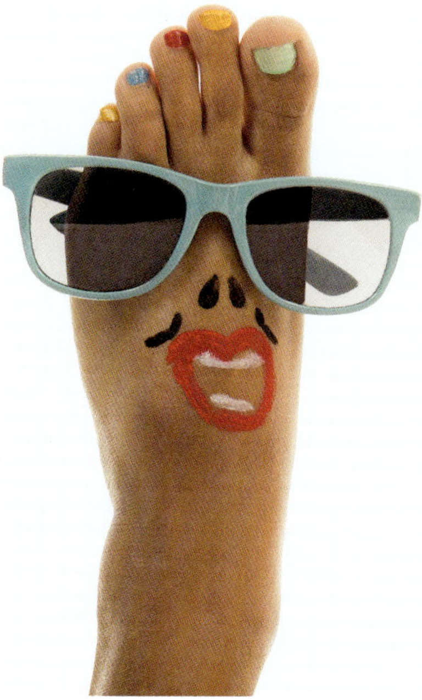

Wenn der Schuh zu eng wird, laufen die Fußnägel bunt an.

# Fersensporn

72

## Da hilft nur noch Geduld

Wenn es bei jedem Auftreten in der Ferse schmerzt, dann ist es so weit – Fersensporn. Er ist lästig und schmerzhaft. Ich glaube, so lässt sich der Fersensporn am besten beschreiben. Wobei wir bei diesem Krankheitsbild zwischen dem Fersensporn an der Fußsohle und dem an der Achillessehne differenzieren müssen. In beiden Fällen ist eine Überreizung der Sehne die Ursache. Bei der plantaren Sehne handelt es sich um eine Reizung der Sehnenplatte im Fußgewölbe, der Plantarsehne. Die Sehne weist im Ansatz des Fersenbeins einen knöchernen Sporn auf, der diese Entzündung hervorruft. Man spricht von der Plantarfasziitis, siehe auch Kapitel 23, Faszien. Einen Sporn weist auch die andere Form des Fersensporns auf, der zur Reizung der Achillessehne führt – der dorsale Fersensporn. Der Druckschmerz kann enorm sein und dein Arzt wird dir eine passive Korrektur verschreiben, anders ausgedrückt, eine Schuheinlage. Ergänzend kann eine Stoßwellentherapie helfen oder eine Strahlentherapie. Beim dorsalen Fersensporn soll auch das Massieren der äußeren Ränder deiner Ferse mit einem Tennisball helfen. Wichtig ist, dass du die Durchblutung steigerst und damit den Stoffwechsel erhöhst.

*Tipp: Der Fersensporn kann sehr hartnäckig sein. Die Heilung kannst du fördern, wenn du die schmerzenden Stellen sanft und ausstreichend massierst. In jedem Fall ist Geduld die beste Tugend und eine Pause vonnöten.*

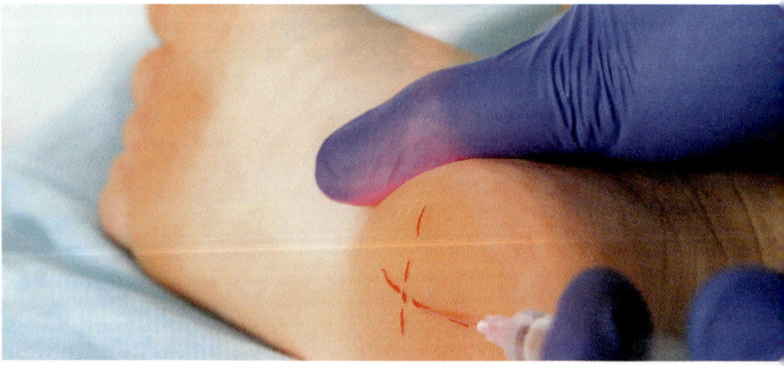

Fersensporn: wenn der Schmerz von innen kommt

# Krämpfe

73

## Vorbeugen ist besser!

Du läufst Stunde um Stunde und bist guter Dinge. Aber plötzlich ist er da. Oder hast du ihn schon vorher gespürt? Er kriecht langsam in die Muskulatur und lässt deinen Muskel zunehmend verhärten. Erste Schmerzen machen sich bemerkbar. Dann geht auf einmal nichts mehr. Im schlimmsten Fall gehst du in die Knie und du beginnst zu kriechen, aber zu gehen oder gar zu laufen funktioniert nicht mehr. Grund dafür sind häufig die fehlenden Elektrolyte sowie die entleerten Kohlenhydratspeicher, seltener die Hyperhydration. Wenn du dich vor und während des Laufs nur unzureichend ernährst und das Trinken komplett vernachlässigt hast, dann kann dir genau das passieren. Krämpfe! Eine andere Möglichkeit ist, dass deine Muskeln ermüdet sind. Eine mögliche Unterversorgung kannst du beheben, indem du die Speicher wieder auffüllst. Zur Einnahme von Magnesium und dessen Vorbeugung gegen Muskelkrämpfe ist die Datenlage noch dünn.

*Tipp: Vernachlässige das Trinken und Essen bei langen Einheiten nicht. Eine täglich ausgewogene Ernährung spielt für Sportler eine große Rolle und sollte nicht vernachlässigt werden.*

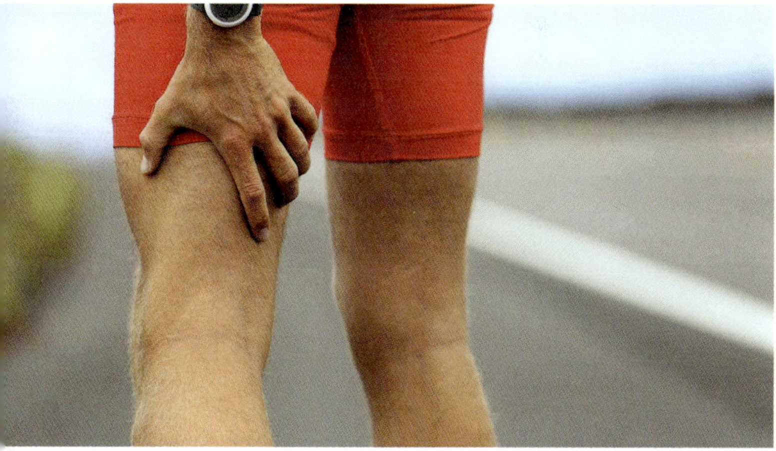

Meistens kündigt er sich früh an, der Krampf.

# Verletzt, und jetzt?

74

## Das Bore-out

Du hast einen Fersensporn, eine Knieverletzung oder dich beim letzten Downhill langgemacht und dir eine Prellung zugezogen oder was gebrochen. Darauf folgt erst einmal Stille, Ruhe und Zeit für innere Einkehr – um die keiner gebeten hat. Und schon gar nicht, wenn draußen das beste Laufwetter herrscht. Vor deinem inneren Auge fühlst du dich in ein tiefes Loch strafversetzt, draußen zwitschern die Vögel und du siehst hinaus und blickst in einen strahlend blauen Himmel. Auch wenn es draußen regnen würde, würdest du dir leidtun. Daran änderst du jetzt erst mal nichts mehr. Aber was kannst du stattdessen vorbeugend machen? Prüfe kritisch, was genau passiert ist und warum es passiert ist. Hinterfrage eventuell, ob du gut genug für die gelaufenen Strecken trainiert bist, nicht nur läuferisch und konditionell, sondern auch mit Fokus auf deine Muskulatur. Haben deine Schuhe noch genügend Grip. Warst du zu unkonzentriert? Vielleicht warst du abgelenkt oder du warst zu müde und daher unachtsam? Es gibt viele Gründe für eine Verletzung beim Sport. Die Zeit der Erholung kann man sehr gut nutzen, an seinem Trainingsplan zu arbeiten und neue Trail-Spots herauszusuchen. Denn nach der Verletzung ist vor dem Lauf.

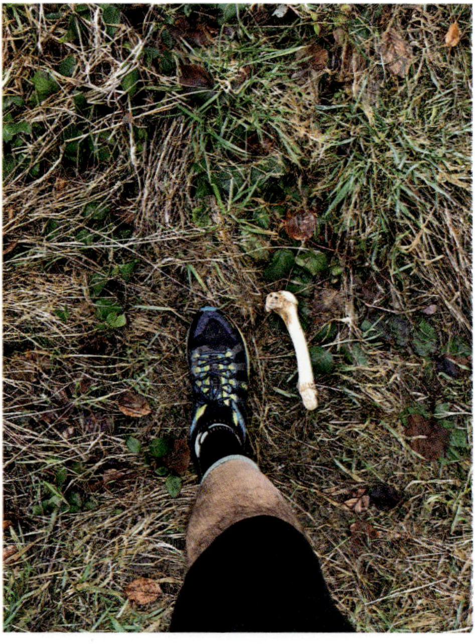

Wenn der Körper eine Auszeit braucht.

*Tipp: Mach das beste aus der Misere und lass dich von neuen Lauf-Destinationen und Berichten zu Lauf-Events inspirieren.*

# Rettungskit

75

## Immer dabei

Für die kleineren Unfälle genügt uns Trailläufern ein handelsübliches Rettungskit mit Trillerpfeife, Rettungsdecke, Dreieckstuch, Bandage und Pflaster, manchmal mit Zeckenzange. Teile der vorgenannten Gegenstände gehören auf Laufveranstaltungen ohnehin zur Pflichtausrüstung. Jeder von uns sollte bei Läufen ohne Begleitung eine Rettungsdecke und eine Bandage mit sich führen. Wenn du in der Gruppe läufst, genügt es, wenn ein Mitläufer ein Set dabeihat. Größere Verletzungen sollten immer durch externe Helfer versorgt werden. In der Regel führen diese Unfälle oder Schwächeanfälle und vieles mehr bei Laufwettbewerben zum DNF (**D**id **N**ot **F**inish) und Rennabbruch. Melde deinen Ausstieg aus dem Rennen in jedem Fall dem nächsten Streckenposten oder Verpflegungspunkt, damit du nach dem Lauf nicht als vermisst gesucht wirst, weil du nicht über die Ziellinie gelaufen und nicht registriert wurdest.

*Tipp: Habe immer eine kleine Notfallausrüstung dabei, um dich und andere versorgen zu können.*

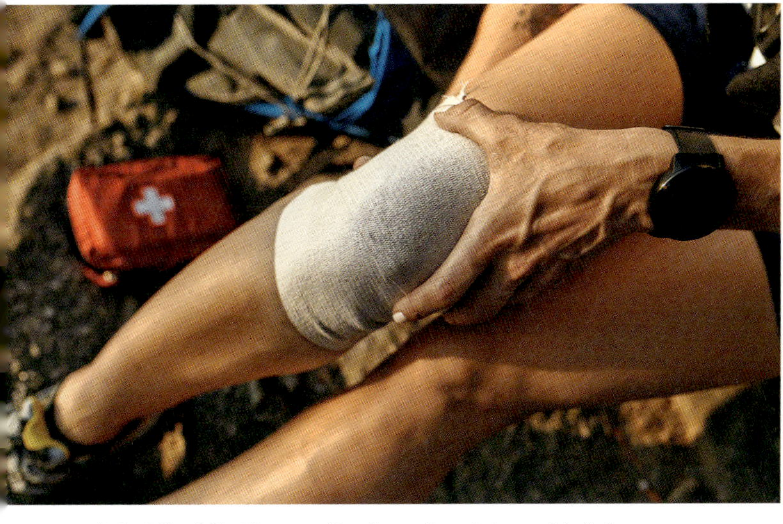

Rettungsdecke, Trillerpfeife, Pflaster und Bandage solltest du immer dabeihaben.

# Hilfe rufen

76

## Für den Notfall gerüstet

Was tun im Notfall? Eine gute Vorbereitung ist entscheidend. Vor dem Start zu deinem Lauf informierst du selbstverständlich deine Liebsten, wohin du läufst und wie viel Zeit du für den Lauf einplanst. So fällt es auf, wenn du dich verspätest. Trotz aller Vorsicht und Planung, es ist passiert! Du hast dich auf dem Trail »weggeworfen«, du bist gestürzt und hast dir was verstaucht oder gebrochen. Du liegst abseits der Wege im Wald oder Gebirge. Du bist verletzt im verblockten Gelände. Was tun? Versuche trotz des Schrecks und der Schmerzen Ruhe zu bewahren. Sondiere die Lage und prüfe zunächst, ob du sicher sitzt oder liegst und ob es für dich einen Weg gibt, dich aus eigener Anstrengung aus der Situation zu befreien. Prüfe im Anschluss, ob und in welchem Umfang du verletzt bist. Bei leichten Verletzungen erübrigt sich vielleicht eine Erstversorgung durch Dritte. Im Anschluss daran nimmst du dir bei Bedarf mit dem Rettungskit die Rettungsdecke raus und wickelst dich ein, als zusätzliche Hilfe gegen eine Auskühlung. Darüber ziehst du deine Jacke und/oder Hose, je nach Verletzung, damit die Rettungsdecke nah am Körper bleibt. Gibt es vielleicht in der Nähe einen Unterstand oder Felsvorsprung, der dich vor Wettereinflüssen bewahren könnte? Prüfe im nächsten Schritt, ob du Handyempfang hast, und setze bei Bedarf einen Notruf ab. Zur Info an die Leitstelle fokussierst du dich auf die zunächst wesentlichen Auskünfte: Wer ruft an? Was ist passiert? Wo ist der Unfall passiert? Wann bist du verunfallt? Welche Verletzungen hast du? Die genaue Position kannst du ergänzend über dein Handy ermitteln und die Leitstelle dazu informieren (s. a. Kapitel 29). Sobald du die Retter hörst, kannst du mit der Trillerpfeife, bei Dunkelheit mit dem Licht deiner Stirnlampe oder der Taschenlampe deines Handys auf dich aufmerksam machen. Mit dem Live-Tracking bist du bei Empfang ergänzend über deine Kontaktperson abgesichert. Bei manchen Laufuhren meldet die Laufuhr auch Stürze an den entsprechenden und von dir eingetragenen Notfallkontakt weiter. Einen Notruf kannst du ebenfalls absetzen, indem du bis zu siebenmal auf den Ein-/Aus-Schalter deines Handys drückst. Solltest du nicht mehr ansprechbar sein, aber dennoch gefunden werden, dann hilft der mitgeführte Personalausweis, dich zu identifizieren. Der von dir im Handy eingetragene Notfallkontakt kann durch die Rettungskräfte informiert werden.

# Mobiltelefone

77

## Stay tuned

Seit mit dem Smartphone die mobile Datennutzung Einzug in unser tägliches Leben gehalten hat, können wir uns ein Leben ohne diese Endgeräte kaum noch vorstellen. Ob Bankgeschäfte oder Online-Einkäufe, Navigation oder die Dokumentation unserer sportlichen Aktivitäten, Kurznachrichtendienste oder Wetterberichte, es gibt fast nichts, was ein Handy nicht schafft – soweit man ein Netz hat. Das ist ja leider, anders als in Skandinavien, in den deutschen Wäldern, den Mittel- und Hochgebirgen eher rudimentär der Fall. Trotzdem, das Handy ist dabei und verleitet auch dazu, die soeben absolvierten Strecken oder besonderen Erlebnisse auf dem Trail schnell und selbsterklärend auf Social-Media-Plattformen zu posten. Das Smartphone scheint unverzichtbar für jene, die immer erreichbar sein wollen oder bekannt geben möchten, wo sie sich befinden. Ebenso für die anderen unter uns, die dem Mainstream folgen und ohne Musik nicht laufen können oder wollen. Darüber gerät fast in Vergessenheit, dass das Mobiltelefon auch im Notfall wertvolle Unterstützung bieten kann. Wobei kein Aspekt den anderen ausschließt, aber, abgesehen vom Notfall, auch nicht erforderlich ist. Als wohlgemeintes Navigationsgerät oder aber auch für das Live-Tracking eignen sich die mobilen Helfer ebenfalls sehr gut. Es gibt also keinen Grund, der gegen die Mitnahme eines Mobiltelefons spricht – abgesehen vom Gewicht und der teilweise gigantischen Größe.

*Tipp: Stay tuned. Im Notfall, der hoffentlich nie eintritt, werdet ihr dankbar sein, einen 4,1-Zoll-Bildschirm mit 220 Gramm Lebendgewicht durch die Gegend gewuchtet zu haben.*

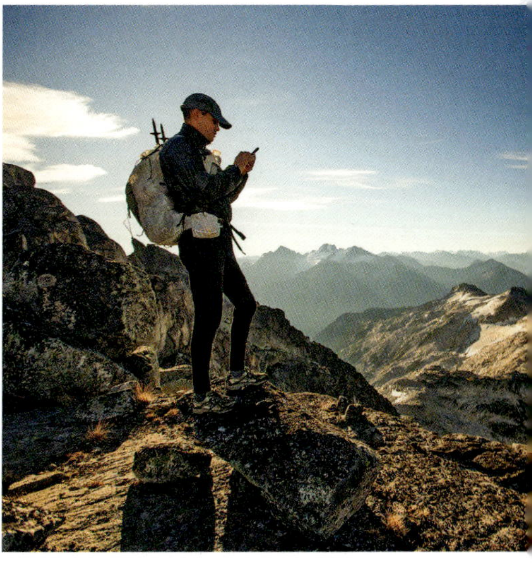

Für coole Fotos und hilfreiche Telefonate: das Handy

# Trillerpfeife

78

## Hast du Töne

Es gibt Hersteller, bei denen gehört die Pfeife am Rucksack zum Lieferumfang. So weit, so gut. Wenn man sich dieses Gadget ansieht, erkennt man aber sofort, nett gemeint, aber der Wille allein zählt nicht. Denn wirklich laut sind die Dinger nicht und von einer Signalpfeife kann man wohl kaum sprechen. In einem richtigen Notfall und wenn die Situation bedrohlich ist, bei starkem Wind, starken Niederschlägen und irgendwo im Berg kauernd, bringen diese niedlichen Accessoires nicht viel. Da muss schon eine Pfeife mit ordentlich Dezibel in den Rucksack. Im Handel gibt es entsprechend lautstarke Trillerpfeifen. Zugegeben, die sind etwas größer, aber dafür auch mit geringem Aufwand wesentlich lauter. Bedenke, im Notfall ist die Lautstärke, mit der du auf dich aufmerksam machen musst, entscheidend. Die Retter müssen dich hören und lokalisieren können.

*Tipp: Ersetze das im Lieferumfang enthaltene Spielzeug gegen eine ordentliche Trillerpfeife. Nur für den Notfall, der hoffentlich nie eintritt.*

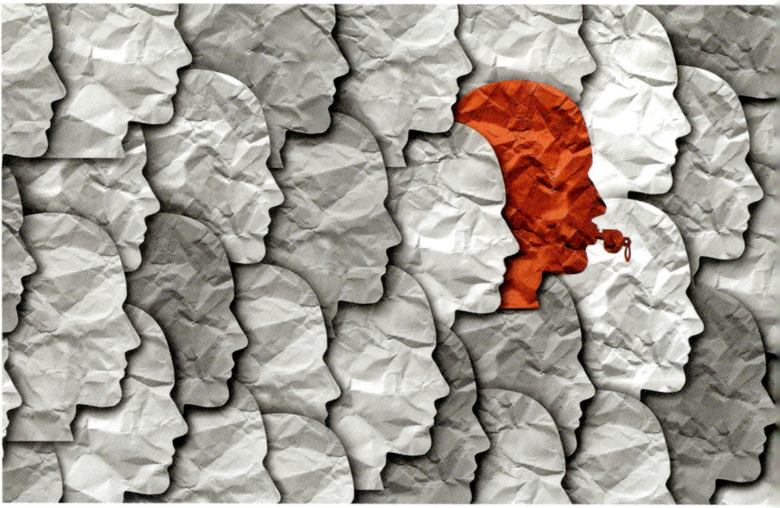

Mit der Trillerpfeife kannst du aus der Masse der Töne herausstechen.

# Versicherung

79

## Vorsorgen für den Notfall

Wer viel unterwegs ist, dem kann auch viel passieren. Meistens geschehen Unfälle aus Unkenntnis der Strecke oder Wetterlage. Aber auch grobe Fahrlässigkeit und Selbstüberschätzung fallen darunter. Und ehe man es sich versieht, wird das kleine Missgeschick zum Unfall. Das meiste ist über eine einschlägige Unfallversicherung abgedeckt. Anders sieht das in den Bergen aus. Kommt es im alpinen Gelände zu einem Unfall, holt die Bergwacht schnell das ganz große Besteck raus. Dieses Vorgehen ist darin begründet, dass man die Person retten möchte, ohne sich selbst dabei in Gefahr zu bringen. Da ist es nur selbstverständlich, dass die Retter mit entsprechender Absicherung arbeiten. Für den Verunfallten kann das unter Umständen teuer werden. Daher solltet ihr den Abschluss einer Versicherung in Erwägung ziehen, die die Kosten der Rettung inklusive einer Flugrettung abdeckt.

*Tipp: Wäge die Herausforderungen deines Laufs ab. Schließe immer eine Versicherung ab, um dich im Ereignisfall finanziell nicht zu ruinieren.*

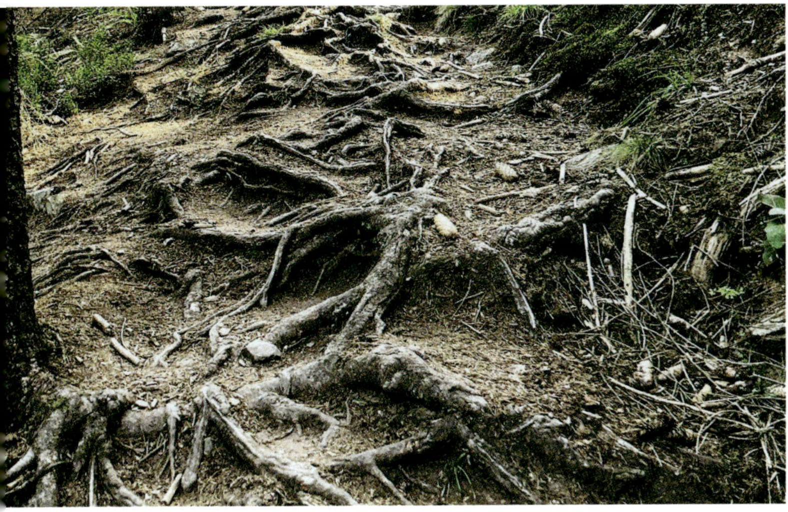

Wenn der Downhill zum Fiasko wird, ist die Versicherung Gold wert.

# DAV

80

## Deutscher Alpenverein

Der Deutsche Alpenverein – eine Institution seit seiner Gründung im Jahr 1869. Mittlerweile zählt der Verein 1 385 440 Mitglieder. 43 % davon sind weiblich. Überraschend war für mich, dass es »nur« 19 % Mitglieder gibt, die älter als 60 Jahre sind. So viel zum Schubladendenken, der Autor hatte ohne tiefer gehendes Wissen mehr erwartet. Gegründet wurde der Verein von deutschen und österreichischen Bergsteigern. Die sportlichen Neigungen der Vereinsmitglieder überschneiden sich. Das liegt natürlich daran, dass von einem Mitglied mehrere Sportarten ausgeübt werden. Daher verwundert es nicht, dass Skifahrer ebenso Mitglied sind wie Mountainbiker, Kletterer und viele Sportler mehr, so auch die Trailrunner. Yeah! Für den Einstieg ins Gebirge, inklusive der relevanten Informationen zu dieser fantastischen Naturlandschaft, mit den zahlreichen Weiterbildungen, den Veranstaltungen und mit einem Versicherungspaket für die Bergrettung, bildet dieser Verein ein sehr breites Spektrum ab, das hier nur unzureichend beschrieben werden kann. Du kannst an sehr umfangreichen Aus- und Weiterbildungen teilnehmen und zum Beispiel einen Lehrgang zum Bergwanderführer absolvieren.

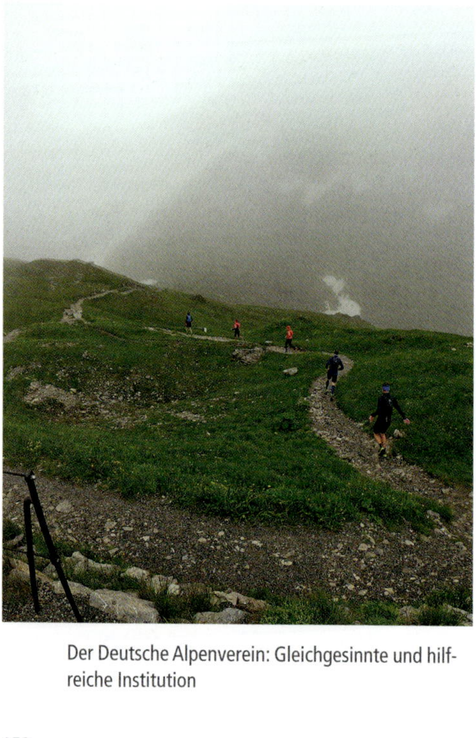

Der Deutsche Alpenverein: Gleichgesinnte und hilfreiche Institution

*Tipp: Suche die Website des DAV auf, um dich zu dem sehr umfassenden Leistungspaket zu informieren.*

# DUV

81

## Deutsche Ultramarathon-Vereinigung

Nicht zu verwechseln mit dem DAV ist der DUV oder die Deutsche Ultramarathon-Vereinigung e. V. Sie ist die Fachorganisation der Ultramarathonläufer in Deutschland und wurde 1985 gegründet. Der DUV organisiert zahlreiche Laufveranstaltungen, gibt vielfältige Tipps und natürlich kommt auch das Netzwerken nicht zu kurz. Wer also plant auf die Ultradistanz zu wechseln und einen sicheren Hafen sucht, der ist in diesem Verband sehr gut aufgehoben. Natürlich findest du hier Mitglieder mit unterschiedlichen Ambitionen und Erfahrungen. Daher ist es, wie in jedem Verein, sehr einfach Anschluss und Gesprächspartner zu finden. Und vielleicht läufst auch du irgendwann die 100 Kilometer in Biel.

*Tipp: Informiere dich auf der Website und schau, ob du hier eine Heimat finden kannst.*

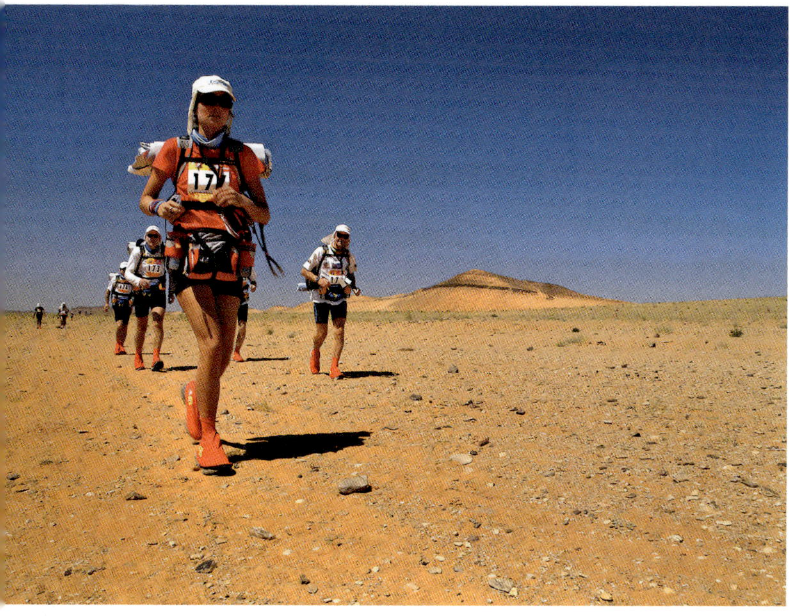

Die Deutsche Ultramarathon-Vereinigung: der Verein für die Liebhaber von Ultras

# Biwakieren

## Mit Zelt und Schlafsack

82

Die Nacht war kühl. Du hast oberflächlich geschlafen. Dein Schlafsack war warm und das Zelt dicht und du sehnst dich ein wenig nach Ruhe. Aber von wegen Ruhe. Du liegst auf einer Lichtung im Zelt, nur ein zarter Schimmer Licht, das den Nachthimmel am Horizont erhellt, kündigt den nächsten Tag an und dir zwitschern seit dem Beginn der Blauen Stunde die Vögel gut gelaunt ins Ohr. Zeit aufzustehen und bei einem Heißgetränk der Sonne bei ihrer Arbeit zuzusehen, zu frühstücken und dann die Sachen zusammenzupacken. Auf geht's. Die nächsten 50 Kilometer warten. Bei mehrtägigen Lauftouren planst du eine Übernachtung mit ein, es sei denn, du ziehst es ohne zu schlafen durch. Ansonsten hast du dir vermutlich ein Hotelzimmer oder einen Schlafplatz in der Hütte reserviert. Was in den Alpen kategorisch verboten ist, kannst du in den Mittelgebirgen durchaus umsetzen – das Schlafen im Biwak. In den Alpen kann das widerrechtliche Campen teuer werden. Und es wird kontrolliert! Mit dem entsprechenden Rucksack, der meistens mehr als 20 Liter Volumen hat, aber mit so wenig Kilogramm wie möglich beladen werden sollte, begibst du dich als Speedhiker oder Fastpacker auf deine mehrtägige Tour. Ergänzend zu der üblichen Ausrüstung empfiehlt sich je nach Anforderung der Hüttenschlafsack aus Seide (Gewicht) oder der klassische Schlafsack, eventuell eine Isomatte, ein Zelt, ein kompakter Kocher plus Topf, in Tüten verpackte Lebensmittel, Zahnbürste (gekürzt), Hygieneartikel im Miniformat, individuelle Medikamente, Speicherkarten und ein Minihandtuch (Mikrofaser) mitzuführen. Am Ende sollten zwischen acht und maximal zehn Kilogramm alles inklusive auf der Anzeige der Waage stehen. Ein zu schwerer Rucksack kann zu einer großen Herausforderung für dich werden.

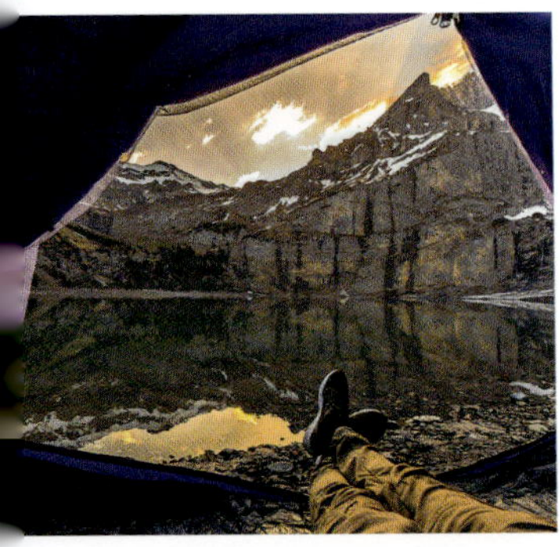

Zelten im Gebirge: die Stille genießen, dort wo es erlaubt ist

*Tipp: Im wahrsten Sinne des Wortes solltest du immer wieder abwägen, ob es noch leichter geht, bevor du auf der Strecke die Hälfte aus dem Rucksack nehmen und nach Hause schicken musst.*

# Schilderwald

83

## Wo läufst du denn?

Kennst du den Anblick, wenn Wanderer vor einer Weggabelung mit mehreren Abzweigungen mitten in den Bergen oder im Wald stehen und diskutieren, wo es langgeht. Es kommt schon vor und wirkt besonders witzig, wenn der ein oder andere versucht, der Richtung des Wegweisers mit Blick und Körperhaltung zu folgen, um vielleicht am Ende des Weges das imaginäre Ziel zu erspähen. An mancher Wegkreuzung, insbesondere in den Alpen, kann daher deine Fähigkeit zur selektiven Wahrnehmung gefragt sein. Spätestens wenn sich an einem Mast mehrere Schilder mit zahlreichen Zielen und Zeitangaben zur Strecke befinden und dazu in mehr oder weniger eindeutige Richtungen weisen, ist der Navigator in dir gefragt. Selbstverständlich hast du den Track auf deinem Endgerät und der Uhr. Ergänzend dazu nutzt du eine Karte und hast dich beim Hüttenwirt und im Touristenbüro zu den aktuellen Verhältnissen rückversichert – Redundanz in Höchstform. Sehr gut, du bist exzellent vorbereitet gestartet! Und doch scheint das Schild vor euch weniger eindeutig weiter Richtung halb links zu weisen, als es müsste, oder doch eher geradeaus? Na, wie dem auch sei. Als Trailläufer kommt eine weitere Komponente hinzu: Du bist schneller unterwegs und die Schilder sind für Wanderer gemacht. Zack, vorbei. Und wie ein Gifttropfen schleicht sich die Unsicherheit in dein Gehirn. Erste Zweifel werden laut und du bist dir nicht mehr sicher, ob die eingeschlagene Richtung korrekt ist. Mittlerweile bist du 200 oder 500 Meter weiter, während du immer noch abwägst, ob der Rückweg lohnt. So können sich mit jedem Zweifel Kilometer um Kilometer zum geplanten Kurs hinzuaddieren. Daher ist es durchaus sinnvoll, an den Schildern kurz abzustoppen, um dir einen Überblick zu verschaffen – ob du jetzt Zeit verlierst oder später, ist egal. Jede möglicherweise falsche Interpretation beim Vorbeilaufen kann einen anstrengenden und zeitaufwendigen Rückmarsch nach sich ziehen und deine Konzentration vom Trail weglenken. Das ist grundsätzlich allenfalls ärgerlich. Bei einer drohenden Schlechtwetterlage, in den frühen Abendstunden oder wenn die Leistungsfähigkeit ihre Grenzen erreicht hat, kann eine unzureichende Orientierung zu einem echten Problem werden.

*Tipp: Lege Wert auf Redundanz in der Streckenführung. Digital, analog und ergänzend stehen die Schilder zur Verfügung.*

# Tierbegegnungen

## 84 Mit Respekt und Rücksicht

Respekt für die Sportler, die sich auch beim Running ein wenig Zeit für die Natur, für die Flora und Fauna nehmen. Da meldet sich der Hedonist in euch (s. a. Kapitel 4). Für den Autor gehört der Genuss der Natur unbedingt zum Trailrunning dazu. Kurz die Stille genießen, in die Ferne blicken, den Murmeltieren zusehen, Rehe beim Äsen beobachten oder Vögeln hinterherblicken, wie sie durch die Thermik getragen in den Himmel emporschweben. Häufig sieht man die Kühe und anderes Vieh auf den Almen oder vor sich auf dem Weg stehen. Ich begegne den Tieren immer mit Respekt, egal ob groß wie Kühe oder klein wie die Ameisen im Ameisenhaufen am Wegesrand.

### Wake-up-Call

Wenn ich mich den großen Tieren laufend nähere, dann kündige ich mich ihnen bereits früh und deutlich vernehmbar an. Manchmal rufe ich auch laut, damit sie zu mir rübersehen. Bisher ist nichts passiert und beide Parteien kamen stets gut aneinander vorbei. Bei Hunden kann das etwas anderes sein. Die meisten Halter sind verantwortungsbewusst und haben ihre Hunde gut erzogen. Aber den anderen begegnet man eben auch. Mir kamen in einem Fall fünf frei laufende Kampfhunde entgegen. Die

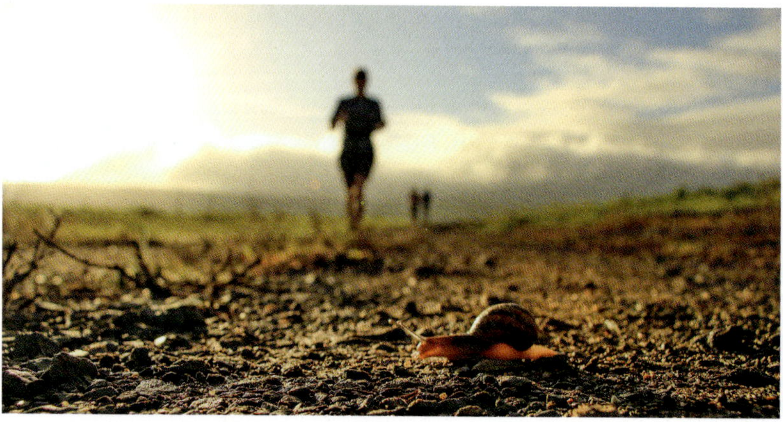

Nimm Rücksicht auf die Natur: egal ob klein …

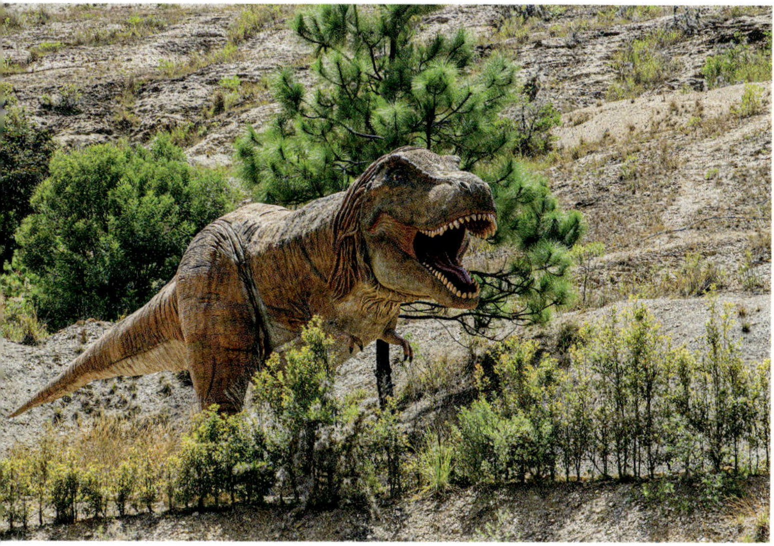

… oder groß

Tiere waren mit sich selbst beschäftigt und haben mich zum Glück nicht wahrgenommen. Das braucht kein Mensch. Ich drossle bei Hunden meistens meine Geschwindigkeit, schon aus Selbstschutz. Wenn du genau hinsiehst, erkennst du sehr früh, ob der Halter seinen Hund im Griff hat – das Tier ist nicht verantwortlich – und kannst versuchen entsprechend zu reagieren. Ich halte mich aber nicht bei den Tieren auf – mancher Hundebesitzer will das auch ganz zu Recht nicht.

## Es ist immer ein Geben und Nehmen

Häufig überschneiden sich auch die Wege der Reiter und »Fußgänger«. In diesem Fall beobachte ich wiederum sehr genau, wie die Reiter auf mich wirken. Normalerweise sind Reiter wie auch die Pferde für das Reiten im Wald ausgebildet. Das erkennt man daran, dass an der Trense eine Nummer befestigt ist. Trotzdem verlangsame ich das Tempo oder falle ins Schritttempo, denn letztlich kann auch das Pferd einen schlechten Tag erwischt haben und schreckhaft sein. Für mich hat die Bewegung in der freien Natur auch immer etwas mit Respekt und Rücksichtnahme vor den Tieren, den Menschen und der Natur an sich zu tun.

*Tipp: Sei bei Tierbegegnungen immer achtsam und beobachte sehr genau. Meistens hilft es dir, die Situation besser einzuschätzen.*

# Fotografieren und Filmen

## 85 Oscarreif

Jeder kennt die Bilder von Läufern, die über Hindernisse springen, in der Luft die Hacken zusammenschlagen oder allein in den Sonnenuntergang laufen. Herrlich! So sehen und so fühlen wir uns. Das macht es aus. Kontemplation, Ursprünglichkeit und Achtsamkeit. Eins mit der Natur sein und auch bei größter Anstrengung glücklich den Lauf machen. Das klingt ein wenig nach Pathos und erinnert an irgendwelche Schmachtfetzen aus dem Kino. Eine verklärte Sicht auf die Welt? Ja, vielleicht. Auf der anderen Seite: Ist das Bewegen in der freien Natur nicht das, was das Leben für uns ausmacht? Wer sich beim Traillauf filmen oder fotografieren möchte, um andere an seinen Abenteuern auf den gängigen Plattformen teilhaben zu lassen, dem bieten sich zahlreiche Möglichkeiten.

### Ein bunter Strauß an Möglichkeiten

Die Herausforderungen, mit denen wir Trailläufer auf unseren Strecken konfrontiert werden, sind vielfältig. Da wundert es nicht, wenn sich rutschige oder harte Oberflächen ebenso auf die Kamera übertragen wie Sprünge und rasante Downhills. Wer mit dem Handy filmen möchte, der sollte einen Gimbal nutzen, um das Mobiltelefon darin zu befestigen. Die motorisierte kardanische Aufhängung gleicht Erschütterungen nahezu aus. Aber auf Dauer können 500 Gramm für den Gimbal plus 200 Gramm für das Handy verdammt schwer werden. Da ist der Griff zur Actioncam sicherlich die bessere Lösung. Die Kameras sind leichter und sie gleichen Stöße, Richtungswechsel und vieles mehr bei geringem Eigengewicht optimal aus. Ergänzend oder für den ausschließlichen Gebrauch kannst du als Läufer auch Drohnen einsetzen. Akkulaufzeiten, das Gewicht von Ersatzakkus und der Fernbedienung sowie die Vorgaben der EU-Drohnenverordnung können den Lauf beeinträchtigen. Im Wald oder auf dem Feld sind den modernen Drohnen durch die Hindernisvermeidung in drei Richtungen kaum Grenzen gesetzt.

### Übung macht den Meister

Wer es wie Philipp Reiter machen möchte, der ist mit einer umfangreichen Kameraausrüstung unterwegs und fokussiert sich in erster Linie auf die bildhafte Darstellung der Läufer, der Natur und der Strecke.

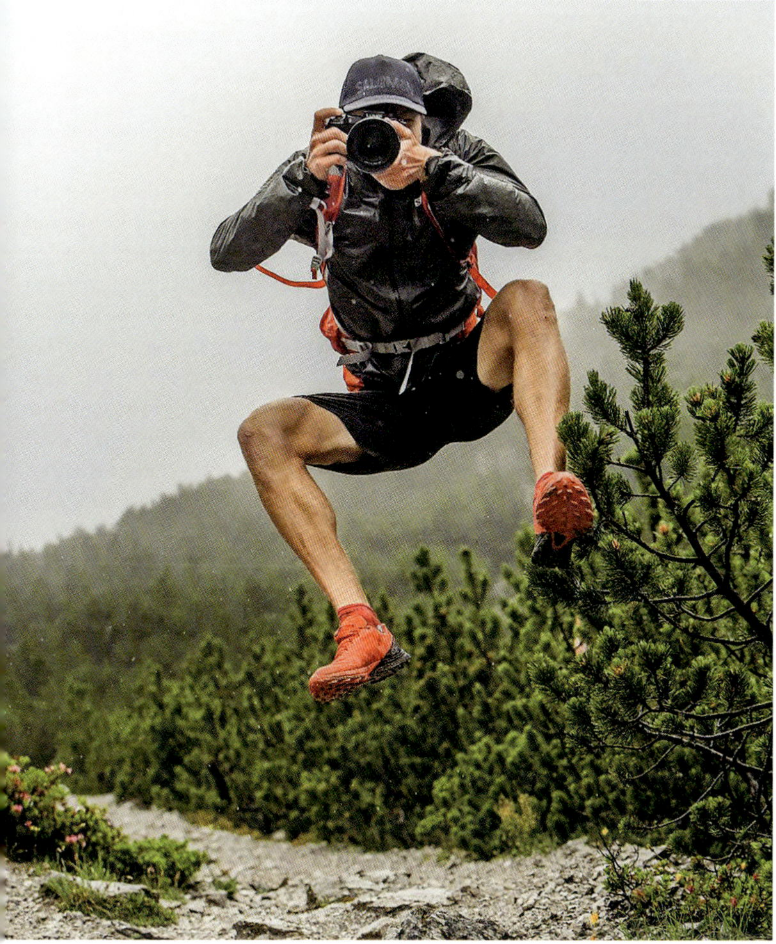

Laufen und Fotografieren bildet für die meisten von uns eine Einheit.

Aber am Ende wirst du mit dem entsprechenden Bearbeitungsprogramm und ein wenig Übung mit Sicherheit fantastische Ergebnisse erzielen, um Teaserfilme für die Social-Media-Plattormen zu erstellen und deine Freunde und Follower zu begeistern.

*Tipp: Wenn du allein unterwegs bist, dann plane das Filmen und Fotografieren und weniger das Laufen. Es benötigt am Ende mehr Zeit als gedacht und hat nichts mehr mit dem reinen Lauferlebnis zu tun.*

# Musik

86

## The beat goes on

Whump. Whump. Whump. Der Bass prügelt dich den Anstieg hoch, gibt dir die nötige Energie, die Power und verstärkt deinen Willen laufend oben anzukommen. Herrlich, oder? Der Takt der Musik ist auf die eigene Schrittgeschwindigkeit abgestimmt, der Beat brummt und es läuft. Was in der Ebene funktioniert, wird beim Auf und Ab des Trails selten passen, es sei denn, du trainierst einen Treppenlauf. Aber wenn du über einen Wurzelpfad den Berg herunterkachelst, dann passen Tempo und Takt eher zur Musik von LaBrassBanda oder »Run to the Hill« von Iron Maiden. Die Musik kann insbesondere bei den Ultradistanzen einen echten Mehrwert darstellen und Geist und Bewegungsabläufe wieder ordnen. Sie lenkt dich ein wenig ab, sie hebt die Laune und hellt dein Gemüt mit Texten, die einen fröhlich werden lassen, auf. Für die meisten von uns gehört das Erlebnis in der Natur mit der optischen oder akustischen Wahrnehmung des Waldes, dem Rauschen der Wellen und dem Schreien der Möwen am Meer oder dem Gurgeln des Hochmoors bei uns im Hohen Venn zum ultimativen Erlebnis. Das kann keine Musik abbilden, aber sie kann dich pushen und dir noch mal einen Energieschub verpassen, wenn nötig. Damit es jedoch nicht gefährlich wird, solltest du dich nicht zu sehr von der Musik ablenken lassen. Und spätestens in der Gemeinschaftsunterkunft bist du froh, wenn du mit deiner Musik oder einem Hörbuch in deine eigene Welt und den wohlverdienten Schlaf eintauchen kannst.

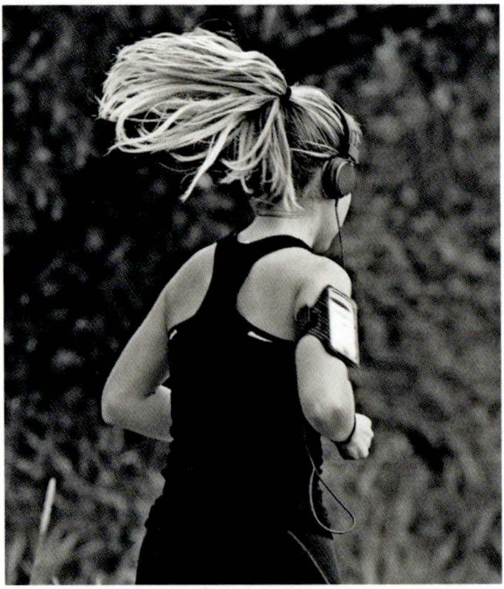

Laufen mit Musik – für viele das ultimative Erlebnis

*Tipp: Musik gezielt eingesetzt, stellt einen echten Mehrwert dar.*

# Ohrstöpsel

87

## The sounds of silence

Gerade noch gefeiert und mit netten Menschen zusammengesessen, um dann in der Gemeinschaftsunterkunft zur Ruhe zu kommen, fällt nicht jedem leicht. Hier wird noch gekramt, dort werden die Erlebnisse des Tages vertieft, während wieder andere schnarchen oder zur Toilette gehen. Oder du bist selbst noch aufgeputscht von den Eindrücken des Tages und findest keinen Schlaf. Mit anderen Worten: Es ist immer was los. Und wenn du endlich eingeschlafen bist, dann erwachen gefühlt kurz darauf die ersten, um in den frühen Morgenstunden ihre Wanderung fortzusetzen. Was auch immer der Anlass sein mag, die Ohren zu verdübeln, kann eine Lösung sein und für Ruhe sorgen. Ohropax können die Umgebungsgeräusche deutlich reduzieren und dafür sorgen, dass du zu dir selbst findest. Manchmal hilft auch Musik oder ein Hörbuch, um sich abzulenken und zur wohlverdienten Ruhe zu finden.

*Tipp: Benutze Ohropax schon zu Hause, um dich daran zu gewöhnen, denn auf einmal hörst du dich selbst.*

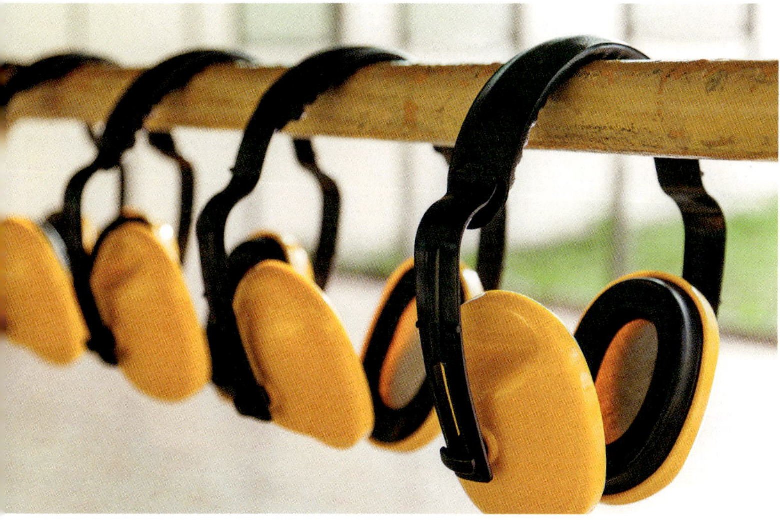

Auf der Hütte können Ohrstöpsel die eigene Nachtruhe sichern.

# Trainingsdestinationen

## In die Ferne schweifen

88

Du siehst aus dem Fenster und draußen geht die Welt unter. Der Himmel ist mit winterlich dunklen Farbtönen verhangen und es regnet ohne Unterbrechung – seit Tagen. Und du weißt, eigentlich musst du raus. Du willst dein Training machen, moderate Runden zwar, aber besser als nichts in der kühlen Jahreszeit. Und selbstverständlich erträumst du dir genau das, was nicht in greifbarer Nähe ist: Sonne, Wärme, kernige Trails und abends ein leckeres Bier mit Blick in den Sonnenuntergang. Während du nach draußen blickst, tauchen vor deinem geistigen Auge die Kanaren oder Balearen aus dem Einheitsgrau. Sonne, blaues Meer und traumhafte Trails durch die abstrakte Lavalandschaft des Teide auf Teneriffa, Bilder von La Palma oder von den wild bewachsenen Landschaften auf Mallorca oder Madeira.

### Und ewig lockt die Insel

Malle! Das Nahziel bietet vielen Sportlern eine temporäre Heimat, um den Einstieg in die Wettkampfzeit zu finden. Triathleten, Radsportler und auch Läufer fühlen sich dort pudelwohl. Die Vielfalt und der landschaftliche Reiz der Natur locken jährlich Millionen Urlauber nach Mallorca. Des einen Freud, des anderen Leid. Die Insel ist in der Hochsaison recht voll – egal ob an den Stränden oder im Inland. Wer auf Malle laufen möchte, der kann nicht durchgehend wie in Deutschland fröhlich durch die Natur laufen. Viele weitläufige Grundstücke befinden sich in privatem Besitz und werden teilweise durch Hunde bewacht. Nutze daher unbedingt die ausgewiesenen Wege. Wer experimentierfreudiger ist, der sollte sich vorher informieren, ob es für Wege temporäre Ausnahmegenehmigungen gibt. Seit 2018 wird der Tramuntana Travessa ausgerichtet. Er führt über weite Strecken entlang des berühmten Wanderweges GR221. Die Strecke führt über 120 Kilometer von Pollença nach Andratx. Auf diesem Trail findest du mit Sicherheit Streckenabschnitte, die du prima laufen kannst. Auch küstennahe Trails kann man auf Malle gut nutzen.

### Liquid sunshine

Aber warum in die Ferne schweifen, wenn das Gute liegt so nah. Der Schwarzwald, das Kleinwalsertal oder der Hausberg der Münchner, der Herzogstand mit dem Walchensee bieten neben dem Chiemgau oder dem Berchtesgadener Land sowie vielen Mittelgebirgen so fantastische Reviere, dass eine Flugreise nicht zwingend nötig ist. Und die Sonne scheint auch in Deutschland. Und der Regen wird zum flüssigen Sonnenschein.

*Tipp: Realistisch betrachtet ist Trailrunning überall möglich. Der Reise- und Zeitaufwand eines Flugs mit Gepäckabgabe, Einchecken, Wartezeit am Scanner, am Gate, am Kofferband sowie die reine Flugzeit etc. ist oft vergleichbar mit der Anreise per Bahn oder Auto zu einer deutschen Destination. Meine Bitte: Wägt die Begleitumstände und Auswirkungen auf die Natur in Zusammenhang mit dem Trainingsort im Ausland objektiv ab.*

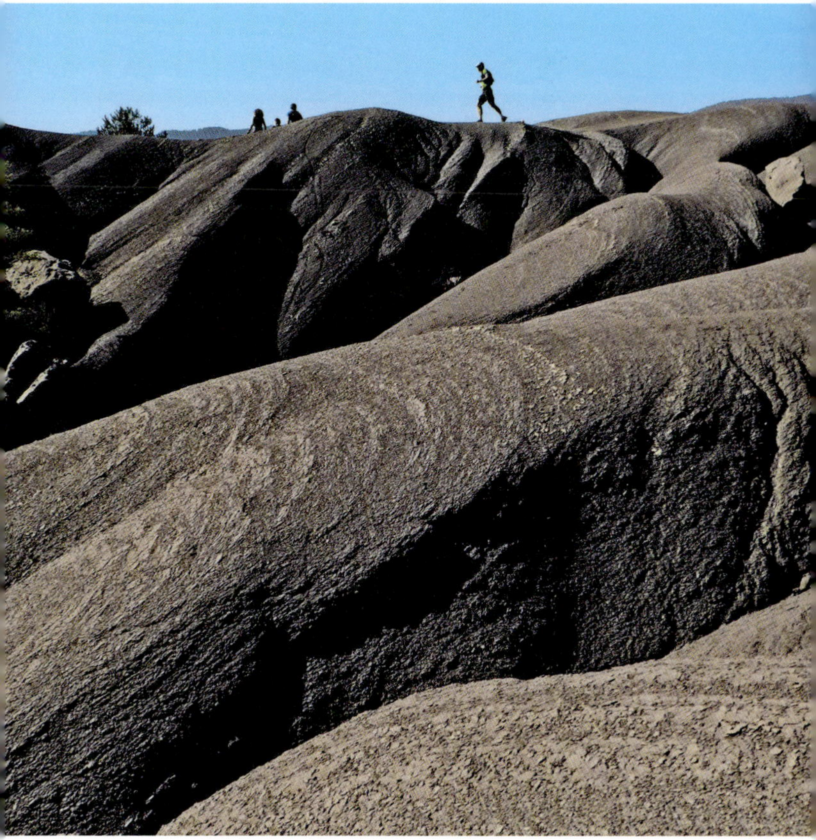

Trainingsdestinationen mit Bedacht auswählen

# Plattformen für Läufer

89

## Alles online

Früher war es Mund-zu-Mund-Propaganda oder bei den Laufwettbewerben lagen Handzettel aus, um auf weitere Events hinzuweisen. Heutzutage geht das online so fantastisch und umfangreich, man muss als Sportler aufpassen, sich nicht in den vielfältigen Angeboten zu verlieren. Wer sich daher für das Laufen interessiert, der kann sich heutzutage umfassend im Netz informieren. Da sind einerseits die Basisdaten wie Datum, Strecken, Streckenverläufe, Höhenprofile, Teilnehmer und vieles mehr. Andererseits bieten dir die Videoplattformen die Möglichkeit, Teilnehmervideos oder offizielle Werbevideos anzusehen und auf diesem Wege einen umfassenderen Eindruck der Gesamtsituation zu erhalten.

### Welcome to the jungle

Sich in diesem Dschungel seinen Weg zu bahnen, kann allerdings einer anderen Form von Orientierungslauf gleichkommen. Seien es der Konzern Meta mit seinen Töchtern, YouTube oder die diversen, teilweise lokalen oder nationalen Foren – es gibt mehr als genug Informationen. Teilweise redundant, manches unvollständig oder gar widersprüchlich und häufig zu viel Input. Wer sich zu den Ultra-Distanzen umfassend informieren möchte, dem möchte ich den DUV empfehlen. Hilfreich sind zur Vorbereitung Trainingspläne, die explizit von den Erstellern anlässlich des ZUT, des Lavaredo und vieler anderer Events erstellt wurden. Manche Sportartikel-Hersteller und Influencer haben ergänzend sehr hilfreiche Blog-Beiträge, geben wertvolle Tipps zum Trailsport und liefern Testberichte zu neuen Ausrüstungen. Wer sich mit anderen verlinken möchte, dem empfehle ich die ein oder andere Sport-App wie Strava zu nutzen, um dort nach Interessengemeinschaften im räumlichen Umfeld zu recherchieren. Alternativ kannst du auf den einschlägigen Suchplattformen mit dem Schlüsselbegriff Trailrunning in Verbindung mit dem Laufwettbewerb, dem eigenen Wohnort oder der nächstgrößeren Stadt nach Gleichgesinnten suchen. Du wirst im Handumdrehen fündig werden.

*Tipp: Suche dir Gleichgesinnte und eventuell findest du Läufer, die bereits verschiedene Läufe in unterschiedlichen Distanzen absolviert haben. Diese Freundschaften bieten dir die Chance zum offenen Austausch.*

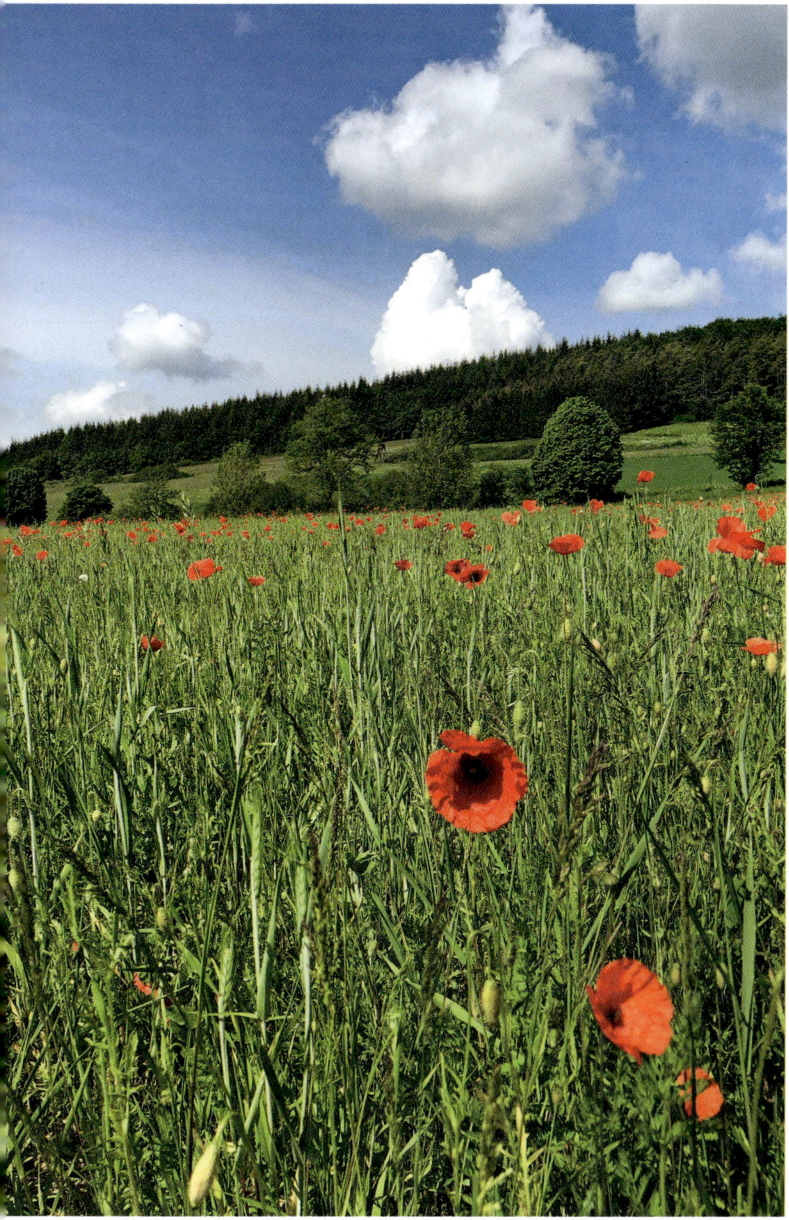

Plattformen für Läufer: ein riesiges Feld mit Highlights

# Inspirationsquellen

90

## Plattformen für Gleichgesinnte

Immer im eigenen Saft zu stehen, ist mit der Zeit eintönig. Du suchst aber nach neuem Input, nach Anregungen und willst wissen, was die Stars der Szene machen? Du willst dich pushen und suchst weitere Informationen zur Ausrüstung, zu Trainings oder Laufveranstaltungen? Das ist kein Problem. Diverse Website-Betreiber haben ein breites Spektrum an Berichten und »Shorts«. Diese Medien listen Wettbewerbe und Erfahrungsberichte sowie Testberichte zu Ausrüstungen auf. Sie bewerten und teilen immer die neuesten Gadgets auf ihren Plattformen. Laufen und Trailrunning im Besonderen hat seit geraumer Zeit enorm viel Aufmerksamkeit bei den Sportartikelherstellern und den Veranstaltern gewonnen. Da ich für niemanden werben möchte, liste ich hier jeweils zwei vergleichbare Plattformen auf. Alle Plattformen bieten ein breites Spektrum an Informationen mit unterschiedlicher Herangehensweise:

- Trailrunning.de
- RunnersWorld.de
- TrailMagazin.de
- Trampelpfadlauf.de

*Tipp: Neben vielen anderen, sind diese vier Portale zwar kommerziell, aber sehr aussagekräftig. Es kann nie schaden, innerhalb deiner Interessengemeinschaft nach den individuellen Erfahrungen zu fragen und diese zu diskutieren, um eine Beteiligung an einem Lauf oder eine Investition in künftiges Zubehör zu überprüfen.*

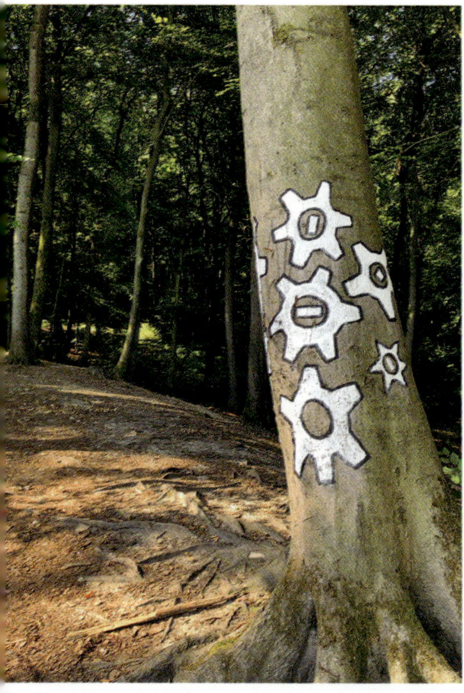

Die Inspiration durch andere Läufer: ein Mittel gegen Eintönigkeit

# Was ist ein Stage-Run?

91

## Es geht auch etappenweise

Nach der Marathon-Distanz folgen die Ultra-Läufe (s. a. Kapitel 65 und 100). Diese Ultras werden so ausgeschrieben, dass sie entweder in einer Etappe gelaufen werden, oder in mehreren Etappen. Der Ultra-Lauf wird, wenn er als Etappenlauf ausgerichtet wird, im englischen als Stage-Run bezeichnet. Wenn du einen solchen Lauf über einen Veranstalter buchst, hast du das Rundum-Sorglos-Paket für die Teilnahme inklusive aller Übernachtungen. Das entspannt dich bei der Vorbereitung – die Veranstalter buchen die Hotels und übernehmen den Gepäcktransport. Manche bieten nach den Läufen sogar ein kleines Wellness-Paket an.

*Tipp: Auch für Trailrunner gibt es bei Laufveranstaltungen »Pauschalreiseanbieter«. Aufgrund der Pauschalpakete kannst du dich voll auf deinen Lauf konzentrieren, während der Anbieter alles für dich im Hintergrund organisiert.*

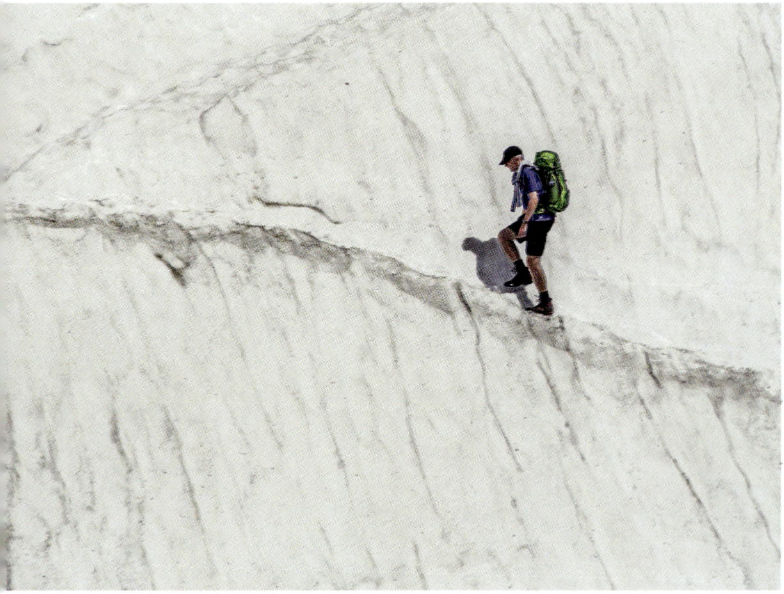

Mehrere Tage an einem Stück laufen: der Stage-Run, mehr geht nicht

# ITRA

## 92 International Trail Running Association

ITRA steht für »International Trail Running Association«. Die Organisation wurde 2013 gegründet und widmet sich seither in Zusammenarbeit mit der »International Association of Ultrarunners« (IAU) der weltweiten Förderung und Weiterentwicklung des Trailruns. Beide Verbände organisieren die »IAU Trail World Championships« (Internationalen Weltmeisterschaften im Landschaftslauf). Ziel ist es, die Leistungen der Athleten vergleichbar zu machen, obwohl sie an unterschiedlichen Trail-Wettbewerben teilnehmen. Die Berechnung der Punkte orientiert sich an der gelaufenen Strecke und den Höhenmetern. Beispiel: 70 km + 5000 Hm geteilt durch 100. Das entspricht 70 + 50 = 120 Punkte. Dieses Ergebnis erlaubt Rückschlüsse auf die UTMB-Punkte (s. a. Kapitel 100). Zur Teilnahme an der längsten Distanz des »Ultratrail du Mont Blanc« benötigst du demnach 10 Punkte, die du in zwei Wettbewerben während eines Zeitraums von zwei Jahren erzielen musst. Mit 120 Punkten erzielst du nach der UTMB-Tabelle maximal 4 Punkte – zu wenig also. Das bedeutet, du müsstest einen weiteren Lauf absolvieren, der dir die restlichen sechs Punkte bringen würde – das wird schwierig, da du mit einem Lauf mehr als 210 ITRA-Punkte erzielen müsstest.

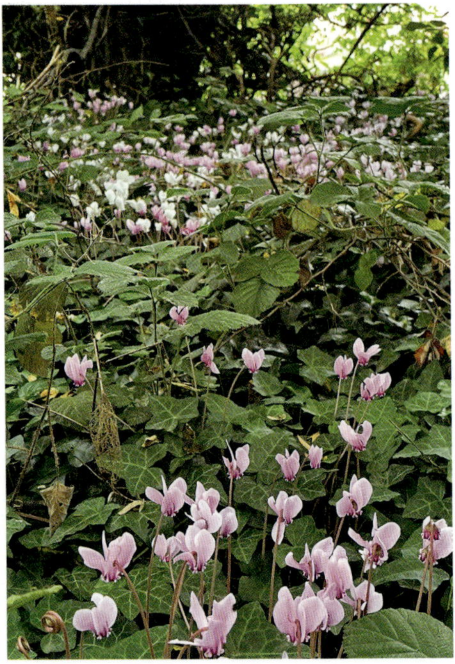

ITRA: Punkte sammeln für den nächsten Lauf

*Tipp: Plane deine Läufe vorausschauend und frühzeitig, wenn ITRA-Punkte für dich relevant werden.*

# 93

# Alpenüberquerung

## Von Nord nach Süd

Einmal die Alpen überqueren, das ist der Traum vieler. Und wir Trailrunner träumen ebenfalls davon. Jedoch weniger im Wandermodus, sondern wie gewohnt mit ordentlich Speed und Grip. Ein schier endlos erscheinendes Abenteuer, mit 555 Kilometern und 22 000 Höhenmetern. Wofür Wanderer auf dem Klassiker München–Venedig bei sechs Stunden Gehzeit pro Tag vier Wochen und mehr benötigen, muss auch kürzer zu schaffen sein. Stimmt. Um die zähe Strecke an der Piave entlang zu vermeiden, kannst du unterwegs zum Gardasee abbiegen und die Überquerung nach »nur« 550 Kilometern mit einem Sprung in den See beenden. Wer eine solche Tour plant, dem muss klar sein, dass diese Strecken, wie auch der E5, nicht »en passant« gelaufen werden können. Eine ausführliche Planung, inklusive Plan B und Plan C, ist obligatorisch. Gerade jene Läufer unter uns, die weiter entfernt von den Alpen groß geworden sind, sollten vorbereitet zu diesem Abenteuer aufbrechen. Generell stellt sich auch die Frage, ob du den Lauf besser nicht alleine, sondern mit mehreren unternimmst. Viele Unwägbarkeiten können auf dich warten. Die Natur, ein Unfall, Erschöpfung, das Wetter, Krankheiten – eigene und die der Liebsten zu Hause – und vieles mehr können zum Abbruch führen.

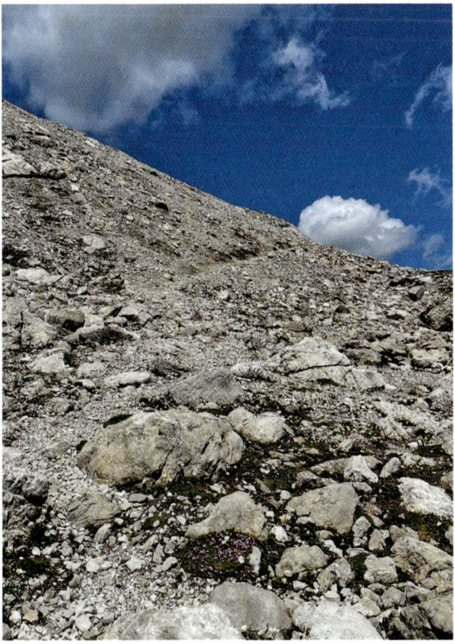

Bei der Alpenüberquerung bewegt man sich auch jenseits der Baumgrenze.

*Tipp: Bereite dich auf wirklich alle naheliegenden Eventualitäten vor, damit eine Alpenüberquerung ein im positiven Sinne unvergessliches Abenteuer für dich wird.*

# Begegnungen

94

## Sie sehe ich doch jetzt schon zum dritten Mal!

Wer, wie ich, den Berg gedankenverloren und konzentriert hochläuft, der nimmt die meisten Wanderer, die er überholt, nur als zu grüßenden Schatten wahr. Vieles mehr lenkt seine Aufmerksamkeit auf den Trail abseits davon ab. Das können Blumen, Tiere oder die fantastische Aussicht ins Tal und auf die Berge sein. Hier eine Quelle und dort – hopp – ein Fels. Oben angekommen, blickst du glücklich in die Ferne, verschnaufst kurz und schaust auf einen nahe gelegenen Grat, den du auch noch mitnimmst, bevor es wieder runtergeht. Und während du in deinem Flow wieder Schlenker um die ersten Wanderer machst, schallt es von hinten, sie sehe ich jetzt aber auch schon zum dritten Mal. Gibt es ein schöneres Kompliment? Ein Lächeln macht sich auf deinem Gesicht breit und – so viel Zeit muss sein – du hältst an, um kurz ein paar Worte zu wechseln. Na, Sie sind mir beim Aufstieg schon begegnet. Und dann da hoch zum Grat an mir vorbeigelaufen. Jetzt geht's schon wieder runter? Wie viel Kilometer machen's denn so? Nach diesen und noch vielen mehr, geht es weiter den Berg hinunter.

*Tipp: Nimm dir ein wenig Zeit für einen Austausch und genieße die Bewunderung, die dir als Bergläufer aufrichtig entgegengebracht wird.*

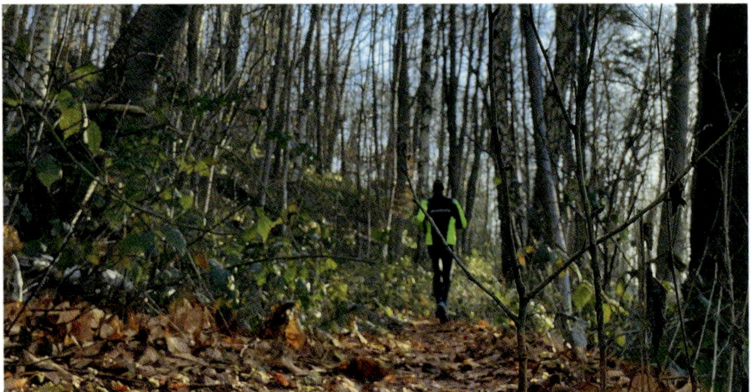

Sie schon wieder? Wenn du denkst, du bist allein unterwegs ...

# Single-Trails

95

## Hier wird es eng

Der Begriff »Mindfull running« trifft es am besten, auch wenn es sich dabei um einen der zahlreichen Anglizismen handelt, die sich auch im Laufsport breitgemacht haben. Nur auf dem Single-Trail trifft die Art des achtsamen Laufens im doppelten Wortsinn zu. Einerseits weil Single-Trails mit ordentlich Bewuchs und wenig Sicht auf die Strecke oder Geröllpfade im Hochgebirge ebenso anspruchsvoll wie wunderbar sein können. Zum Beispiel wenn du früh morgens mit den ersten Sonnenstrahlen durch Akazienwälder an einer Küstenlandschaft entlangläufst und unter dir brechen sich die Wellen des Mittelmeers. Hey, das ist pures Glück. Im ersten Fall tänzelst du mit wachem Blick und flinken Laufschritten über Wurzeln oder Felsgestein in der atemberaubenden Stille der Berglandschaft. Auf den fluffigen Trails der Küstenwälder ist es weniger technisch, das Naturerlebnis eher sanft und schmeichelnd. Die Strecke am Rand der Klippe fordert aber trotzdem deine ganze Aufmerksamkeit. Single-Trails sind, wie der Name schon andeutet, schmal, sehr schmal. Neben dir ist kein Platz für einen weiteren Läufer und die Kommunikation mit dem Laufpartner erfolgt über die rechte oder linke Schulter. Da wird man zum Chamäleon, um den Trail nicht aus dem einen Auge zu verlieren, während das andere nach hinten schielt.

*Tipp: Single-Trails sind die pure Freude und komprimieren das Laufabenteuer.*

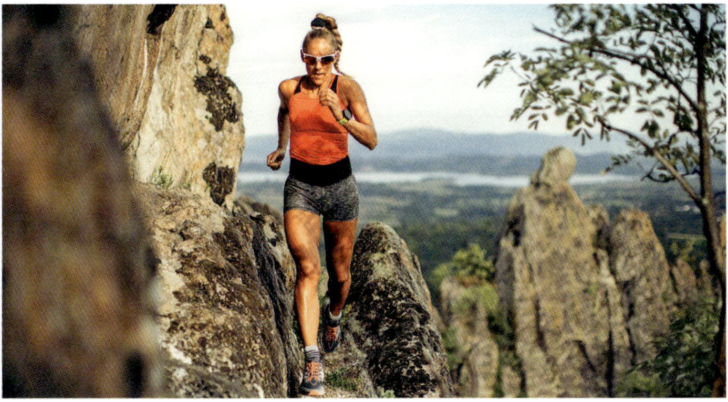

Volle Konzentration auf dem Single-Trail

# Haftungsfragen

96

## Auf eigenes Risiko

Während du sorglos durch die Natur läufst, machst du dir selbstverständlich keine Gedanken zu Haftungsfragen auf öffentlichen Wegen und einsamen Trails mitten durch die Natur. Wozu auch? Erst wenn du verletzt mittendrin liegst oder im Bett gezwungenermaßen die Rekonvaleszenzphase wahrnimmst, dann beginnt das Gedankenkarussell. Wer ist schuld? Was hätte ich besser machen sollen? Wieso lag dieser Baumstamm, wo er lag? Wer ist dafür verantwortlich? Wen kann ich haftbar machen? In Deutschland ist es meistens so geregelt, dass Wälder zwar in privater Hand sein können – in vielen Fällen ist das auch so –, aber die Nutzung der Wege ist öffentlich und erfolgt auf eigenes Risiko. Mit anderen Worten: Wenn du tollkühne Sprünge über querliegende Bäume machst und du nicht weißt, dass auf der anderen Seite eine weitere Stolperfalle auf dich wartet, dann ist das dein persönliches Risiko und die Haftung für diesen Unfall liegt bei dir – nicht beim Waldbesitzer.

*Tipp: Laufe fokussiert und weniger risikobereit, insbesondere auf dir unbekannten Strecken.*

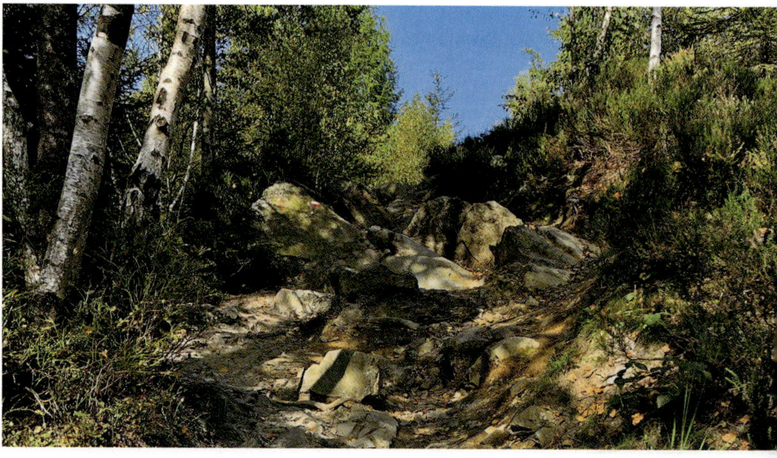

Jeder läuft selbstverantwortlich

# 97 Mittelgebirge

## Hoch hinaus

Oft im Schatten der Wahrnehmung und des allgemeinen Interesses liegt das deutsche Mittelgebirge. Zu Unrecht, wie der Autor meint. Denn die Mittelgebirge sind die mit Abstand charakteristischsten Landschaftsformen in Deutschland. Abgesehen von den Alpen sind in unserem Land alle Gebirge Mittelgebirge, mit dem Schwarzwald und dem Feldberg mit 1493 Meter als dem höchsten aller deutschen Mittelgebirgszüge. Als Trailläufer stehen uns in Deutschland daher sehr abwechslungsreiche Landstriche zur Verfügung, wie der Brocken im Harz mit 1143 Metern, die Rhön mit der Wasserkuppe und 950 Metern oder die Eifel mit Hohe Acht und 747 Metern, um nur drei aus zwanzig hervorzuheben. Ebenso reizvoll sind das Dahner Felsenland, der Hunsrück, die fantastische Eifel, über die man in die belgischen Ardennen laufen kann. Oder das luxemburgische Mullerthal. Wer also, abgesehen vom hohen Norden, Trails laufen will, dem stehen eine große Auswahl an beeindruckenden Landschaften in räumlicher Nähe zur Auswahl.

*Tipp: Taucht ein in die Welt der Mittelgebirge und genießt die großartige Landschaft in eurer Nähe.*

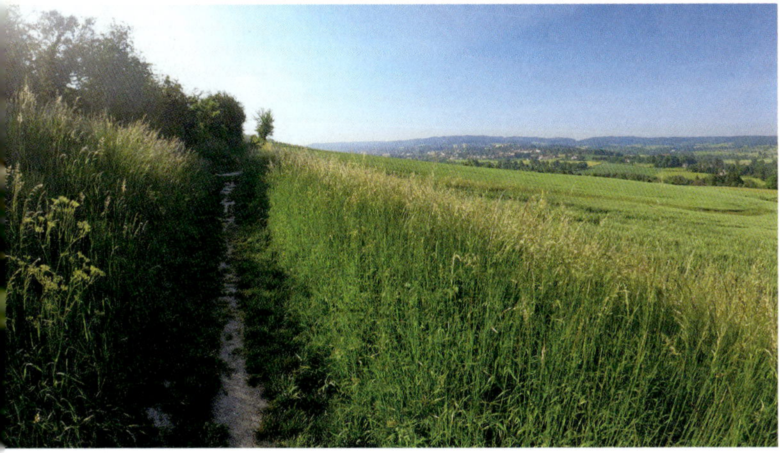

Wenn die Gipfel flacher werden: das Mittelgebirge

# Hochgebirge

98

## Noch höher hinaus

Im Gegensatz zu den flachwelligen Oberflächen der Mittelgebirge, weist das Hochgebirge glaziale Strukturen auf. Auch ist die Höhendifferenz zwischen Gebirgsfuß und dem höchsten Punkt deutlich größer als bei den Mittelgebirgen. 1200 Kilometer lang und zwischen 150 und 250 Kilometer breit weisen die Alpen auch Gipfelhöhen zwischen 3000 und 4300 Metern auf. Diese Dimensionen bieten reichlich Raum zum Laufen. 20 bis 30 % Steigung gehören zur Normalität und stellen für ungeübte Bergläufer in Verbindung mit der dünnen Luft in großen Höhen eine echte Herausforderung dar.

### Hier ist Multitasking gefragt

Solide Kenntnisse um die Wetterumschwünge, die Navigation und die mit den Höhen und ungesicherten Abschnitten verbundenen Herausforderungen gehören unbedingt dazu, um im Gebirge sicher und unfallfrei zu laufen. Wie schon zuvor erwähnt: Geht immer auf Nummer si-

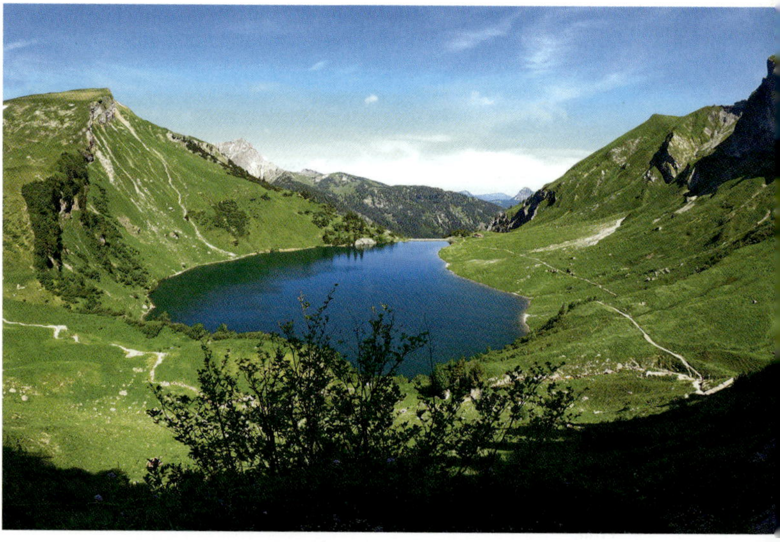

Der Blick ins Tal: Lohn für viel Mühe

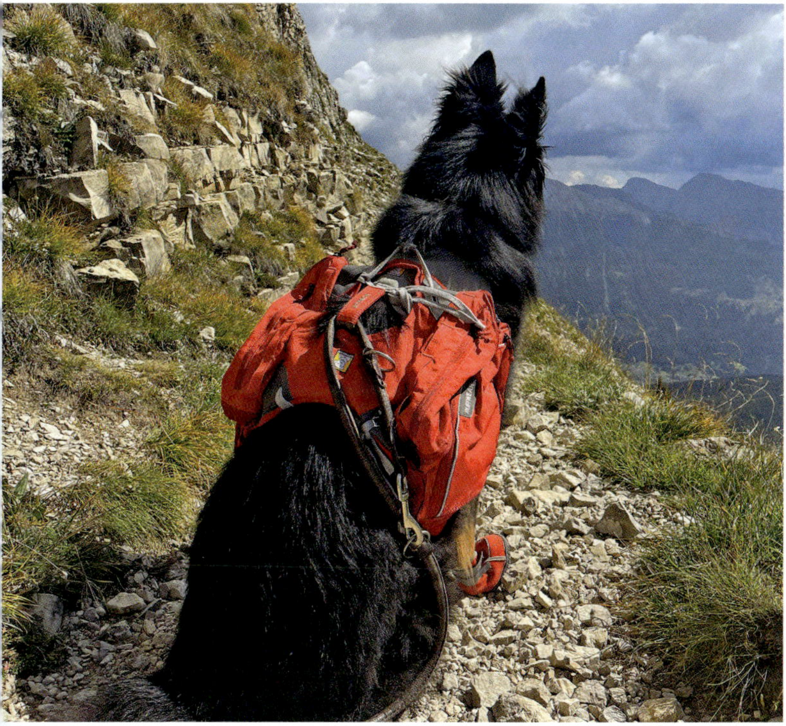

Auch Hunde begleiten uns Läufer mit der passenden Ausrüstung.

cher und kein Risiko ein. Mir ist im letzten Sommer beim Besteigen eines Berges aus der Ferne aufgefallen, dass sich eine Gruppe aus vier Wanderern, eine Familie, plötzlich trennte. Eine Person ging weiter geradeaus, die drei Verbliebenen steigen weiter auf. Als ich an der Wegkreuzung ankam und dem Weg Richtung Gipfel folgte, stiegen die drei Familienmitglieder ab und fragten mich, ob ich eine Frau gesehen hätte. Ich bejahte und sagte, sie sei weiter geradeaus gegangen und dem Pfad in der Horizontalen gefolgt. Um es abzukürzen: Die vorausgehende Mutter hatte nicht mitbekommen, dass die anderen abgebogen waren und von den Dreien ist es zunächst niemandem aufgefallen. Es ist alles gut gegangen und ich habe die vier später am Gipfel getroffen. Es zeigt, wie schnell es gehen kann, dass selbst das Fehlen eines vorausgehenden Wanderers nicht auffällt.

*Tipp: Gebt aufeinander Acht und versichert euch immer wieder, dass alle Mitglieder bei der Gruppe bleiben.*

# Marathon

## 99 Die Klassiker

Die magischen 42,195 Kilometer gibt es natürlich auch beim Trail-Marathon. Eher mehr als weniger. Das liegt oft daran, dass sich diese Distanz nicht auf den Punkt genau messen lässt und die Landschaft nicht den Vorgaben folgt. Aber das macht nichts. Einen Kilometer mehr stecken wir alle locker weg und nichts kann uns die Freude am Sport verderben. Einige klassische Trail-Marathons sind nachfolgend aufgelistet und vielleicht eine Inspiration für euch.

### GutsMuths-Rennsteiglauf

Oder wenn die Vögelein singen. Der Rennsteiglauf ist ein familiärer und traditioneller Punkt-zu-Punkt Crosslauf und wird seit 1990 ausgeführt. Mittlerweile ist er nach eigenen Angaben Europas größter Crosslauf. Der Start des Marathons ist in Neuhaus, Thüringen. Der Supermarathon mit 73,9 Kilometer startet in Eisenach. Die Strecken verlaufen auf dem Kammweg des Thüringer Waldes. Push me hard! Kurz bevor es losgeht, wird am Start traditionell der Schneewalzer intoniert und die gesamte Läuferschar singt vollmundig mit. Der Lauf findet im Mai statt.

### Monschau-Marathon

Der traditionelle Lauf in der wunderbaren und abwechslungsreichen Nordeifel wird als Rundkurs gelaufen. Er gehört in Deutschland zu den anspruchsvollen Landschaftsläufen. Die Marathon-Distanz hat knappe 750 Höhenmeter, der Ultra mit 56 Kilometern 950 Höhenmeter und beim 70 Kilometer langen Lauf beträgt die Höhendifferenz etwa 1100 Meter. Gesungen wird hier nicht, aber die Leidenschaft des TV-Konzerns und die Liebe der Eifeler Bevölkerung zu »ihrem« Marathon macht diese Veranstaltung zu etwas Besonderem. Überall stehen Menschen, die die Läufer anfeuern oder versorgen. Der Lauf ist immer am zweiten Augustwochenende.

*Tipp: Frühzeitig buchen.*

### Women's Trail, Zell am See

Kein Marathon, aber bei diesem Laufwettbewerb sind die Männer allenfalls als Statisten dabei. Der Women's Trail in Zell am See wird als das Aktivwochenende beworben und, so sollte es sein, von Frauen für Frau-

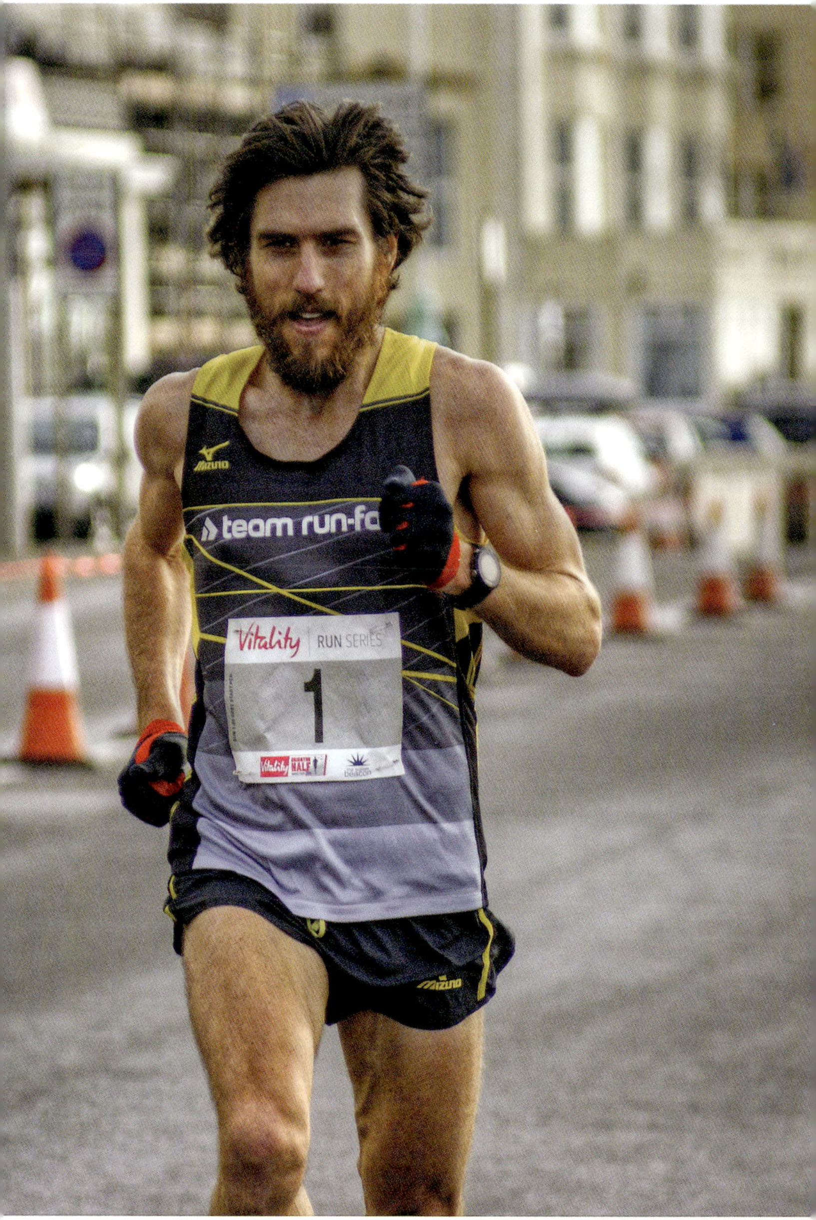


Wenn Fokus und Training stimmen, dann kommt auch beim Marathon jeder ins Ziel.

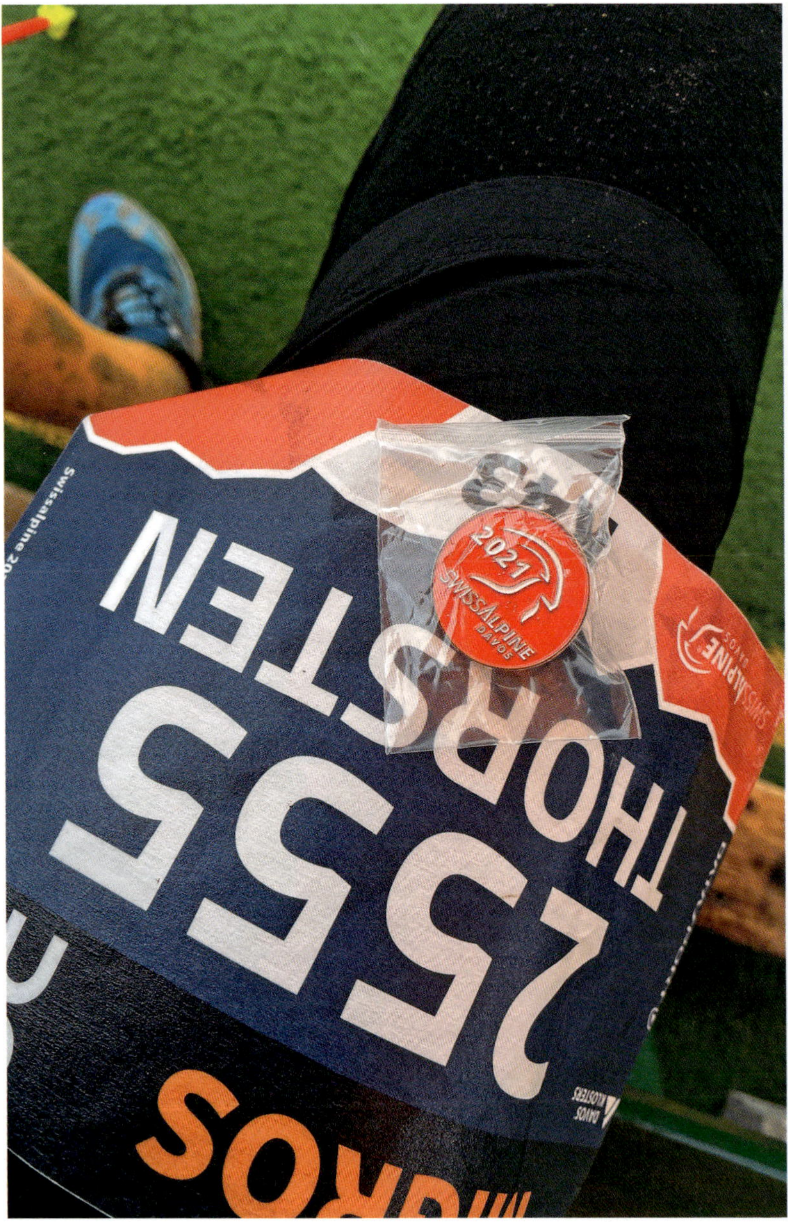


Karger »Lohn« und viel Spaß

en veranstaltet. Der Lauf wird mit Workshops, Yoga-Sessions und durch Wellness abgerundet und richtet sich ebenso an erfahrene Trailläuferinnen wie an Neueinsteigerinnen. Der Lauf ist in vier verschiedene Distanzen unterteilt – dem Night-Trail mit 6,7 Kilometern und 301 Höhenmetern, dem Panorama Trail Short (8,8 km, 423 Hm) und dem Panorama Trail Long (13,4 km, 598 Hm). Am Sonntag findet der Lake Run mit 11,4 Kilometern und 101 Höhenmetern statt. Der Termin fällt auf den September.

## Davos X-Trails

Bis 2021 war der Laufwettbewerb als Swissalpine bekannt. Er wird in der atemberaubenden Bergkulisse der Schweizer Alpen gelaufen. Ab 2022 findet der Lauf unter dem neuen Namen Davos X-Trails statt. Es gibt Distanzen von 10 Kilometer über die Halbmarathon- und die Marathon-Strecke bis zum Ultra mit 68 Kilometern und 2606 Höhenmetern. Start und Ziel ist Davos-Klosters. Alle Strecken sind auf ihre Art anspruchsvoll und führen durch malerische Dörfer und Weiler über Trails mit viel Flow, aber auch über teils hochalpine Abschnitte. Die Bevölkerung und die Urlauber in Davos stehen mit großem Hallo neben der Strecke und jubeln den Läufern und Läuferinnen zu. Starttermin ist im Juli.

## Streif Vertical-up-Race

Die Schlacht am Hahnenkamm, inklusive Mausefalle, ist kein Marathon. Hierbei handelt es sich um ein Vertical-up-Race oder um ein besonderes Spektakel während der frühen Abendstunden über eine Länge von 3312 Metern mit einer Höhendifferenz von 860 Metern. Der schnellste Läufer war 2020 in 31:20 Minuten oben. Durchschnittlich (!) bewältigst du eine Neigung von 27 %. Die geringste Neigung liegt im Startbereich bei 2 %, die größte Steigung bei 87 %! Das ist kein Spaziergang, aber ein Fest für den Gluteus Maximus und die Beinmuskulatur. Spikes und Stöcke sind obligatorisch, ein Fahrrad- oder Ski-Helm wird empfohlen. Denn Stürze und ein rasanter Rutsch auf der teilweise vereisten Strecke sind nicht ungewöhnlich und werden für viele Teilnehmer zur ungewollten Schussfahrt.

## Zegama-Aizkorri (ES)

Zegama liegt in Spanien zwischen Pamplona und Bilbao. Der Lauf ist berühmt für seine anspruchsvolle Streckenführung und die teilweise frenetische Stimmung. An manchen Bergabschnitten der Marathon-Distanz erinnert die Beteiligung der Zuschauer an die Tour de France. Hier wirst du mit Applaus und anfeuernden Rufen in einer schmalen Gasse aus Menschen den Berg hochgepeitscht. Der Place-to-be für Trailläufer.

# Ultra-Läufe

## Die echten Herausforderungen

100

Natürlich geht es noch weiter und höher. Wem der Marathon nicht mehr reicht und wer noch größere Ambitionen hat oder nur einfach mal die Ultra-Distanz jenseits der 50 Kilometer testen möchte, für den hat der Autor hier einige bekannte und auch weniger bekannte Wettbewerbe zusammengestellt.

### UTMB

Der UTMB oder **U**ltra-**T**rail du **M**ont **B**lanc ist ein weiterer Klassiker und immer sehr gut gebucht. Er führt, wie der Name bereits andeutet, durch das Mont-Blanc-Massiv in den französischen Alpen. Der Kurs ist mit 170 Kilometern und 10 000 Höhenmetern ein Rundkurs, und ein Punkt-zu-Punkt-Lauf bei der 98-Kilometer-Distanz ab Courmayeur über Champex nach Chamonix. Paul Capell hat 2020 versucht die Distanz in unter

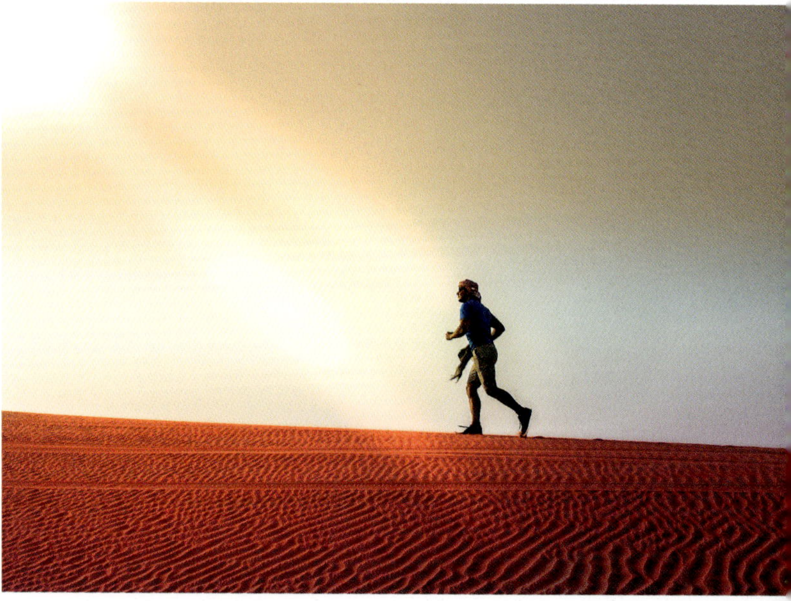

Der Kampf mit der eigenen Motivation

20 Stunden zu laufen. Er hat final für 171 Kilometer 21:17 Stunden benötigt, supported und nicht im Rahmen des offiziellen Wettbewerbs.

*Tipp: Zur Teilnahme an diesem Laufwettbewerb brauchst du ausreichend ITRA-Punkte (s. a. Kapitel 89) sowie viel Kondition, Kraft und Ausdauer.*

## ZUT, Zugspitz-Ultra-Trail

Viele Läufe werden als Abkürzung beschrieben. ZUT steht für den **Z**ugspitz–**U**ltra–**T**rail. Der Lauf führt als Rundkurs in unterschiedlichen Distanzen um die Zugspitze. Die 106-Kilometer-Distanz mit 70 % Trail-Anteil hat 5300 Meter im An- und 5300 im Abstieg. Daneben gibt es den Supertrail XL mit 86 und den Supertrail mit 68 Kilometern, den Basetrail XL mit 49 und den Basetrail mit 25 Kilometern. Die jeweiligen Höhenmeter sind der Distanz angepasst. Der ZUT findet im Juli statt.

*Tipp: Unbedingt den Buchungsstart im Auge behalten. Viele der beliebten Läufe sind bereits beim Buchungsstart umgehend ausgebucht. Auch gibt es, wie beim UTMB, Zugangsvoraussetzungen, die es zu beachten gilt.*

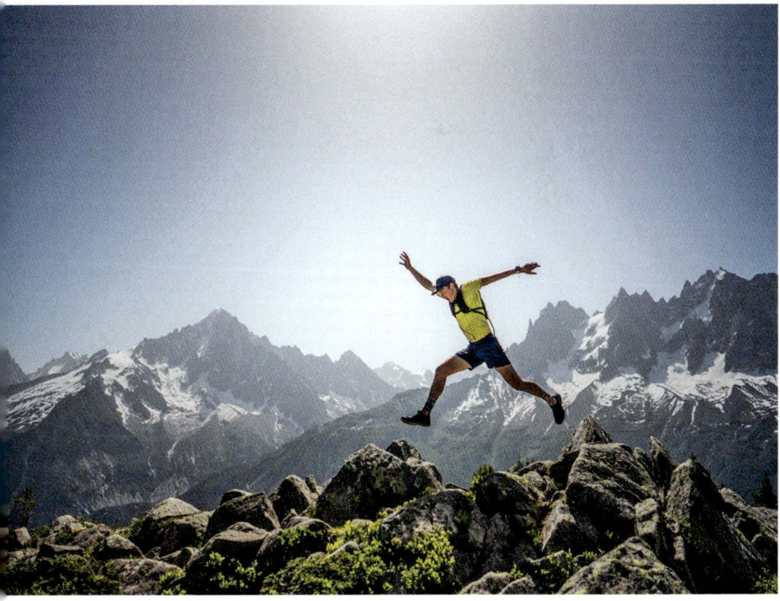

Von Gipfel zu Gipfel

## GGUT

Der **G**roß**g**lockner **U**ltra-**T**rail ist eine Traditionsveranstaltung, die in keinem Marathon-Kalender fehlen sollte. Er wird in vier verschiedenen Distanzen angeboten und, je nach Distanz, als Rundkurs oder Punkt zu Punkt gelaufen. Die längste Strecke ist mit 110 Kilometern und 6500 Höhenmetern ausgewiesen. Du bekommst bei Abschluss des Wettbewerbs 5 ITRA-Punkte (s. a. Kapitel 89) und die Qualifikation für den Western States 100 in den USA (s. a. Kapitel 99).

## Transylvania Ultra-Trail, Rumänien

Bei diesem Lauf sollte man die Bärenpfeife nicht vergessen, denn die kleinen putzigen Pelztiere laufen in den Karpaten frei herum. Kälte und Hitze, Sonne, Wind, Regen, Hagel, Schnee, Nebel, Tag und Nacht – bei der Distanz von 100 Kilometern ist das alles normal und du solltest hinsichtlich Ausrüstung darauf vorbereitet sein. Der Lauf ist anspruchsvoll und führt durch wunderbare Waldgebiete mit gigantischen Bäumen, über weitläufige Almwiesen und eine Schneescharte in 2200 Metern Höhe, um schließlich am Startpunkt vor Schloss Dracula (Bran Castle) in Bran zu enden. 40 % DNF/Ausfallquote sprechen für sich und für einen anspruchsvollen, aber magischen Wettbewerb.

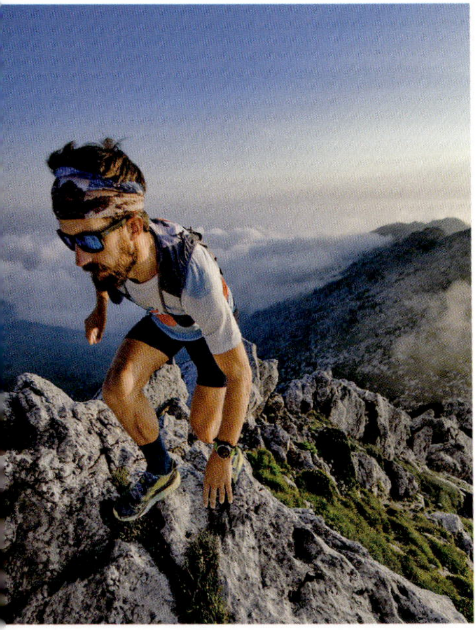

Bergläufe als Etappe, das ultimative Erlebnis für jeden Trailrunner

## Transvulcania

Dieser Lauf findet in La Palma statt und ist ein Kampf gegen sich selbst, die Wärme und den Staub, die Lava – und den Muskelkater am Tag nach dem Rennen. Der Lauf ist ein Rundkurs und mit 27, 42 und 83 Kilometern in drei Distanzen unterteilt. Mit 4414 Metern ist bei der Langdistanz die maximale Höhendifferenz erreicht. Der Lauf führt dich durch die eindrucksvolle, karge und anspruchsvolle Vulkanlandschaft auf La Palma.

## UTAT – Gebirge satt

Wer die Stille der Wüste zu lieben gelernt hat, der weiß Einsamkeit und Abgeschiedenheit zu schätzen. Der **U**ltra **T**rail **A**tlas **T**oubkal stellt eine Herausforderung der besonderen Art dar. Er führt in vier verschiedenen Distanzen durch den Hohen Atlas in Marokko. Als Teilnehmer musst du bereit sein, dich auf die karge Landschaft, die steinigen Trails sowie die anspruchsvollen äußeren Einflüsse wie Temperaturwechsel von der Nacht zum Tag, die Sonneneinstrahlung und die Reduktion auf das Wesentliche bei maximal 105 Kilometern und einer Höhendifferenz von 8000 Metern einzulassen.

*Tipp: Das Trinken nicht vergessen.*

## Tor des Géants

Der Lauf macht seinem Namen alle Ehre. Übersetzt heißt er »Tour der Riesen«. In diesem Fall musst du den TORX, ein Lauf von 330 Kilometern und immerhin 24 000 Metern Höhendifferenz durch das Aostatal, in einer einzigen Etappe bewältigen. Der Start ist in Courmayeur und führt auf den beiden Hochrouten »Haute Route n° 1« und »Haute Route n° 2« um das Aostatal herum. Der höchste Punkt liegt bei 3300 Metern. Du passierst auf der Gesamtdistanz insgesamt 25 Bergpässe und wirst an den Verpflegungspunkten gebührend empfangen.

## Hardrock 100

Der Hardrock 100 ist einer der klassischen 100-Miler. Mit 100,5 Meilen ist er zwar etwas länger, aber das macht nach 161 Kilometern und einer Höhendifferenz von 10 000 Metern rauf und noch mal runter auch nichts mehr aus. Der Lauf ist ein Rundkurs. Er startet und endet in Silverton, Colorado.

## Western States 100

Der Western States ist ebenfalls ein Klassiker und findet jährlich in der Sierra Nevada in Kalifornien statt. Ursprünglich ein Weg, der zu Pferd absolviert wurde, ist er mittlerweile ein 100-Meiler, der im Skiort Squaw Valley beginnt und an der Placer High School in Auburn endet. 5500 Meter im Anstieg und 7000 Meter Abstieg sprechen für sich. Der Lauf ist eher anspruchsvoll und herausfordernd, da auf den Pässen Schnee liegen und in den Tälern große Hitze herrschen kann. Er gehört zu den legendären Landschaftsläufen, an denen jeder mal teilnehmen möchte.

# Stage-Run

## 101 Ultra-Läufe häppchenweise

Du möchtest die Ultra-Distanz lieber in Häppchen genießen? Dann schau hier mal rein.

### Transalpine Run – Partnersuche der besonderen Art

Der Transalpine ist ein Lauf der Extreme. Zunächst könnt ihr den Lauf nur zu zweit, also im Paar absolvieren. Fallen Mitstreiterinnen aus, ist das Rennen für die Partner ebenfalls vorbei. Des Weiteren geht der Lauf über einen Zeitraum von acht Tagen und führt über und durch die Alpen. Ihr startet in Hirschegg im Kleinwalsertal und müsst in Summe 264,30 Kilometer bei 16 129 Höhenmeter während eines Zeitraums von acht Tagen absolvieren. Nachts dürft ihr aber, wenn ihr könnt, schlafen. Der Lauf führt euch von Hirschegg nach Lech am Arlberg, über St. Anton am Arlberg nach Galtür, von Klosters nach Scuol und von Prad am Stilfserjoch in den Zielort Sulden am Ortler. Ein dickes Brett, aber episch.

### Marathon des Sables – Manche mögen's heiß

Über eine Distanz von circa 230 Kilometern, die jährlich neu vermessen werden, geht es quer durch die Sahara. Als Teilnehmer musst du, abgesehen von Zelt und Wasser, die Überlebensausrüstung wie Schlafsack, Schlangenbiss-Set und 2000 kcal Energie pro Tag selbst tragen. Der Veranstalter stellt nur das Wasser und ein offenes Zelt für die Nacht. Tagsüber herrschen über 40 °C und nachts um die 5 °C.

*Tipp: Nachts warm anziehen.*

### Dragon's Back Race

Neben dem Spine Race ist das Dragon's Back Race ein sehr anspruchsvoller Lauf durch die walisische Landschaft mit sich ständig ändernden Wetterverhältnissen und anspruchsvoller Topografie. 380 Kilometer mit einem Anstieg von 17 400 Metern musst du beim Dragon's Back Race in sechs Tagesetappen über weite Wiesenlandschaften und über die Gipfel sehr schmaler Bergkämme absolvieren.

*Tipp: Trittsicherheit und Schwindelfreiheit sind auch nach vielen Tagen laufen und der allgegenwärtigen Müdigkeit obligatorisch.*

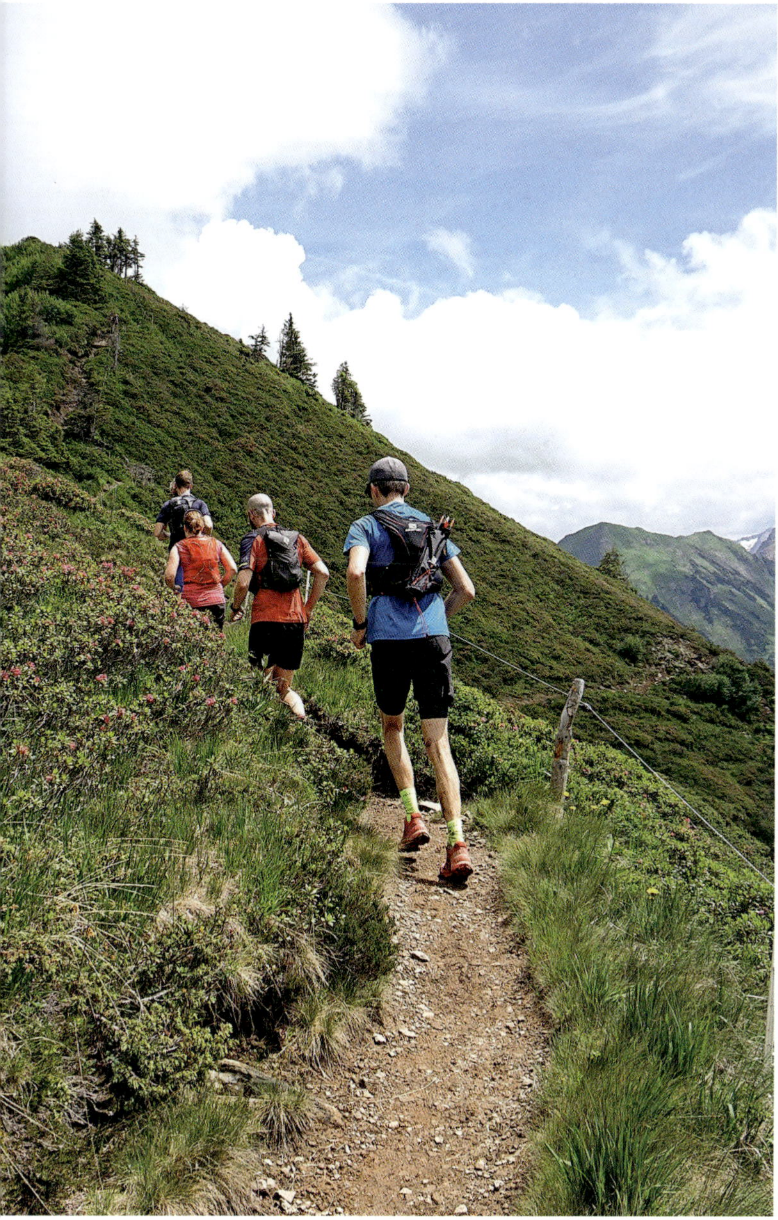

Der Stage-Run wird oft als Pärchen gelaufen.

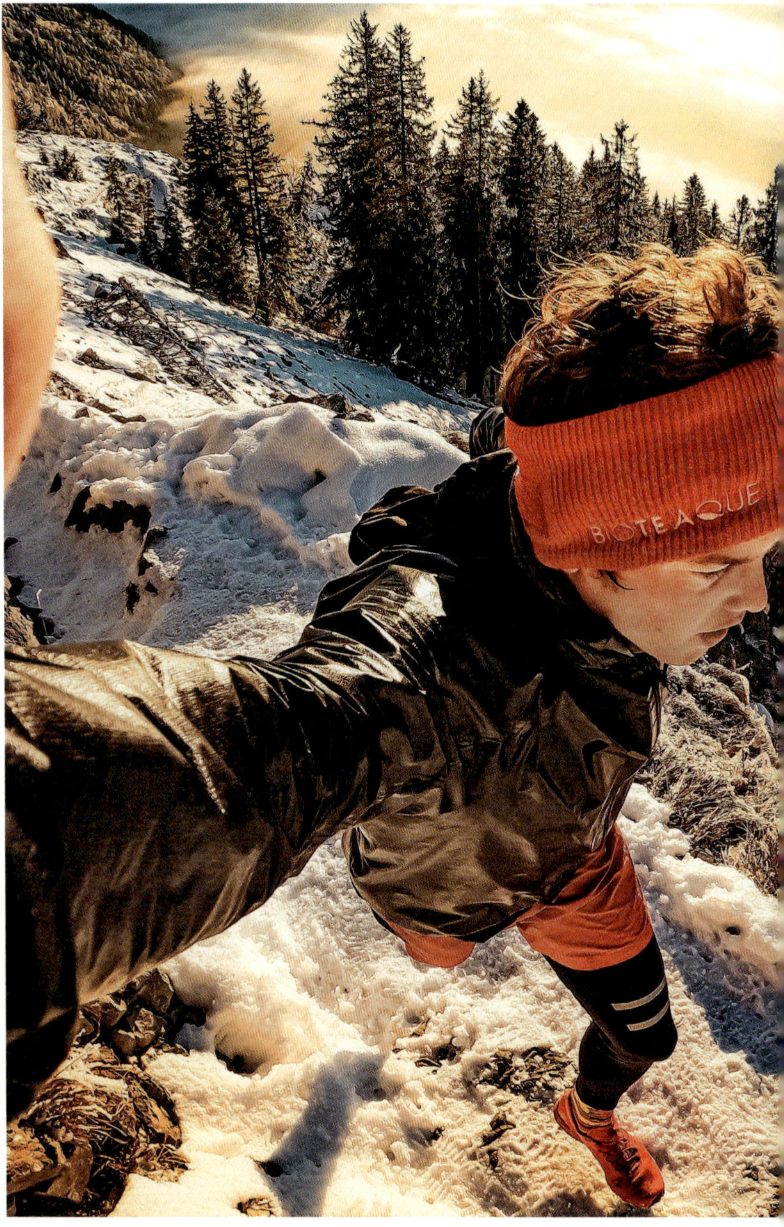


Die Faszination des Trail-Laufs in einem Bild

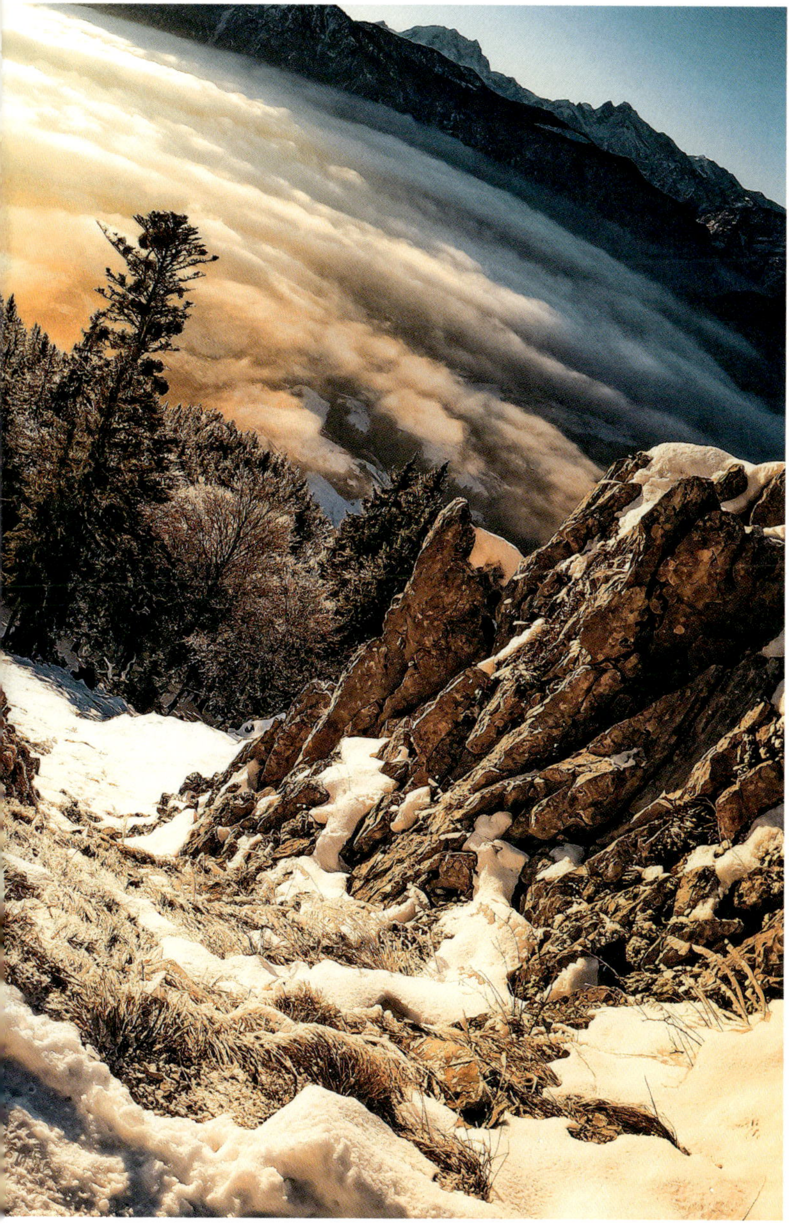

# Danksagung

Mein besonderer Dank gilt den Menschen, mit denen ich seit Längerem viele meiner Läufe mache und die mich immer wieder inspirieren. Aber auch jenen, die bereit waren, ein wenig ihrer kostbaren Zeit für ein Interview zu opfern, um Fotos für dieses Buch rauszusuchen oder den Text vorab gelesen haben. Und final meiner Frau, die schon sehr viel Toleranz für meine Leidenschaft zum Laufen mitbringt und mir immer den nötigen Rückhalt gibt.

**DANKE**

Hasret Mutlu, für deine Fotos und deine Begeisterung.
Holger Lapp, für das Interview zum Thema Ultra und deine Fotos.
Tobias Janneck, für die Fotos und den Austausch mit dir.
Philipp Reiter, für das Interview zum Thema Ultra in Verbindung mit der Gesundheit und für deine Fotos.
Christine Guter, für das Interview zum Thema Yoga.
André Dybek, für die tollen Fotos von Nash und dir.

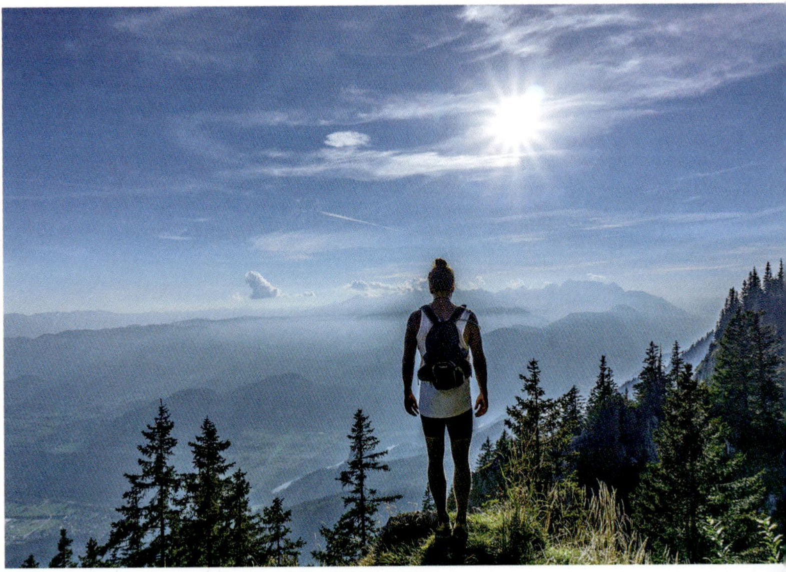

Ankommen und den Moment der Stille genießen

# Linksammlung

Trailrunning.de
RunnersWorld.de
TrailMagazin.de
Trampelpfadlauf.de

**IAU**
iau-ultramarathon.org

**ITRA**
itra.run

**DUV**
ultra-marathon.org

**DAV**
alpenverein.de

**Faszien**
de.wikipedia.org/wiki/Faszientraining
de.wikipedia.org/wiki/Faszie

**Dehnen**
de.wikipedia.org/wiki/Dehngymnastik
de.wikipedia.org/wiki/Aufwärmen_(Sport)

**Ernährung**
»Ohne Mampf kein Dampf«, Ralf Kerkeling, Dr. Stefan Graf bei Delius Klasing, ISBN: 978-3-667-11849-3, 1. Auflage 2020.

**Magnesium**
Garrison, Scott R., et al. „Magnesium for skeletal muscle cramps." Cochrane Database Syst Rev 9 (2012).

# Bildnachweis

Umschlagvorderseite: michelangeloop/iStock
Umschlagrückseite: iamseki/Shutterstock
Umschlaginnenseite vorne: TORWAISTUDIO/Shutterstock
Umschlaginnenseite hinten: michelangeloop/Shutterstock
Alle Bilder im Innenteil stammen vom Autor, mit Ausnahme von: S. 11: Chikena/Shutterstock; S. 13: Gibson Pictures 2019; S. 14: Hasret Mutlu; S. 16: Hasret Mutlu; S. 17: Hasret Mutlu; S. 20: 1822503-sasint; S. 23: Hans Braxmeier; S. 27: Holger Lapp; S. 30, 31: Hasret Mutlu; S. 33: AscentXmedia/iStock; S. 35: Holger Lapp; S. 38: @the.local.shredder; S. 39: BettiBu; S. 40: Moritz320; S. 41: rottonara; S. 42: mainathlet; S. 43: Pixabay; S. 45: Andre Gie/Shutterstock; S. 47: Pixabay; S. 48: gubernat/Shutterstock; S. 49: Pixabay; S. 50: Tanja Steffens; S. 51: Pixabay; S. 53: Philipp Reiter; S. 54: Pixabay; S. 57: Christine Guter; S. 59: Pixabay; S. 60: Miljan Zivkovic/Shutterstock; S. 61: DmitryStock/Shutterstock; S. 62: Pixabay; S. 63: De Jongh Photography/Shutterstock; S. 64: Andre Dybek; S. 67: gubernat/Shutterstock; S. 69: Pixabay; S. 73: pixabay.dimitrisvetsikas1969; S. 74: Marek Mnich/Shutterstock; S. 75: Sergei Bachlakov/Shutterstock; S. 78: Pixabay; S. 79: vernonwiley/iStock; S. 81: Pixabay.coopbus; S. 83: grasslifeisgood/Shutterstock; S. 84: Pixabay.junkie72; S. 85: Pixabay.analogicus; S. 86: Pixabay; S. 90: Super8/Shutterstock; S. 92: Pixabay; S. 94: Holger Lapp; S. 96: namaki/Shutterstock; S. 97: Holger Lapp; S. 98: Pixabay; S. 102: Pixabay; S. 104: Holger Lapp; S. 105: Milo Zanecchia.AscentXmedia; S. 107: sportpoint/iStock; S. 113: Pixabay; S. 115: Pixabay; S. 117: Breslavtsev Oleg/Shutterstock; S. 118: Annie Simard Photographe; S. 119: Li Zhongfei; S. 120: Holger Lapp; S. 121: Hasret Mutlu; S. 122: Pixabay; S. 123: Pixabay.StockSnap; S. 129: vshimaa; S. 130: Hasret Mutlu; S. 132: Klemen K. Misic/Shutterstock; S. 137: Philipp Reiter; S. 141: AB Photographie/Shutterstock; S. 142: Pixabay.510168_TanjaVdB; S. 143: Ivonne Wierink/Shutterstock; S. 144: HENADZI KILENT/Shutterstock; S. 145: Pixabay; S. 147: BAZA Production/Shutterstock; S. 149: Look / Aurorafoto; S. 150: Lightspring/Shutterstock; S. 152: Holger Lapp; S. 153: Bruno Ismael Silva Alves/Shutterstock; S. 154: TeeFarm; S. 156: Pixabay; S. 157: Pixabay.5201259, bergslay; S. 159: Philipp Reiter; S. 160: Pixabay; S. 161: Kerdkanno/Shutterstock; S. 163: Pixabay; S. 167: Pixabay; S. 171: miljko; S. 173: Hasret Mutlu; S. 174: Hasret Mutlu; S. 175: Andre Dubek; S. 177: Pixabay; S. 180: Pixabay; S. 181: Philipp Reiter; S. 182: michelangeloop/Shutterstock; S. 185: Holger Lapp; S. 186/187: Philipp Reiter; S. 188: Pixabay.Ales Krivec-dreamypixel

# Impressum

Verantwortlich: Cornelius Traub
Redaktion und Lektorat: Christian Schneider
Korrektorat: Susen Truffel-Reiff
Layout: Eva-Maria Klaffenböck
Repro: LUDWIG:media
Herstellung: Alexander Knoll
Printed in Slovenia by Florjancic

★★★★★

Sind Sie mit diesem Titel zufrieden? Dann würden wir uns über Ihre Weiterempfehlung freuen. Erzählen Sie es im Freundeskreis, berichten Sie Ihrem Buchhändler oder bewerten Sie bei Ihrem nächsten Onlinekauf. Und wenn Sie Kritik, Korrekturen oder Aktualisierungen haben, freuen wir uns über Ihre Nachricht an Bruckmann Verlag, Postfach 40 02 09, D-80702 München oder per E-Mail an lektorat@verlagshaus.de.

Unser komplettes Programm finden Sie unter www.bruckmann.de



In diesem Buch wird aus Gründen der besseren Lesbarkeit das generische Maskulinum verwendet. Weibliche und anderweitige Geschlechteridentitäten werden dabei ausdrücklich mitgemeint, soweit es für die Aussage erforderlich ist.

**Empfehlung der Redaktion**
Sie sind auf der Suche nach weiterführender Literatur? Dann empfehlen wir Ihnen den Titel »101 Dinge, die ein Alpenüberquerer wissen muss« von Nina Ruhland. Oder Sie werfen einen Blick in die Zeitschrift BERGSTEIGER. Hier werden Sie bestimmt fündig

Bildnachweis: siehe Seite 190

Die Deutsche Nationalbibliothek verzeichnet diese Publikation in der Deutschen Nationalbibliografie; detaillierte bibliografische Daten sind im Internet über http://dnb.d-nb.de abrufbar


Infanteriestraße 11a
80797 München

ISBN 978-3-7343-2588-5